国家社会科学基金项目（12BJY072）

STUDIES ON THE UPGRADING OF LABOR-INTENSIVE INDUSTRIAL CLUSTERS UNDER THE GLOBAL VALUE CHAIN

全球价值链下劳动密集型产业集群升级研究

冯德连　等著

中国财经出版传媒集团
经济科学出版社
Economic Science Press

图书在版编目（CIP）数据

全球价值链下劳动密集型产业集群升级研究／冯德连等著.—北京：经济科学出版社，2018.11

ISBN 978-7-5218-0102-6

Ⅰ.①全… Ⅱ.①冯… Ⅲ.①产业结构升级-研究-中国 Ⅳ.①F269.24

中国版本图书馆CIP数据核字（2018）第292369号

责任编辑：凌 敏
责任校对：杨 海
责任印制：李 鹏

全球价值链下劳动密集型产业集群升级研究
冯德连/等著
经济科学出版社出版、发行 新华书店经销
社址：北京市海淀区阜成路甲28号 邮编：100142
教材分社电话：010-88191343 发行部电话：010-88191522
网址：www.esp.com.cn
电子邮件：lingmin@esp.com.cn
天猫网店：经济科学出版社旗舰店
网址：http://jjkxcbs.tmall.com
北京密兴印刷有限公司印装
710×1000 16开 19.5印张 320000字
2019年2月第1版 2019年2月第1次印刷
ISBN 978-7-5218-0102-6 定价：68.00元

前　言

改革开放以来，我国纺织服装、鞋类、家具等劳动密集型产业集群发展迅速，创造了“中国制造”的奇迹。但是，这些产业集群大多建立在低成本的基础上，位于全球价值链的低端，发展方式粗放，缺乏基于创新的国际竞争优势。而劳动密集型产业集群的升级体现在产业附加值的提高、劳动密集度的下降、资本和技术密集度的上升，是我国实现经济发展方式转变、供给侧改革的客观要求，更是我国对外开放基本国策、互利共赢开放战略的客观要求。

产业集群的升级轨迹一般是从工艺升级到产品升级，再到功能升级，最后到链条升级。处在全球价值链低端的附加值低的生产制造环节向附加值高的全球价值链两端攀升，即向研究与开发、营销与品牌环节攀升，直至跃升到另一链条。升级的重点是技术能力升级、市场能力升级和国际化能力升级。全球价值链下我国大多数劳动密集型产业集群升级的难题主要是逐底竞争、低端锁定、高端封锁。探索全球价值链下我国劳动密集型产业集群升级机制与对策建议已成为学术界面临的重要课题。

本书是国家社会科学基金项目“全球价值链下劳动密集型产业集群升级研究”（编号 12BJY072）的最终成果。全书共 10 章。阶段性研究成果为 11 篇公开发表的学术论文和 1 篇安徽省哲学社会科学规划办公室编发的研究报告，均吸收到最终成果之中。项目负责人：冯德连。主要成员：徐军、王超、黄丽婉、朱媛、赵珂珂、孙婷婷、刘江雪、朱晨、陶梦龙。课题组成员在冯德连教授的带领下，刻苦钻研，分工协作，终于按设计要求完成了研究任务。

项目组在辩证唯物主义和历史唯物主义方法论的指导下，坚持历史与逻辑的统一，遵循实践是检验真理的原则，综合运用全球价值链、产业集群、地理与贸易、国际产业转移、交易成本、企业网络、企业技术与学习能力等理论，在文献阅读与消化的基础上，深入调研了温州纺织服装集群、合肥家电产业集群、大朗毛织产业集群、晋江鞋业产业集群、常熟服装产业集群等11个典型劳动密集型产业集群。在研究方法上突出三个结合，即规范分析与实证分析相结合、比较分析与案例分析相结合、系统研究与分类分析相结合。

本书深入阐释了全球价值链对劳动密集型产业集群升级的影响，深入剖析了全球价值链下纺织服装、鞋类、家具三类劳动密集型产业集群升级，深入研究了全球价值链下中国劳动密集型产业集群的国际化、技术创新和品牌战略，提出了全球价值链下我国劳动密集型产业集群升级的对策建议。总结出全球价值链下我国劳动密集型产业集群升级的一些规律性认识，提出了一些重要的观点，取得了一定的创新。此外，项目负责人吸收了7名硕士研究生参与课题研究，有效地把国家级科研项目研究和培养人才结合起来。本书由项目负责人冯德连教授负责总撰与统稿。各章撰写人员（以章次为序）有：冯德连（第1、10章），朱晨、冯德连、陶梦龙（第2章），王超（第3章），赵珂珂（第4章），朱媛（第5章），徐军、周维芸、冯德连（第6章），黄丽婉（第7章），孙婷婷（第8章），刘江雪（第9章）。冯德连教授对第2~9章进行了增补、删改和调整。

本书的写作和出版得到了“国家社会科学基金项目”资助及国家规划办、安徽省规划办的指导和扶持，参考了国内外许多专家学者的专著、教材与论文，书后虽然罗列了参考文献，但并不全面。在此，我们深表敬意与谢意。我们也诚惶诚恐地交上这份答卷，敬请领导、专家、读者批评指正。

冯德连

2018年8月1日

目　录

第 1 章

导　论

改革开放以来，我国纺织、服装、鞋类、玩具等劳动密集型产业集群发展迅速，创造了“中国制造”的奇迹。但是，这些产业集群大多建立在低成本的基础上，位于全球价值链（global value chain，GVC）的低端，逐底竞争明显，集群转移显现，发展方式粗放，缺乏基于创新的竞争优势（王缉慈等，2010），以浙江“块状经济”和广东“专业镇”为代表的沿海产业集群面临着衰退风险（魏后凯，2009）。可见，我国劳动密集型产业集群面临着巨大的升级压力。同时，GVC 已经成为 21 世纪世界经济的一个显著特征，在世界经济中的主导地位日益明显。全球生产经营活动逐渐纳入基于 GVC 的全球生产体系。GVC 为我国劳动密集型产业集群升级提供了机遇与挑战。提高劳动密集型产品科技含量和附加值，提高我国产业在全球价值链中的地位，是“十三五”期间我国经济发展的重要任务。[①] 本章对基于 GVC 下劳动密集型产业集群升级的研究文献进行梳理，并剖析研究趋势。

1.1　文献综述

1.1.1　GVC 下产业集群升级机制的研究综述

1.1.1.1　产业集群升级的类型与路径

劳动密集型产业集群升级是产业集群能力和自主性不断提升的过程

① 冯德连. 全球价值链下劳动密集型产业集群升级的研究综述与趋势［J］. 铜陵学院学报，2013（6）：9－13.

（Gereffi，1999），这一过程可能从产品组装（Original Equipment Assembling，OEA）、贴牌生产（Original Equipment Manufacture，OEM）不断向自主设计制造（Original Design Manufacture，ODM）、自主品牌制造（Own Brand Manufacture，OBM）等层级演进。Gereffi 把产业升级分成四个层面，即企业内部升级、企业之间升级、当地或国家内部升级，以及国际性区域升级。在此基础上，Humphrey 和 Schmitz（2000）认为，产业集群升级有四种类型：工艺升级、产品升级、功能升级和链间升级。

Kaplinsky 和 Readman（2001）提出了发展中国家的产业集群嵌入全球经济的两种途径，即低端道路（low-road）和高端道路（high-road）。低端道路是一条基于低端市场竞争的贫困化增长道路，而高端道路是通过持续不断的产业升级，获得全球化背景下的竞争优势。有些学者认为，产业集群升级表现为技术能力升级、创新能力升级、外向关联升级、社会资本升级等方面（梅丽霞，2005；王传宝，2010）。总的来说，从功能升级—产品升级—工艺流程升级—链条转换，升级难度会不断上升（毛加强，2008）。

产业集群升级的类型有多重分类方法。吴义爽等（2010）认为，在空间路径上存在两种可能的模式：一种称之为“渐进式”升级，即依据集群发展状况进行市场型、准层级型、领导型等治理结构的“相机选择”，沿着 GVC 逐渐攀升；另一种称之为“跨越式”升级，指通过直接嵌入于 GVC 高端的方式来实现升级目标。于斌斌等（2011）提出了产业集群实现升级的四种模式——技术模式、市场模式、环节模式、整体模式，以及三条路径——技术和市场双向驱动、节点企业关键切入和创建区域品牌。认为产业集群在 GVC 中的升级是一个动态的、系统的工程，所选择的模式和路径由区域和产业条件差异决定；产业集群的升级应与本地专业市场互动、融合，实现在 GVC 中的高位嵌入和持续攀升。

产业集群升级有显性升级和隐性升级之分。① 显性升级是产业集群在 GVC 的微笑曲线上从低附加值环节向高附加值环节的位置攀升，是技术导向性的升级模式；而隐性升级是产业集群治理效率的提升，强调产业集群网络资本生成与整合的动态过程。网络资本是集群治理的形式化与外延化，决定

① 王凤荣，王慧．价值链理论视角的我国企业集群隐性升级［J］．山东大学学报（哲学社会科学版），2007（6）：81－89.

着集群整体竞争力。与显性升级相比，GVC 分工和我国产业格局现状决定了现阶段我国产业集群采取隐性升级模式更具可行性。

此外，传统产业升级必须兼顾经济升级和社会升级。经济升级体现在：集群中的企业通过自主创新、自主合作行动，获取更多附加值或更快的成长率；社会升级体现在：集群通过企业自愿行动、工人参与和政府干预等方式，促进集群内部劳动者的技能提升、收入增加和社会再生产能力的提升（梅丽霞，2010）。

1.1.1.2 产业集群升级的创新机制

产业集群升级就是通过技术创新来改变现有产业集群结构或创造全新产业集群的过程，包括产业间和产业内升级：在产业间从传统产业集群向高新技术产业集群升级，在产业内从生产低附加值产品向高附加值产品、从低加工度向高加工度产业集群升级。[①]“低环嵌入”企业可以在同一价值链上逐渐实现不同价值链环节的攀升。[②] 例如，立足产品生产制造或 OEM 环节实现制造能力提升，在做精做强生产制造环节的基础上向 ODM 转换，向设计、制造、售后服务（Design Manufacture Service，DMS）发展，以及全面承担工程、制造、服务（Engineering Manufacture Service，EMS），以及实现 OBM。

集群式产业链高级化是推动集群升级的核心机制（严北战，2011）。集群式产业链升级过程是以产品链升级为基础、以知识链升级为核心、以价值链升级为目标的三链动态互动升级过程。升级的实质是技术能力或市场势力的提升。潘利（2007）提出了链网互动机制。GVC 理论从外部解决产业集群升级问题，区域创新网络从内部解决产业集群升级问题，现在是把两者统一起来，把内外因统一起来。产业集群的升级，必须重视两个动力，即嵌入 GVC 和促进区域创新网络的形成，两者不能偏废。王国顺等（2009）认为，区域产业网络的优化需要主动地构建产业创新网络并积极地嵌入 GVC，促使他们互动的发展。

显然，产业集群升级不仅要考虑外部因素，而且更要考虑内部动力，以

---

① 陈晓涛．产业集群的衰退机理及升级趋势研究［J］．科技进步与对策，2007（2）：72－74.

② 吴解生．论中国企业的全球价值链“低环嵌入”与“链节提升”［J］．国际贸易问题，2007（5）：108－112.

及两者的结合。在内部动力驱动下，产业集群沿着外部的全球价值链迈向高附加值的链节。具体的升级路径是完善产业集群内部的知识共享和技术扩散机制，加强企业之间的交流与合作，发展生产性服务业，推动制造业服务化，促进产业集群由生产制造向研发服务升级（王静华，2012）。

1.1.1.3 产业集群升级的影响因素

创新要素非常重要。产业集群升级是通过创新来创造更多附加值的过程（Pietrobelli & Rabellotti，2004）。产业集群的技术能力和市场拓展能力是创新能力的直接体现（梅述恩等，2007）。汪斌等（2007）认为，嵌入 GVC 的产业集群国际化与地方区域创新体系相互依存相互促进。区域创新体系培育与地方产业集群升级之间的互动功能，是地方区域经济创新发展和绿色发展的重要动力。在经济全球化背景下，两者之间的互动与关联会产生新的变化，即区域创新体系可以促进产业集群嵌入全球价值链，促进产业集群迈向高附加值链节。而嵌入全球价值链也会促进区域创新体系的完善与发展。

产业集群升级是多重复杂因素共同作用的结果。地方产业集群的转化和升级是组织架构、外向关联度、社会资本和企业家创新精神的协同转化进程（张杰等，2006）。当发展中国家或地区的制造业核心竞争力逐渐提升时，准层级型产业集群治理的作用越来越小，迫切需要品牌、研发等功能升级。因为，发展中国家或地区的产业集群功能升级与国外大型购买商发生利益冲突。产业集群升级主要受价值链治理结构、集群内主导企业战略、价值链环境、区域创新系统、人力资源等因素的影响（朱建安等，2008）。另一项研究表明，在全球生产网络下，产业集群的升级取决于企业的知识基础、企业的努力强度和集群企业之间的知识流动机制（赵君丽等，2009）。

产业集群嵌入 GVC 的影响因素具有综合性和复杂性。包括产业集群升级的外部环境、生产要素供给、市场竞争、市场需求等因素，也包括集群治理结构、企业结构、中介组织、地方政府政策、资本结构、集群文化、集群学习、集群创新等因素，其中集群创新是发展中国家或地区产业集群有效嵌入 GVC 与实现集群升级的重要选择。这些因素可以分为全球宏观因素、区域中观因素、产业集群外部因素和产业集群内部因素（侯茂章，2010）。

经济危机与产业集群升级有一定的关系。一项对浙江 106 个产业集群的研究（阮建青等，2010）表明，重大危机往往会引发地方政府和企业家的集体行动，合适的行动会促进产业集群质量的升级。

1.1.1.4 产业集群升级的风险

在全球代工体系下发展中国家产业集群容易与发达国家企业间形成俘获型网络（刘志彪等，2007），不适当的嵌入会导致集群的贫困化增长。产业集群升级的风险既有内生风险，又有外生风险。内生风险取决于产业集群升级中企业能力的有限性，而外生风险取决于全球价值链内在的运行规律。内生风险与外生风险及两者的相互作用对全球价值链下产业集群升级具有重要影响。外生风险通过内生风险对全球价值链下产业集群升级产生根本性影响，同时外生风险对内生风险有一定程度的诱导与加强作用（段文娟等，2007）。

基于 GVC 的整合，形成了集群间的功能分工体系。这种分工体系导致 GVC 上的链式风险，竞争导致的上下游企业的战略转移引发集群空洞化和边缘化风险（王发明等，2009）。基于规模经济效应、学习经济效应、协同效应、适应性预期（adaptive expectations）效应等因素的影响，嵌入全球价值链的低成本产业集群会形成路径依赖，低成本竞争的惯性力量使产业集群处于附加值低端的选择自我强化。产业集群发展一旦进入低水平竞争、低技术定位的锁定状态，要摆脱锁定需要付出高昂的路径转换成本（陈莎莉等，2013）。

1.1.2 GVC 对产业集群升级影响的研究综述

1.1.2.1 GVC 治理模式的影响

Williamson（1979）根据资产专用性、不确定性和交易频率将交易活动分为古典缔约、新古典缔约和关系缔约，合约的治理模式相应地具有三种类型，即市场、垂直一体化以及介于两者之间的网络模式。Humphrey 和 Schmitz（2000）利用交易成本理论识别了四种治理模式，即纯市场关系（arm's length market relations）、网络（network）、准等级制（quasi-hierarchy）和等级制（hierarchy）。这种分类显示了 GVC 组织结构的特点。

Sturgeon 和 Lee（2001）通过对电子产业和契约制造的研究，以产品和过程标准化程度为基础比较了商品供应商（commodity supplier）、俘获型供应商（captive supplier）和交钥匙供应商（turn-key supplier）三种类型的供应关系。Sturgeon 进一步把依赖交钥匙供应商的生产系统称为模块化生产网络。Gereffi

(2005) 等吸取了 Humphrey 等学者的观点，指出交易复杂性、交易可编码化能力和供应端能力决定价值链治理，同时基于 GVC 中行为主体之间协调能力的高低，提出五种 GVC 治理模式，即市场型（market）、模块型（modular）、关系型（relational）、俘获型（captive）和层级型（hierarchy）。

曾咏梅（2011）基于 Gereffi 等学者提出的五种全球价值链治理模式，对应地把地方产业集群嵌入全球价值链的模式分为五种，即出口模式、交钥匙工程模式、互惠合作模式、贴牌模式和被并购模式。这五种嵌入全球价值链模式把价值链治理模式与嵌入价值链渠道有机联系。一方面体现了地方产业集群嵌入 GVC 的直接渠道；另一方面提供了在 GVC 上不同参与者之间领导力量的对称情况。产业集群是有生命周期的，在集群生命从诞生、成长、成熟到衰退的演进中，嵌入全球价值链模式会经历从贴牌模式、互惠合作模式、交钥匙工程模式、出口模式、被并购模式的模式转换过程。当产业集群嵌入全球价值链模式的选择，符合产业集群生命周期演进规律时，集群升级效率会有所提升（曾咏梅，2012）。

治理模式对产业集群升级模式有重要影响，且学者们观点不同。Humphrey 和 Schmitz（2000）认为，嵌入半层级型价值链为工艺和产品升级创造了条件，但阻碍了功能升级。一项对意大利鞋业集群的研究表明，由于国外顶级品牌商的介入，一些本地企业放弃了原来的设计环节，转向 OEM，出现了功能降级（Pietrobelli & Rabellotti，2004）。而 Gereffi 等（2001）认为在半层级型价值链中，主导企业对价值链的治理能帮助产业集群实现功能升级和链间升级；吴波等（2010）对我国绍兴纺织集群的实证研究表明，GVC 嵌入不仅直接作用于企业的功能升级，还通过影响制造能力提升来间接影响企业的功能升级。

1.1.2.2 GVC 动力机制的影响

Gereffi（1994）根据主导企业的类型，把价值链动力机制分为两种类型，即生产者驱动型和购买者驱动型。张辉（2006）把 GVC 的动力机制划分为生产者驱动型、购买者驱动型和混合型。不同动力驱动下 GVC 中地方产业集群竞争优势的建立基础是不一样的，生产者驱动型来源于生产领域，购买者驱动型来自流通领域，两者兼顾的混合型根据具体情况决定其取向。

日趋饱和的市场和知识与创新的离散化，使生产者驱动价值链的领导者对核心竞争力的垄断性减弱；而市场重要性的提高，则使购买者驱动价值链的领导者的地位不断提升。GVC的驱动力呈现出由生产者驱动向购买者驱动转变的趋势。[①] 面对购买者驱动作用的提升，利用巨大的国内市场优势，培育本土的大购买商，显得更为重要。

1.1.3 劳动密集型产业集群升级对策的研究综述

1.1.3.1 确定GVC发展的政策框架

从GVC参与中收益和实现GVC升级需要将GVC嵌入整体发展战略和产业发展政策中；通过提供有利的投资环境和基建条件推进GVC参与；强化本地企业生产能力，降低参与的相关风险；稳定的环境、社会和管理框架，协调贸易和投资政策；确保贸易与投资政策的协同，协调投资与贸易促进及便利化（UNCTAD，2013）。制定产业集群升级的技术创新战略、集群文化战略、集群品牌战略和政府支持体系（郑海涛等，2006）。

1.1.3.2 发挥政府作用

在传统产业转型升级问题上，应该借鉴发达国家或地区成功的做法和经验，形成并提高以学习经济和知识创新、知识创造为基础的地方化能力，培育具有国际竞争力的地方化生产系统（贾根良等，2001），发挥产业集群的竞争优势。政府在产业集群升级中的角色定位是战略设计师、网络经纪人、升级催化剂和环境培育者（王晓霞等，2012）。

1.1.3.3 培育国内价值链

俘获型网络的产生源自发达国家的跨国公司所具有的技术势力和国际大购买商所具有的市场势力，因此，发展中国家摆脱GVC背景下被俘获关系的出路在于基于国内市场空间的国内价值链（national value chain，NVC）的培育。本土企业只有在NVC条件下获取了价值链的控制和领导地位，以及高端升级能力，才能在GVC条件下在本土市场和全球市场两个层面与外国企业展开竞争，最终才有可能获得与发达国家跨国企业和国际大买家的GVC分工体

---

① 蒙丹．全球价值链驱动机制演变趋势及启示［J］．发展研究，2011（2）：9－12.

系中均衡性关系，实现“决胜于国内，决战于国外”（刘志彪，2007）。

代文彬（2012）认为，培育国内价值链要以产业集群龙头企业为核心主体、以产业链高端环节的大力投入与经营为战略重点、以集群内龙头企业与相关中小企业的密切协作为组织形式。集群龙头企业通过双链（全球价值链和国内价值链）协同促进集群跨越式升级，双链协同是协同目标、协同路径、协同机制和协同条件四方面的有机统一。

1.1.3.4 实现企业创新与市场势力的良性互动

发展中国家制造商升级战略的关键就是如何突破发达国家购买者的锁定，特别是国外大购买商的高端控制，实现品牌、市场营销等功能升级。实现产业功能升级取决于发展中国家制造商的个体努力、集体努力以及社会公共政策的支持（张向阳，2005）。在GVC的“环”层次，通过推进制度创新，加快企业家要素的培育；在GVC的“链”层次，以下游“渠道控制”为突破；在GVC的企业“群”层次，着重提升“群”的组织化程度（张小蒂等，2007）。

与小企业群生型产业集群相比，中国现实制度环境约束条件下，主企业领导型集群分工模式对于改变我国地方产业集群内普遍模仿和跟随行为盛行所导致的“集体创新动力缺失”困境以及产业升级动力不足，可能具有内生推动作用（张杰等，2007）。晋江鞋业集群的案例研究表明，代工企业通过构建区域性的生产网络，进而通过分步实施技术创新战略、市场开拓战略、品牌培育战略，可以逐步摆脱跨国公司的纵向控制，并向全球价值链的高端攀升（王雷，2010）。

1.1.3.5 加强商业模式创新

集群升级是一个内治外功共同作用的结果。从集群内部治理和嵌入GVC两个角度来看，产业集群升级的路径，最好是从处于内、外均弱连接阶段到内部强连接、外部弱连接阶段，再到内、外部均强连接阶段，或者从第一阶段直接进入第三阶段（李文秀，2006）。面对资源分布的全球性、产品生产知识与跨界知识创新的复杂性，商业模式创新是组织间知识整合的有效机制，是地方能力形成的持续驱动力。根据产业升级阶段的要素需求，对全球联结能力和地方技术能力的相应调适，实现地方产业集群跨越式发展。一是通过扮演“结构洞”的角色，提高地方制造业集群的全球链结能力以整合多样化、分散化的创新资源；二是扮演地方产业内部的“技术守门人”角色，提高地方企业技术能力应对日益复杂的产品生产知识（杨锐等，2008）。

集群企业必须通过提升集群内协作度、集群外关联度、集群创新度和价值链嵌入度来嵌入新的价值链，实现升级或成长（彭迪云等，2011）。产业集群与GVC存在空间上耦合、时间上互动、同时升级的需求动机和可行性。

1.2 研究趋势

目前GVC和产业集群升级理论正处于发展之中，研究成果逐渐丰富，但还没有形成缜密的理论体系。专门针对基于GVC的劳动密集型产业集群升级的研究成果不多，升级机制与对策研究的可操作性不够强。从集群升级主体、动力、客体等因素互动，以及内外动力整合的视角对劳动密集型产业集群升级机制与升级策略的研究，特别是对集群国际化战略的研究，明显不足。基于GVC的劳动密集型产业集群升级的研究具有很大的空间。

1.2.1 产业集群升级机制的深入探讨

基于GVC视角研究劳动密集型产业集群升级的主体、动力和客体。升级的主体主要是地方政府、行业协会和主导企业；升级的动力主要是GVC嵌入和集群式创新；升级的客体主要是工艺创新、产品创新、功能创新和链间创新。升级机制在理论界尚未达成共识。

1.2.2 产业集群升级机制的比较研究

基于GVC的劳动密集型内生型产业集群与外生型产业集群升级的比较分析；广东劳动密集型“专业镇”与浙江劳动密集型“块状经济”升级的比较分析；纺织、服装、鞋类、玩具、陶瓷、家具等产业集群在GVC下的治理模式、动力机制、升级路径及公共服务体系设计的比较分析，以及案例比较分析。

1.2.3 外国产业集群升级的经验及启示

研究意大利、日本等国家劳动密集型产业集群的演变过程与升级机制，以及弹性而专、集团化、国际化等特征；剖析意大利、日本等国家劳动密集型产业集群升级的经验及对我国的启示。

1.3 名词界定

1.3.1 产业集群

产业集群是一群在价值链和生产链上相互需求、既相互竞争又相互合作、共享研发、生产、营销、公共服务机构等资源的某一产业及其替代产业的中小企业，以及与产业相关的行业协会、大学、科研院所、地方政府等关联机构的特定区域的地理集中，是一种独特的开放性的具有创新创业文化的区域创新体系和系统。①

产业集群的概念见图 1－1。其特征有以下五个方面：第一特征是一群某一产业及其替代产业的中小企业，以及与产业相关的行业协会、大学、科研院所、地方政府等关联机构的特定区域的地理集中；第二特征是一种独特的

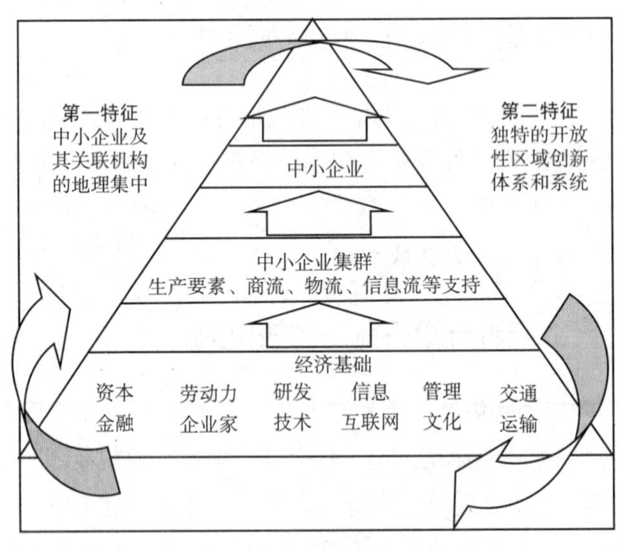

图 1－1　产业集群内涵

① 冯德连等. 经济全球化下中小企业集群的创新机制研究［M］. 经济科学出版社，2006：10－11.

开放性的具有创新创业文化的区域创新体系和系统；第三特征是价值链和生产链上相互需求；第四特征是企业之间既相互竞争又相互合作；第五特征是共享研发、生产、营销、公共服务机构等资源。重要特征是前两个。

1.3.2 劳动密集型产业

以本国工业的平均要素密集度为基准，各个工业行业与之比较，可以确定某工业行业是劳动密集型，还是资本密集型。可以把一国工业的平均要素密集度定义为100，各个工业行业的要素密集度相应进行指数化，然后与100进行比较。假设，衡量要素密集度的指标定义为资本/劳动（K/L），那么，整个工业行业的固定资本K除以整个工业行业劳动力L就是工业的平均密集度，把该数值确定为100，同时测算出各工业行业的资本/劳动（K/L）值。与工业平均密集度的指数100比较，若某个工业行业的指数小于100，则该工业行业属于劳动密集型产业；若某个工业行业的指数大于100，则属于资本密集型产业。同时，某工业行业的指数与工业平均密集度100的差距，可以表明该工业行业的要素密集度的程度。如果固定资本值用K表示，劳动力人数用L表示，K/L称为人均固定资本，或人均装备系数。①

根据2014年按行业分组的大中型工业企业经济效益的指标，取得行业规定资产和从业人员平均人数，用K/L计算工业行业的资本密集度（以工业平均资本密集度为100）。表1－1中行业的资本密集度小于100的工业行业，定义为劳动密集型产业。

表1－1 2014年按行业分组的大中型劳动密集型工业企业资本密集度

劳动密集型工业	固定资产（亿元）	平均用工人数（万人）	K/L（亿元/万人）	资本密集度
皮革、毛皮、羽毛及其制品和制鞋业	1128.13	214.17	5.27	13.46
文教、工美、体育和娱乐用品制造业	946.67	141.73	6.68	17.07
纺织服装、服饰业	2063.70	288.00	7.17	18.32
家具制造业	765.61	66.75	11.47	29.32
仪器仪表制造业	975.37	67.02	14.55	37.20

① 刘仁毅，乔依德，周八骏，傅钧文．按生产要素密集度对工业进行分类的指标体系和统计方法［J］．上海社会科学院学术季刊，1985（1）：37－51.

随着国际分工的深化，产品或服务的国际分工演化为价值增值过程在各国之间的分工，产业国际梯度转移演变为价值增值环节的国际梯度转移。从价值增值能力看，研发、生产和营销三大环节呈现附加值由高向低，再转向高的形状，呈英文 U 字形，称为微笑曲线，见图 1-2。

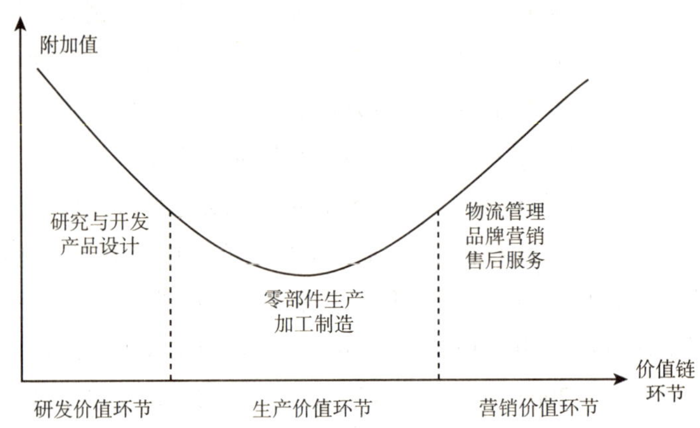

图 1-2　全球价值链的微笑曲线

1.3.3.3　全球价值链下产业集群升级

全球价值链下产业集群升级可以界定为在全球市场范围内沿着价值链升级，迈向全球价值链的中高端，获得整个链条上附加值高、利润率高、技术密集度高的价值环节，见图 1-3。

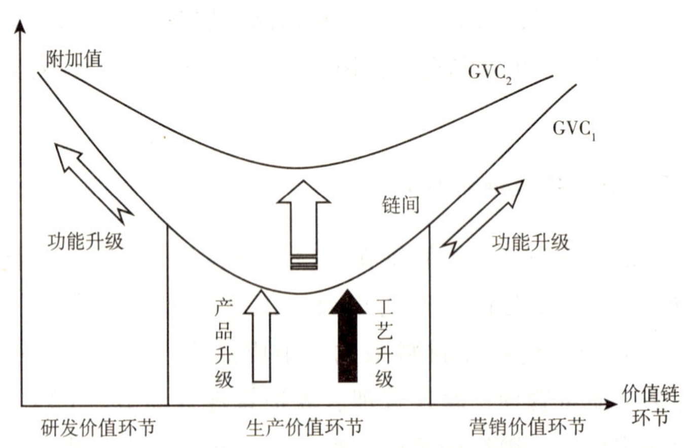

图 1-3　全球价值链下产业集群升级

集群升级的形式有生产更复杂的产品、更有效率地生产和转移到新的高附加值环节。表现为向研发价值环节的功能升级和向营销价值环节的功能升级，向生产价值环节的工艺升级和产品升级，以及跨价值链的链间升级。

1.4 研究思路、研究内容、创新与不足

1.4.1 研究思路

研究思路有四个阶段：文献综述与理论分析阶段→典型行业与区域分析阶段→重要战略分析阶段→升级机制与对策建议研究阶段。具体如图1-4所示。

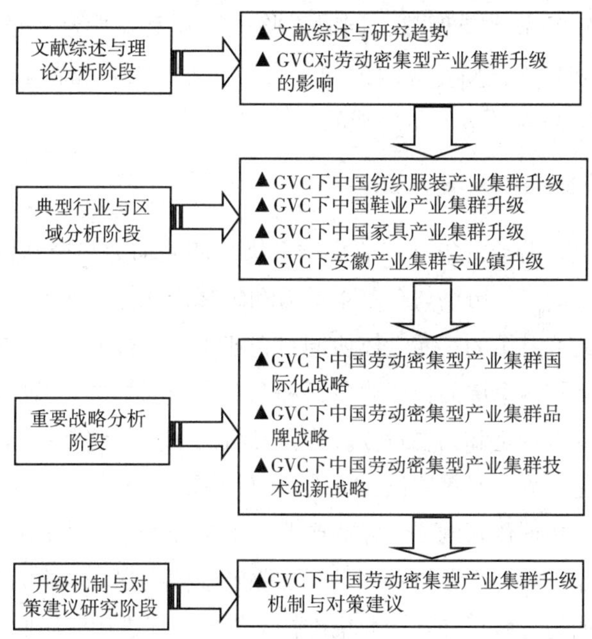

图1-4 全球价值链下劳动密集型产业集群升级研究思路

1.4.2 研究内容

1.4.2.1 文献综述与理论分析

根据劳动/资本比率界定我国劳动密集型产业，在文献综述的基础上剖析研究趋势。重点分析全球价值链对劳动密集型产业集群升级的影响，以及全

球价值链动力机制对劳动密集型产业集群升级的影响。

1.4.2.2 典型行业与区域分析

重点分析我国纺织服装、鞋类、家具等产业集群在全球价值链下的治理模式、动力机制、升级路径及公共服务体系设计。剖析安徽省产业集群专业镇发展的现状、存在的问题，提出全球价值链下安徽省产业集群专业镇升级的对策建议。

1.4.2.3 重要战略分析

重点分析全球价值链下中国劳动密集型产业集群国际化战略、品牌战略和技术创新战略。我国劳动密集型产业集群在加工制造环节具有成本优势，而在研发、营销环节劣势明显，同时面临国际化利益驱动和国际竞争压力。国际化、品牌和技术创新是我国劳动密集型产业集群获得静态利益和动态利益，走向价值链高端环节的重要战略。

1.4.2.4 结论与对策建议

全球价值链下劳动密集型产业集群升级的四元动力是全球价值链驱动力、区域创新网络驱动力、市场与政府驱动力和国际产业分工驱动力，以及四元动力的互动力。集群升级的三元主体协同：企业主体、行业协会主体和地方政府主体。集群升级的两个层面：产业层面和企业层面。集群升级的四个问题是突破逐底竞争、低端锁定和高端封锁。集群升级的三大战略是技术创新战略、品牌战略和国际化战略。对策建议主要有：对接国际贸易规则，主动嵌入全球价值链；健全产业集群创新网络，释放产业集群创新创业活力；加强产业集群国际化，促进产业承接与产业转移互动；加强产业集群区域国际品牌培育，促进产业集群市场能力升级；加强产业集群技术创新，促进产业集群技术能力升级；加快培育行业协会，发挥行业协会在产业集群治理中的作用；加快培育我国大型跨国公司，发挥劳动密集型产业集群升级过程中主导企业的作用。

1.4.3 创新与不足之处

1.4.3.1 创新之处

（1）研究方法方面。本书在辩证唯物主义和历史唯物主义方法论的指导下，坚持历史与逻辑的统一，遵循实践是检验真理的原则，在研究方法上突出三个结合。

一是规范分析与实证分析相结合。采用区位商分析法实证分析了我国纺织服装、鞋业、家具等产业集群分布情况，用SWOT分析法研究了我国劳动密集型产业集群国际化和技术创新战略。

二是比较分析与案例分析相结合。对温州纺织服装集群、合肥家电产业集群、大朗毛织产业集群、晋江鞋业产业集群、常熟服装产业集群等11个典型劳动密集型产业集群升级进行案例分析。在案例的基础上，比较分析了宿州鞋业集群、温州鞋业集群和意大利鞋业集群的全球价值链治理模式、价值链中的地位、优势与困境；比较分析了全球价值链下玉环家具集群与意大利家具集群的影响因素；比较分析了孙村镇纺织服装集群、桃花镇家电产业集群和博望镇机械制造产业集群的全球价值链动力机制、全球价值链治理模式、价值链中的地位和升级路径；比较分析了全球价值链下广东专业镇和浙江块状经济的国际化战略，嵊州、大朗和晋江产业集群品牌战略，以及江苏常熟服装集群、浙江永康五金集群和安徽合肥家电产业集群技术创新战略。

三是系统研究与分类分析相结合。在对全球价值链下劳动密集型产业集群升级的驱动力、升级路径、国际化战略、品牌战略、技术创新战略等进行系统研究的基础上，对全球价值链下纺织服装、鞋业、家具等劳动密集型产业集群升级进行分类研究，同时对广东专业镇、浙江块状经济、安徽产业集群专业镇进行分类研究，并研究了意大利鞋业、家具产业集群升级的经验与启示。

（2）研究内容方面。重点做了9个方面的工作。

第一，剖析了全球价值链对劳动密集型产业集群升级的影响。全球价值链治理模式的分类有三分法、四分法和五分法。治理机制的复杂性体现在治理模式的动态性和可转换性、领导力量、嵌入全球价值链方式的路径依赖等。市场型、网络型和科层型全球价值链具有对应的劳动密集型产业集群嵌入方式。三种治理模式对劳动密集型产业集群升级的影响具有较大的差异。劳动密集型产业集群的企业升级可以通过侧重技术能力和侧重市场能力的企业升级两条路径升级，侧重技术能力升级是生产者驱动的，而侧重市场能力升级是采购者驱动的。在二元驱动力特征的混合型全球价值链下，产业集群的升级模式是两条路径并驾齐驱。

第二，研究了全球价值链下我国纺织服装、鞋类和家具三类劳动密集型产业集群升级。把中国纺织服装产业集群分为市场型、关系型与领导型三类治理模式，领导型分为领导企业在集群外以及领导企业在集群内两种。三类治理模式对我国纺织服装产业集群升级的影响是不同的。分析了中国鞋业集群升级的影响因素，即 GVC 动力机制、GVC 治理模式、企业、政府和行业协会等。把中国鞋类产业集群定位于购买型驱动链及市场型、关系型和领导型三种治理模式。认为我国鞋类产业集群中的企业更加注重提高学习能力和创新能力，集群中的地方政府更加注重集群国际化和融入全球价值链的政策，以及加强行业内部的协调与知识共享。深入分析了国际产业转移、知识创新等因素对我国家具产业集群升级的影响，分析了我国家具产业集群的附加值层面、空间分离度、技术质量构成的曲线图。

第三，研究了全球价值链下安徽省产业集群专业镇升级。安徽产业集群专业镇在全球价值链中处于低端环节，价值链治理模式多为俘获型。劳动力成本、原材料价格的不断上涨，国内市场的萎缩，创新能力的不足等都制约着安徽产业集群专业镇升级发展。国际产业转移、政府、企业和中介组织对安徽产业集群专业镇升级具有重要影响。安徽省产业集群专业镇升级需要地方政府、企业、行业协会层面等的共同努力。从地方政府方面，要确定 GVC 发展政策导向，扶持集群中主导企业发展，营造有利于创新创业的政策环境，加强集群品牌推广力度，引导金融资本服务产业集群升级，加快专业化商品市场建设，以及引导职业教育为地方产业升级服务。

第四，研究了全球价值链下我国劳动密集型产业集群国际化。全球价值链治理模式与劳动密集型产业集群国际化方式有密切关系。嵌入层级型全球价值链中的产业集群选择并购方式；嵌入网络型全球价值链的产业集群选择产业转移、商业合作和贴牌生产；嵌入市场型全球价值链的产业集群选择出口贸易。全球价值链动力机制对劳动密集型产业集群的升级方向、集群嵌入价值链方式、集群国际化风险和集群国际化绩效具有重要影响。通过对广东、浙江两省纺织业、服装鞋帽制造业、皮革、毛皮、羽毛（绒）及其制品业、家具制造业、造纸及纸制品业、文教体育用品制造业六大劳动密集型产业区位商和贸易比率的实证分析，得出集群的专业化生产能够促进国际化的结论。全球价值链下的中国劳动密集型产业集群国际化需要从集群、政府和行业协会三方面推进。

第五，研究了全球价值链下劳动密集型产业集群品牌培育。图示了产品品牌、企业品牌与产业集群品牌相互依存、互惠一体的关系。全球价值链下劳动密集型产业集群品牌主要有全球价值链动力机制，全球价值链治理模式，企业因素（技术创新、学习能力、营销能力），政府因素，以及行业协会因素。结合大朗毛织产业集群区域品牌、嵊州领带产业集群区域品牌和晋江鞋业产业集群区域品牌的实践，从企业、政府和行业协会三个层面分别给出了我国劳动密集型产业集群品牌战略的对策建议。

第六，研究了全球价值链下我国劳动密集型产业集群的自主创新。全球价值链动力机制和治理模式、企业、产业转移、政府和中介组织对劳动密集型自主创新具有重要影响。购买者驱动型的价值链和领导型的治理模式使我国劳动密集型产业集群倾向于进行二次创新，市场型的治理模式使我国劳动密集型产业集群倾向于原始创新，而关系型则是集成创新。提出了促进我国劳动密集型产业集群自主创新的对策建议，例如培育自主创新能力强的核心企业，营造良好的区域创新环境，以及发挥政府及中介组织的积极作用。

第七，提出了全球价值链下劳动密集型产业集群升级的四元动力驱动和三元主体协同。四元动力是区域创新网络驱动力、全球价值链驱动力、市场与政府驱动力和国际产业分工驱动力，以及四元动力的互动力。区域创新网络驱动力是劳动密集型产业集群升级的基本动力，主要有创新文化影响力、产业集群地理吸聚力、外部经济作用力、技术外溢力等；全球价值链驱动力是劳动密集型产业嵌入全球价值链后融入全球市场的作用力，通过生产者供应、生产者采购零部件、购买者采购等形式把劳动密集型产业集群纳入全球生产体系或全球销售体系中；市场与政府驱动力、国际产业分工驱动力是劳动密集型产业集群升级的国内外环境作用力，其中市场驱动力包括市场需求拉力和市场竞争压力。三元主体协同是企业主体、政府主体和行业协会主体协同。企业是产业集群技术能力、市场能力、国际化能力升级的主体，集群中的主导企业是全球价值链下集群升级的主要发起者、推动者、执行者和受益者，主导企业的升级行动具有示范性、引导性、带动性。行业协会是产业集群中企业之间、企业与地方政府之间的中间性治理机构，协调劳动密集型产业集群技术、市场、国际化等能力升级与制度创新，在产业集群的公共服务、沟通交流、行业维权、集体商标等方面具有重要作用。地方政府作为劳动密集型产业集群制度创新的主体，是集群创新网络形成与发展的促进器、培育动态比较优势的催化剂和集群中公共服务机构的建立者。

第八，提出了GVC下劳动密集型产业集群升级的两个层面、三个难题和三大战略。两个层面是产业层面和企业层面。产业层面的升级轨迹一般从工艺升级开始，依次到产品升级、功能升级、链条升级。企业层面的升级路径从OEA开始，再到OEM，然后到ODM，最后到OBM。这一升级过程中，可以缺省一个或两个环节。三个难题突破逐底竞争、低端锁定和高端封锁。逐底竞争是集群中企业之间的无序竞争、恶性竞争而引发的竞相降价行为；低端锁定是我国劳动密集型产业集群大多处于全球价值链的低附加值环节，并形成低附加值的路径依赖；高端封锁是发达国家通过高新技术出口管制、品牌战略体系等手段压制发展中国家劳动密集型产业集群升级。三大战略是技术创新战略、品牌战略和国际化战略。技术创新战略是全球价值链下产业集群技术能力升级的主要手段。全球价值链下劳动密集型产业集群升级的技术创新战略的目标模式结构可以定义为以自主创新为主，同时加强模仿创新，重视合作创新。模仿创新与合作创新为辅。品牌战略是全球价值链下产业集群市场能力升级的主要手段，拥有品牌影响力的产业集群就拥有市场营销优势，在全球价值链的利益分配中占据了有利地位。国际化战略是全球价值链下产业集群国际化能力升级的主要手段。突破发达国家跨国公司主导的全球价值链重要策略是发展本国跨国公司，构建平行发展的全球价值链（GVC）和国内价值链（NVC）分工网络。

第九，提出了“1主动、1健全、3加强、2加速”的GVC下劳动密集型产业集群升级的对策建议。“1主动”是主动嵌入全球价值链，对接国际贸易规则。积极参与国际贸易规则谈判，通过自主创新、品牌等战略深度嵌入附加值更高的价值链，促进国内价值链与国际价值链互动，以及构建自己主导的全球价值链。“1健全”是健全产业集群创新网络，释放产业集群创新创业的活力。培育创新创业的区域文化，培育精益求精的工匠精神，以及发挥大众创业、万众创新和“互联网+”集众智汇众力的乘数效应。“3加强”是：加强产业集群国际化，促进产业承接与产业转移互动；加强产业集群区域国际品牌培育，促进产业集群市场能力升级；加强产业集群技术创新，促进产业集群技术能力升级。在加强产业集群国际化方面，要注重“五推进”，即推进劳动密集型产业集群出口迈向中高端，推进加工贸易转型升级，推进集群跨境电子商务平台和市场采购贸易模式发展，推进对外投资合作和鼓励企业抱团出海和有序向境外延伸价值链。在加强产业集群区域国际品牌培育方面，完善集群中政府、行业协会、龙头企业的联动机制，健全集群中知名企业、知名品牌、知名企业家的互动机制，加快支柱产业、产业链、主导企业、区域品牌的联动提升，加强集群品牌的注册、使用与管理，以及加强政府营销。加强产业集群技术创新方面，突出集群内不同市场主体之间的创新分工和协同创新，加大集群内企业自主创新的投资支持，加强产业集群内知识产权运用和保护。“2 加快”是：加快培育行业协会，发挥行业协会在集群中的中间性治理功能；加快培育我国大型跨国公司，发挥产业集群升级中主导企业的作用。

1.4.3.2 不足之处

这一项目比较复杂，涉及的行业多、区域广，数据搜集与案例调研难度较大。还有一些问题有待深入调研和分析。如劳动密集型产业集群附加值的定量分析与国际比较、全球价值链下劳动密集型产业集群供给侧改革、劳动密集型产业集群转移与转型、劳动力丰裕的省份劳动密集型产业集群发展滞后的原因与对策、全球价值链下中部地区劳动密集型产业集群升级等问题。

第 2 章

全球价值链对劳动密集型产业集群升级的影响

全球价值链治理模式按照链中治理机制的不同分为市场型、网络型、层级型三类，不同的治理模式对于产业集群的升级有着不同的影响。全球价值链动力机制，即生产者驱动、采购者驱动和混合驱动与劳动密集型产业集群升级密切相关。本章重点分析全球价值链不同治理模式、不同动力机制对我国劳动密集型产业集群升级的影响。

2.1 GVC 治理模式对劳动密集型产业集群升级的影响

近年来，随着生产的非一体化和全球贸易的一体化的趋势加剧，产业集群外部之间的弱联系被发掘，同时全球价值链及其治理模式的研究也逐步展开，大量的相关文献对产业集群在不同的全球价值链治理模式下升级影响做了理论和实证性的研究，然而其中大部分研究局限于全球价值链治理模式对地方产业集群总的升级影响，却少有对不同类型的产业集群在全球价值链治理模式下的升级研究。作为依靠传统资源、生产力要素发展起来的劳动密集型产业集群在全球价值链治理模式下升级影响的研究更不多见。[①]

① 朱晨，冯德连．全球价值链治理模式对劳动密集型产业集群升级的影响［J］．铜陵学院学报，2012（6）：15－18.

2.1.1 GVC 治理模式的类型与复杂性

Humphrey 和 Schmitz（2002）认为全球价值链治理模式对于发展中国家有着重大的意义：一是能否获得市场准入；二是能否迅速提升企业的生产能力；三是能否得到公平的收入分配；四是能否得到发达国家的技术支持。

2.1.1.1 全球价值链治理模式的类型

Kaplinsky and Morris（2001）借助政治上的三权分立，将价值链治理的运行分为立法治理（legislative governance）、司法治理（judicial governance）和执法治理（executive governance）三种。全球价值链治理模式有多种划分方法。

（1）三分法。Sturgeon（2000）根据全球价值链中行为主体协调能力的高低，区分了三种生产网络：权威型生产网络（authority production network）、关系型生产网络（relational production network）和虚拟生产网络（virtual production network）。

（2）四分法。Humphrey 和 Schmitz（2000）依据交易成本经济学和企业网络理论，把全球价值链治理模式划分为以下四种。一是单纯市场关系（arm's-length market relations）。处于全球价值链上的企业之间的关系是单纯市场交易关系，是纯粹的贸易联系，企业之间不存在领导与被领导、控制与被控制关系。二是网络型（network）。处于全球价值链上企业之间相互联系的频率比单纯市场关系高，企业之间相互合作，平等共生。企业在全球价值链中具有各自的核心能力和核心竞争力，相互竞争和相互合作。具有能力互补的企业之间对全球价值链的重要链节进行国际分工，各方分工合作，共同完成产品的生产与交换。三是准科层型（quasi-hierarchy）。企业之间的关系有两种情况：第一种是企业在法律上独立，但在某些规则方面从属于其他企业；第二种是制定交易规则的主导企业与被动接受规则的从属企业的关系。四是科层型（hierarchy）。主导企业对全球价值链上的某些链节采取直接的行政控制或直接的股权控制，例如跨国公司与其分支机构（分公司、子公司）之间的关系。

Sturgeon 和 Lee（2001）以产品和过程为基础提出了商品供应商（commodity supplier）、俘获型供应商（captive supplier）和交钥匙供应商（turn-key supplier）三种类型的供应关系。以交钥匙供应商为基础的生产系统①，可以定义模块化生产网络。

（3）五分法。Gereffi、Humphrey 和 Sturgeon（2005）依据交易的复杂程度、交易的标准性、供应商的竞争水平三个变量，归纳了五种全球价值链治理模式，分别是科层型（hierarchy）、俘获型（captive）、关系型（relational）、模块型（modular）和市场型（market）。

从价值链行为体之间协调能力看，市场制最低，而科层制最高。市场型是组织经济活动最有活力、交易主体最为平等的组织模式，价格机制是市场制运行的核心机制。科层制以公司制为典型，计划控制、命令控制是科层制运行的核心机制。五种模式的区别见表 2－1。

表 2－1　　全球价值链治理模式的决定因素

项　目	市场型	模块型	关系型	俘获型	科层型
交易复杂性	低	高	高	高	高
识别交易能力	高	高	低	高	低
供应能力	高	高	高	低	低
合作与能力不对称程度	——————————————→				

资料来源：Gereffi、Humphrey 和 Sturgeon（2005）。

五种治理模式在存在的基础、参与主体联结方式、冲突解决方式、组织氛围、参与主体行为等方面具有差异（周习，2011），见表 2－2。

表 2－2　　全球价值链五种治理模式的比较

比较项目	市场型	模块型	关系型	领导型	科层型
存在的基础	市场契约	互补性分工	家族关系等	市场势力	雇佣关系
交易频率	偶然交易	连续性交易	连续性交易	连续性交易	大企业内部交易
资产专用化水平	低	一定程度	一定程度	高	高

① Gereffi，Gary John Humphrey，Timothy Sturgeon. The Governance of Global Value Chains［J］. *Review of International Political Economy*，2005，12（1）：78－104.

续表

比较项目	市场型	模块型	关系型	领导型	科层型
交易方式	市场价格	网络关系	网络关系	网络关系	计划
争议解决方式	低价竞争、仲裁和诉讼	互惠	信誉	大企业主导	行政命令
组织氛围	信任度低	相互依存	相互依存	大企业强势	官僚体制
参与主体行为	独立	相互依存	相互依存	中小企业依赖大企业	依赖上级

资料来源：根据张辉（2004）、周习（2011）等相关资料整理。

2.1.1.2　全球价值链治理模式的复杂性

（1）全球价值链治理模式的动态性和可转型性。无论是全球价值链治理模式三分法，还是四分法、五分法，都是从静态的、绝对的视角划分的。全球价值链治理的模式划分具有复杂性，绝对不是几个变量就能够分清楚的。五种全球价值链治理模式基于价格的交换见图 2－1。

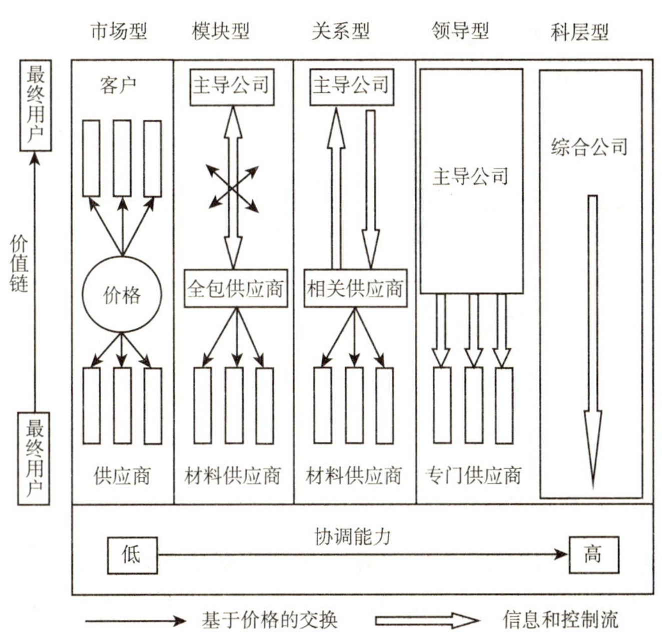

图 2－1　五种全球价值链治理模式基于价格的交换

使原本没有特殊技能的居民变为熟练劳动的劳动力，随着规模的扩大形成集群。两种形成方式的主要区别在于集群内部是否有拥有特殊才能的人。劳动密集型产业集群具有投入少产出快，吸收劳动力强的特点。

不同的形成方式对应了劳动密集型产业集群嵌入全球价值链的途径，见表2－3。以人力带动企业的集群产品独特，工艺领先。一是通过贸易途径，在目标市场上销售集群的产品和服务，企业之间通过市场作为载体来沟通主体之间的交易，商品、服务买卖的核心机制是价格，集群上游企业完全有能力生产下游企业所需的产品，如中国温州市的合成革产业集群。这类集群比较适合嵌入市场型的价值链治理结构。二是集群内部产品品牌、企业声誉表现出强大的竞争力，与发达国家企业之间是一种能力互补、技术交流的合作关系，如中国的奥康集团和意大利鞋业第一品牌——GEOX之间的合作。这类集群基于与发达国家间合作关系，比较适合嵌入网络型价值链治理结构。

表2－3　　不同治理结构对应下的劳动密集型产业集群嵌入方式

全球价值链治理模式	劳动密集型产业集群嵌入方式
市场型	出口
网络型	互利合作
	贴牌生产
科层型	并购

资料来源：依据Gereffi的观点（Governance of GVCs Gereffi-Feb 2005）绘制而成。

以企业吸纳人才的集群在选择嵌入治理模式类型的时候，也有两种方式：一是当价值链中有核心企业存在时，核心企业通过内部管理可以提高竞争力，那么买卖的核心机制就转化为了内部管理机制，核心企业会通过并购的方式对集群直接投资，如中国的平湖光机电产业集群被日本芝浦制作所并购。这类集群比较适合嵌入科层制的价值链治理结构。二是当存在一个或多个主导企业，且没有任何一个企业具有核心地位的时候，这些主导企业掌握了一些生产技术，需要更多地熟练劳动力时，与其他企业之间是控制与被控制的关系，但这种控制不是产权的控制，属于广义上的合作关系，合作主要通过贴牌生产的方式，即代工生产模式，品牌的拥有者不直接从事生产制造，而是利用自己掌握的核心技术负责设计和新产品的开发，控制销售渠道。这类集群比较适合融入网络型治理模式。

2.1.3 三种类型治理模式对劳动密集型产业集群升级影响

2.1.3.1 市场型治理模式对劳动密集型产业集群升级的影响

Humphrey 和 Schmitz（2000）用系统比较的方法研究了价值链的不同治理模式对发展中国家产业集群中生产商升级的影响。认为在单纯市场关系价值链中，因为没有全球采购商的推动，生产商的产品和过程升级往往比较缓慢，但功能性升级明显。但是，劳动密集型产业集群大部分是以制造业为主，制造业总会有具体的产品投入市场或者是中间环节，尤其是以出口方式加入全球经济的制造业。有了产品作为基石，实现产品、过程和功能的升级较为简便。

2002 年 10 月中国轻工业联合会正式授予温州“中国合成革之都”“中国塑编之都”。在这期间，温州市不断拓展业务，引进了德国、日本各种塑料制品生产线 30 多条，产出增加一倍，完成了工艺流程的升级；又同清华大学合作开发 700 毫米大口径超高分子聚乙烯耐磨管，完成了产品的研发和升级（曾咏梅，2012）。Tewari（1999）关于印度 Ludhiana 毛织品产业集群的研究表明，市场型治理模式有利于功能升级；Bazan 和 Navas-Aleman（2003）的研究表明处在巴西国内和拉美的市场型价值链有利于功能升级。

2.1.3.2 层级型治理模式对劳动密集型产业集群升级的影响

嵌入准科层制价值链为生产商快速实现过程升级和产品升级提供了良好条件的同时，也阻碍了功能性升级（Humphrey & Schmitz，2000）。当生产商放弃对营销、设计和品牌等活动的控制，而将他们让给采购商时，准科层制治理就会存在。一旦价值链中的生产商在营销、设计和品牌等战略性活动方面对采购商的依赖性增强，前向整合能力减弱，导致生产商在交易中的议价实力减弱。采购商与生产商的议价实力对比越不均衡，双方权力越不对称，价值链的科层制或准科层制治理特征就越显著，采购商对生产商的升级活动控制程度就越高。

Schmitz 和 Knorringa（2000）通过对鞋业价值链的研究表明，在有些价值链中全球采购商不希望对方生产商侵犯其核心竞争力，限制设计、营销和品牌知识在价值链中的自由流动并阻碍生产商在设计、营销和品牌方面的升级。

2.1.3.3 网络型治理模式对劳动密集型产业集群升级影响

Humphrey 和 Schmitz（2000）认为，网络型治理模式为生产商提供了理想的升级条件，但是，需要生产商具有极强的互补性能力，因而这种价值链在发展中国家的生产商中几乎不可能出现。这种说法未免有些绝对。不能否认发展中国家生产商存在能力互补关系，以及对称互惠的网络关系。Sturgeon（2002）认为，在发展中国家，同样存在模块化生产网络。随着国际分工的深化，发达国家的跨国公司越来越重视核心能力和核心竞争力，把非核心业务外包给发展中国家的现象越来越多。发展中国家越来越成为发达国家外包业务的生产基地或制造业基地。为了满足发达国家跨国公司越来越苛刻的标准与需求，发展中国家供应商需要进行产品创新和工艺创新，提高产品质量，降低产品成本。

劳动密集型产业集群嵌入网络型的治理结构主要有两种方式：贴牌生产和互利合作。不论哪种方式进入全球经济，都是与核心或者主导企业合作的方式。一方面，作为制造商，如果想要获得功能和链条的高层次升级，那么这些制造商就会被认为背叛了原来的合作机制，打破原有的链条关系；另一方面，主导企业会实行技术封锁，如果不是外包技术设计，劳动密集型产业集群很难获得功能方面的升级技术。但是，合作机制却有利于产品和工艺升级，依据“干中学”的观点，在与合作者互动中制造商知识水平和生产能力都在提升，可以提高生产的连续性和产品质量。

宁波服装产业集群中有雅戈尔、培罗成、杉杉、罗蒙等品牌企业。宁波深厚的服装文化和创新创业文化积淀，加上服装企业规模优势和生产工艺优势，为服装产业集群升级奠定了基础。但是，宁波服装产业集群大多通过贴牌嵌入全球价值链。许多企业为国外零售商、国外采购商、品牌专卖店做 OEM。除非部分国外跨国公司因为核心能力需要而放弃全球价值链的某个链节，服装产业集群可能实现研发或品牌功能升级。宁波服装及衣着附件 OEM 出口比重大，占纺织服装出口总额的 80% 左右。宁波大多数服装企业是国外服装品牌的制造商，有些品牌服装企业也难以幸免。靠 OEM 和贴牌生产，宁波服装集群在激烈竞争中只能获取少许加工费。生产的服装多为中低档层次，附加值不高。① 处

① 王传宝，王华壮，贺胜兵．全球价值链视角下宁波服装产业集群升级研究［J］．当代经济，2013（22）：109－111.

于贴牌生产的服装产业集群升级受到发达国家或地区主导服装集群或主导服装企业的压制。意大利和法国服装集群在设计环节具有优势，他们通过服装设计、原材料、生产设备、品牌推广等企业间有效合作和高效率运转，并举办具有国际竞争力和影响力的服装节，不断提高服装设计能力，谋取设计环节更高的附加值。而美国、西班牙、瑞典、德国等国家的品牌服装企业，通过在国际市场上营销网络、营销组合、营销渠道、品牌国际化等经营活动，提升全球价值链中品牌营销的高附加值。Knorringa（2000）研究表明，全球市场中鞋业价值链治理模式具有网络型的情况。在网络型模式下，中国、印度、巴西的鞋业制造商在升级研发设计能力和品牌营销能力时遭遇了来自国际市场的障碍，网络型模式阻碍了鞋业功能升级。

中国的奥康鞋业与意大利 GEOX 的合作为劳动密集型产业集群升级提供了一种思路，就是两个劳动密集型产业集群的群外合作，这种合作各司其职，但是与贴牌生产一样面临着功能升级的问题（曾咏梅，2012）。不过，奥康鞋业自主研发能力强，完全可以不依赖外部因素实现功能升级，但是这种功能升级有一定的风险：一是对品牌研究投资大，见效慢；二是破坏原来的合作关系，使之分离出价值链。

2.2　GVC 动力机制对劳动密集型产业集群升级的影响

全球价值链各个功能环节之间的关系取决于各个功能环节之间的驱动力之比，各个功能环节都可能形成产业集群，因而各个功能环节之间的关系可能就是产业集群之间的关系。在全球价值链的各个功能环节中，哪些环节主导着或驱动着整个链条的运行？价值链运行的动力机制又是什么呢？这都是全球价值链驱动力需要解决的问题。①

2.2.1　全球价值链动力机制的类型

Gereffi 和 M. Korzeniewicz（1994）提出了全球价值链二元动力机制，一是

① 陶梦龙．全球价值链动力机制对我国劳动密集型产业集群升级的影响［J］．铜陵学院学报，2013（1）：8－11.

生产者驱动（producer-driven），二是采购者驱动（buyer-driven）。认为全球价值链的驱动力基本来自于生产者和采购者。张辉（2006）认为，全球价值链的动力机制有三种，即生产者驱动、采购者驱动和混合驱动。不同动力机制下劳动密集型产业集群的成长方式、竞争与合作规则、升级方式等是有差异的。

2.2.1.1 生产者驱动

生产者驱动型主要分布在一些资本密集型产业、技术密集型产业和新兴的现代制造业中。具体来说是由生产者通过投资来推动市场需求，从而形成全球生产供应链的垂直分工体系，如图2－3所示。

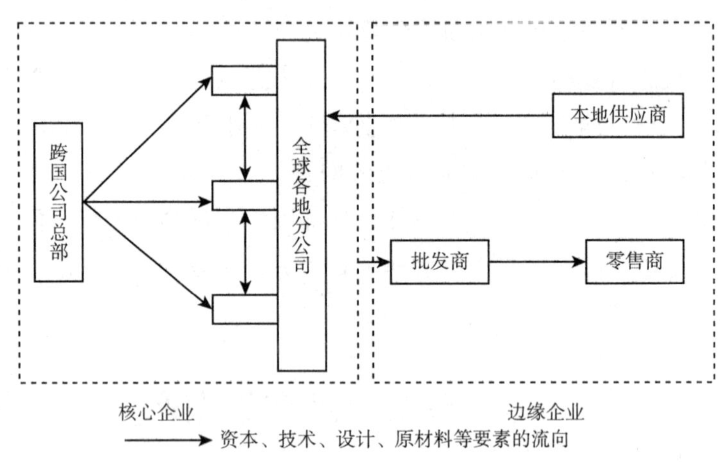

图2－3 生产者驱动型全球价值链

生产者驱动型全球价值链主要涉及的行业有汽车、航空和计算机等。对于生产者驱动型全球价值链来说，链条上的主要战略环节是生产和研发。同时，这也是价值链上附加值最高的环节。这些环节通常被欧美发达国家牢牢掌控。发展中国家往往通过合资、合并和并购的方式嵌入价值链上的制造环节，也是生产者驱动型价值链上附加值最低的环节。在生产者驱动型全球价值链中，具有领导地位的跨国公司及其子公司发挥着主导作用，其扮演的就是“核心”企业的角色，而其供应商、批发商、零售商则构成“边缘”力量，以核心企业（跨国公司）为主导，形成“核心—边缘（core-periphery）”的格局。

2.2.1.2 采购者驱动

采购者驱动型全球价值链主要分布在一些劳动密集型产业，涉及的行业有服装、纺织等。具体来说，它是指那些拥有强大品牌优势和国内销售渠道的经济体通过全球采购和 OEM、ODM 等组织起来的跨国商品流通网络，从而形成强大的市场需求，拉动那些奉行出口导向战略的发展中国家和地区的工业化，其主要战略环节是设计和市场营销。发展中国家的企业生产出符合采购商参数要求的商品，通过贸易方式在价值链的销售环节嵌入此类全球价值链，如图 2－4 所示。

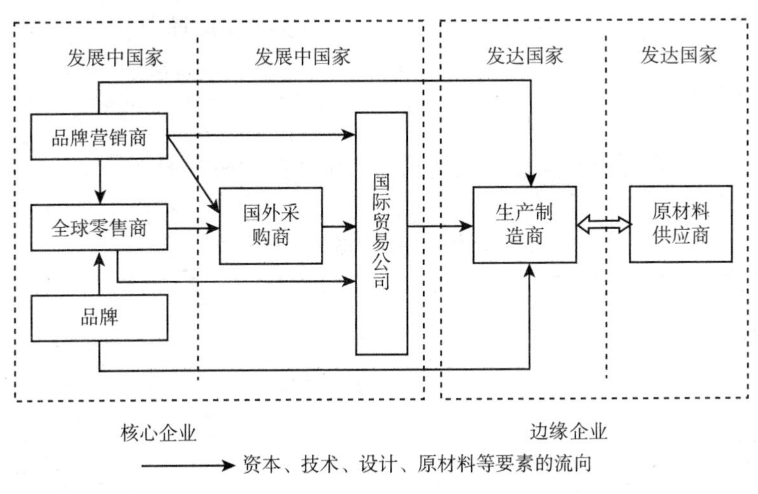

图 2－4　采购者驱动型全球价值链

与生产者驱动型全球价值链类似，采购者驱动型全球价值链的设计、市场营销和品牌等核心环节被发达国家所掌控，发展中国家只能通过生产、制造和原材料供应等低端环节嵌入全球价值链，获取很少的利润和附加值。具体来说，发达国家的全球零售商、品牌制造商和品牌营销商位于价值链的核心地带，而发展中国家的原料供应商和生产制造商却处于边缘地带，面临着被边缘化的尴尬境地。

2.2.1.3　混合驱动

Gereffi 和 M. Korzeniewicz 的二元动力机制主要根据产业部门来区分的，不是生产者驱动，就是购买者驱动，非此即彼。而在缤纷复杂的现实世界，一个产业部门可能存在生产者驱动和购买者驱动两种驱动力，也就是说一个产业部门中全球价值链的两种动力机制可能是同时存在的。此外，在同一产业部门，内部不同的功能环节或价值环节，如研发、生产、营销等环节的驱动力可能是相反的。这也是同一产业部门内部企业经营行为巨大差异的重要原因之一。例如，在纺织服装产业部门中，美国的 GAP（盖璞）是美国最大的服装零售商，有 4200 多家连锁店。GAP 是采购者驱动型价值链中的品牌零售商，自身没有生产体系。而美国 Levi's（李维斯）是著名的牛仔裤品牌，是牛仔裤的"鼻祖"，不断追求产品创新，1960 年推出水洗牛仔裤，1967 年推出喇叭口裤、1986 年推出破洞裤和翻边裤。Levi's 是生产者驱动型价值链中的品牌商（张辉，2006），有自己的垂直一体化生产体系。

2.2.1.4 三种全球价值链动力机制的比较

生产者、采购者、混合型驱动的全球价值链比较见表 2－4。

表 2－4 三种动力机制的全球价值链比较

比较项目	生产者驱动	采购者驱动	混合型驱动
价值增值偏重	生产环节	流通环节	两者兼有
资本形式	生产资本	商业资本	两者兼有
核心能力环节	研发与生产	设计、营销与品牌	两者兼有
价值链环节分离	对外直接投资	外包与连锁	两者兼有
进入门槛	规模经济、研发能力	范围经济、营销能力	两者兼有
产业分类	资本品、耐用消费品、中间产品	非耐用消费品	两者兼有
制造业企业	领导型跨国公司，主要分布于发达国家或地区	本地辅助厂商，主要发布于发展中国家或地区	两者兼有
主要网络联系	投资（股权）为基础	贸易（契约）为基础	两者兼有
主导网络结构	企业之间垂直一体化	企业之间水平一体化	两者兼有
重要辅助体系	机器设备、生产工艺等硬件	营销渠道、交易网络、市场占有率等软件	两者兼有
产业部门案例	核电、高铁、飞机、卫星、电力等	服装、鞋类、玩具等	计算机、打印机、手机等
跨国公司案例	中国核电、西门子、中国中铁、波音、空中客车、中航飞机、中国卫星、通用电气等	美国 PVH、沃尔玛、家乐福、麦德龙、耐克、特步国际、玩具反斗城	三星、苹果、华为、戴尔、联想、惠普等

资料来源：整理自 Gereffi（1999）和张辉（2006）。

2.2.2　三种 GVC 动力机制对劳动密集型产业集群升级的影响

企业在全球价值链内的升级沿着技术能力提升的方向战略移动，或沿着市场开拓能力提升的方向战略移动。路径 A 是基于技术能力（technological capabilities）提升的升级，路径 B 是基于市场开拓能力（market expansion）提升的升级，（Mathews，J. A. & D. S. Cho.，2000）。劳动密集型产业集群的企业升级同样可以通过侧重技术能力和侧重市场能力两条路径升级，如图 2－5 所示。

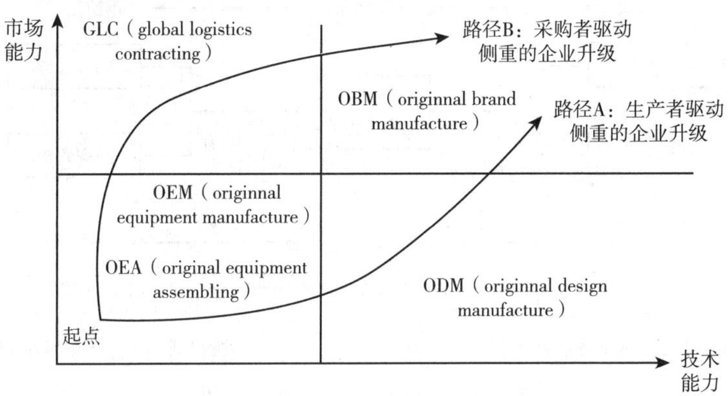

图 2－5　全球价值链动力机制下企业升级的两条路径

在生产者驱动型全球价值链中，高附加值环节是研究开发、产品创新、工艺创新阶段，原动力是产业资本，产业集群升级的关键环节是研发与生产环节。对于发展中国家或地区的劳动密集型产业来说，生产者驱动型全球价值链实现功能升级的路径是从底部的生产链节向上方的研发链节迈进。这种以技术能力为基础的升级路径，对应的企业层面为 OEM（OEA）→ODM→OBM。

在采购者驱动型全球价值链中，高附加值环节处在流通领域，是市场营销、品牌推广阶段，原动力是商业资本，而非产业资本。特别是世界名牌，越来越成为高附加值的代名词。处于购买者驱动型价值链链节的产业集群，升级路径是从底部的生产链节向上方的营销品牌链节迈进。这种以市场开拓能力为基础的升级路径，对应的企业层面为 OEM（OEA）→GLC→OBM。对于发展中国家或地区产业集群来讲，培育世界名牌是集群升级的重要手段。

在二元驱动力特征的混合型全球价值链下，产业集群的升级模式是两条路径并驾齐驱。在混合驱动型全球价值链中，产业集群的核心能力既存在于研发和生产环节，也存在于流通环节，在研发环节和生产环节都具有高附加值。例如，深圳手机产业集群的成功升级，不仅取决于手机研发水平，而且取决于手机品牌培育和市场营销，以华为品牌为代表的深圳国产手机品牌异军突起，深受消费者青睐。处于混合驱动价值链的产业集群，升级路径是从底部的生产链节向上方的研发链节和营销品牌链节迈进。这种以技术能力和市场能力为基础的升级路径，对应的企业层面为 OEM（OEA）→ODM（GLC）→OBM。

全球价值链动力机制与产业集群升级的关系见图 2－6。

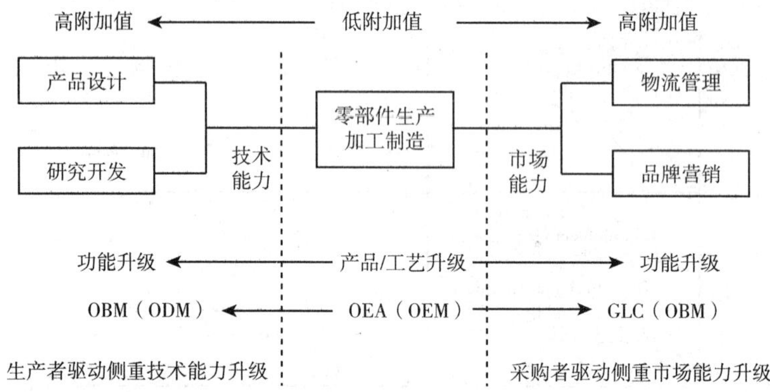

图 2－6　全球价值链动力机制与产业集群升级的关系

第3章

全球价值链下中国纺织服装产业集群升级

中国是纺织大国，产业总量庞大。但是，纺织服装业一直处于全球价值链的低端，赚取微薄利润。国际金融波动、原材料紧缺、东南亚新兴制造业国家低价竞争等一系列危机，迫使中国纺织服装业走向转型升级之路。基于全球价值链理论，GVC动力机制、治理模式、全球纺织产业转移、政府和行业协会等因素都会影响到中国纺织服装产业集群的升级。[①] 本章主要研究全球价值链下纺织服装产业集群的影响因素与相应的对策建议。[②]

3.1 GVC下的中国纺织服装产业集群现状

3.1.1 GVC下的中国纺织服装业现状

纺织服装业充分体现了全球价值链上利润分布的不均匀。纺织服装业是典型的劳动密集型产业，劳动力成本占总生产成本的比重高达60%。纺织服装业被列入全球化程度最高的产业，形成于20世纪60年代，之后辗转了多个国家——从欧美转向日本，然后转移到韩国以及中国香港、台湾，90年代后又逐渐转移到中国大陆和其他亚洲国家，以及拉丁美洲的一些国家，现在又展现出向东南亚转移的趋势。

---

① 王超．全球价值链下的安徽纺织产业集群升级研究［J］．阜阳师范学院学报（社会科学版），2013（4）：85－88.

② 王超．全球价值链下的中国纺织服装产业集群升级研究［D］．安徽财经大学，2013.

在当前的纺织服装全球价值链区域分布格局中，美、日、欧等发达国家牢牢占据价值链两端，赚取附加值的最高部分，从事研发、原材料供给、品牌和营销渠道这些核心战略环节，在生产环节涉及的也是高科技、高附加值部分；韩国、中国香港和台湾等新兴工业化国家和地区把重心倾斜在原材料研发，逐渐将传统生产环节转移出去，全力打造高附加值环节，在全球价值链的地位得到大幅提升；墨西哥和东欧地区凭借与欧盟和美国的贸易协定，主要承接欧美的服装加工部分；非洲国家依托美国给予的特殊贸易方案中的特别优惠贸易条件从事一定的纺织服装生产加工；中国，印度、巴基斯坦等南亚国家，越南、柬埔寨等东南亚国家，则以“世界工厂”的姿态出现在全球价值链上，这些国家因劳动力、资源成本等方面的优势在生产加工环节的优势较明显，价值链中游的工艺较为成熟，出口以中低档产品为主。

中国的纺织服装业依靠传统优势，抓住全球纺织服装业向中国转移的机遇，一跃成为当今全球最大的纺织品生产国和贸易国。中国的纺织服装出口额和棉纱等纺织品产量都排名世界第一；纺织工业纤维消费量约占全球的1/4。中国纺织服装业虽然已嵌入全球价值链，但仍处于低端环节。比如，我国大多出口贴牌纺织服装产品，档次偏低、价格低廉，缺乏自主品牌，更没有国际品牌；我国面料到现在仍有60%需要国外供给，尤其是高级面料，国内基本没有能力生产，全靠外购。陷于低端路线的中国纺织服装业，在国际市场上只能靠低价、跑量维生，容易落入“贫困化增长”的恶性循环；有些企业境况要好一些，但不过是生产适度，再加上渐进性创新，收益非常有限。迄今为止，中国纺织行业的利润不到5%，服装行业比它稍微高一点，也只有8%左右。

纺织服装业的微笑曲线涉及研发、设计、成衣制造、市场营销等多个环节。普通生产企业进入门槛低，随着价值链向上游的纺织品和织物生产移动，壁垒提高。全球价值链下的中国纺织服装产业面临两大问题：一是如何更深层地嵌入价值链；二是如何向高端环节攀升。

值得一提的是，在产业集群高度发展的今天，各个国家某一产业的发展很大程度上取决于其相关的产业集群发展；如果一个国家的某个产业整体都处于价值链的低端环节，那么它的相关产业集群发展也不可能逾越低端环节。所以从中国纺织服装业在全球的状况大致可以窥见中国纺织服装产业集群的发展状况。

3.1.2 中国纺织服装产业集群分布状况

3.1.2.1 中国纺织产业集群试点情况

自2002年开始进行的纺织产业集群试点工作已经超过10年。十多年来我国纺织产业集群地区有了突飞猛进的发展，集群经济已经成为纺织产业的重要基础，促进了地方经济和纺织行业的发展。从2002年第一批38个县、镇试点地区，到2010年第一次整体复评结束，已经有175个集群试点地区。按照中国纺织工业联合会三年复评一次的规定，2013年复评的结果是，170个集群试点地区保留，5个集群试点地区解除。加上新增的27个集群地区，中国纺织工业联合会评出的产业集群试点地区达197个。根据这次复评活动各产业集群地区上报的统计数据，197个试点集群地区共有企业18.4万户，职工926万人，2012年主营业务收入达34400亿元，约占全国纺织主营业务收入的44%，可见其在纺织行业中的举足轻重的地位。①

从中国纺织产业基地市（县）试点数量看，江苏、浙江、广东、山东、福建五省有24个，占全国的80%，见表3-1。

表3-1　2013年30个中国纺织产业基地市（县）

省市区	数量	市（县）
江苏省	7	常熟市、江阴市、张家港市、海门市、南通市通州区、睢宁县、海安县
浙江省	5	海宁市、绍兴市柯桥区、杭州市萧山区、桐乡市、兰溪市
广东省	5	东莞市、开平市、中山市、普宁市、佛山市高明区
山东省	4	昌邑市、淄博市周村区、淄博市淄川区、滨州市
福建省	3	晋江市、长乐市、永安市
安徽省	2	望江县、宿松县
其他省	4	辽宁省海城市、江西省奉新县、河南省郑州市中原区、陕西省西安市灞桥区

从中国纺织产业特色名城试点数量看，山东、浙江、河北、广东四省有42个，占全国的55%，见表3-2。

① 中国纺织工业联合会．关于全国纺织产业集群试点地区第二次复评结果的决定［S］．中纺联［2013］90号，2013-12-18.

表 3－2　　2013 年中国 77 个纺织产业特色名城

省市区	数量	特色名城
山东省	16	即墨市中国针织名城、海阳市中国毛衫名城、诸城市中国男装名城、文登市中国工艺家纺名城、高青县中国棉纺织名城、邹平县中国棉纺织名城、郯城县中国男装加工名城、高密市中国家纺名城、夏津县中国棉纺织名城、嘉祥县中国手套名城、临清市中国棉纺织名城（中国蜡染名城）、禹城市中国半精纺毛纱名城、枣庄市市中区中国针织文化衫名城、广饶县中国棉纺织名城、郓城县中国棉纺织名城、陵县中国土工用纺织材料名城
浙江省	13	海宁市中国经编名城（中国皮革皮草服装名城）、杭州市余杭区中国布艺名城、乐清市中国休闲服装名城、平湖市中国出口服装制造名城、瑞安市中国男装名城（中国针织名城）、嵊州市中国领带名城、义乌市中国针织（无缝内衣）名城［（中国针织（袜业）名城、中国针织（手套）名城、中国线带名城］、天台县中国过滤布名城、象山县中国针织名城、浦江县中国绗缝家纺名城、慈溪市中国毛绒名城、长兴县中国长丝织造名城（中国衬布名城）、安吉县中国竹纤维产业名城
河北省	7	清河县中国羊绒纺织名城、南宫市中国羊剪绒（毛毡）名城、容城县中国男装名城、磁县中国童装加工名城、宁晋县中国休闲服装名城、高阳县中国毛巾（毛毯）名城、安平县中国丝网织造名城
广东省	6	广州市越秀区中国服装商贸名城、潮州市中国婚纱晚礼服名城、汕头市澄海区中国工艺毛衫名城、汕头市潮南区中国内衣家居服装名城、惠州市惠城区中国男装名城、江门市新会区中国化纤产业名城
辽宁省	4	康平县中国针织塑编名城、兴城市中国泳装名城、瓦房店市中国家纺流苏名城、普兰店市中国西装名城
江苏省	4	常熟市中国休闲服装名城、南通市通州区中国家纺名城、金坛市中国出口服装制造名城、高邮市中国羽绒服装制造名城
福建省	4	石狮市中国休闲服装名城（中国休闲面料商贸名城）、长乐市中国经编名城、泉州市丰泽区中国童装名城、尤溪县中国革基布名城
江西省	4	奉新县中国棉纺织名城、共青城市中国羽绒服装名城、南昌市青山湖区中国针织服装名城、分宜县中国苎麻纺织名城
湖北省	3	仙桃市中国非织造布产业名城、襄阳市樊城区中国织造名城、黄石经济技术开发区中国男装名城

续表

省市区	数量	特色名城
湖南省	3	益阳市中国麻业名城、株洲市芦淞区中国服装商贸名城（中国女裤名城）、华容县中国棉纺织名城
其他省区	13	山西省晋中市（榆次）中国纺织机械名城、吉林省辽源市中国袜业名城、黑龙江省兰西县中国亚麻纺编织名城、安徽省岳西县中国手工家纺名城、河南省安阳市中国针织服装名城、河南省新野县中国棉纺织名城、广西壮族自治区玉林市福绵区中国休闲服装名城、四川省彭州市中国家纺名城（中国休闲服装名城）、陕西省榆林市中国羊毛防寒服名城、青海省西宁市中国藏毯之都、宁夏回族自治区灵武市中国精品羊绒产业名城、新疆维吾尔自治区和田地区中国手工羊毛地毯名城、新疆维吾尔自治区石河子市中国棉纺织名城

从中国纺织产业特色名镇试点数量看，江苏、浙江、广东、福建四省有86个，占全国的91%，见表3-3。

表3-3　　2013年中国95个纺织产业特色名镇

省市区	数量	特色名镇
江苏省	29	常熟市海虞镇中国休闲服装名镇、常熟市支塘镇中国非织造布及设备名镇、常熟市碧溪街道中国毛衫名镇（中国化纤名镇）、常熟市沙家浜镇中国休闲服装名镇、常熟市辛庄镇中国针织服装名镇、常熟市古里镇中国羽绒服装名镇（中国针织名镇）、常熟市虞山镇中国防寒服（家纺）名镇、常熟市梅李镇中国经编名镇、宜兴市西渚镇中国亚麻纺织名镇、宜兴市新建镇中国化纤纺织名镇、江阴市祝塘镇中国针织服装名镇、江阴市周庄镇中国化纤名镇（中国棉纺织名镇）、江阴市顾山镇中国针织服装名镇、张家港市金港镇中国氨纶纱名镇、张家港市塘桥镇中国棉纺织·毛衫名镇、海门市三星镇中国家纺名镇、太仓市璜泾镇中国化纤加弹名镇、南通市通州区川姜镇中国家纺名镇、南通市通州区先锋镇中国色织名镇、常州市湖塘镇中国织造名镇、苏州市吴江区盛泽镇中国丝绸名镇（中国纺织名镇）、苏州市吴江区横扇镇中国毛衫名镇、苏州市吴江区震泽镇中国亚麻名镇（中国蚕丝被家纺名镇）、苏州市吴江区桃源镇中国出口服装制造名镇、泰兴市黄桥镇中国牛仔布名镇、阜宁县阜城镇中国环保滤料名镇、丹阳市导墅镇中国家纺名镇、丹阳市皇塘镇中国家纺名镇、仪征市真州镇中国非织造布与化纤名镇

续表

省市区	数量	特色名镇
浙江省	29	海宁市许村镇中国布艺名镇、海宁市马桥镇中国经编名镇、绍兴市柯桥区杨汛桥镇中国窗帘窗纱名镇、绍兴市柯桥区马鞍镇中国化纤名镇、绍兴市柯桥区漓诸镇中国针织名镇、绍兴市柯桥区夏履镇中国非织造布名镇、绍兴市柯桥区钱清镇中国轻纺原料市场名镇、绍兴市柯桥区兰亭镇中国针织名镇、绍兴市柯桥区齐贤镇中国纺织机械名镇、杭州市萧山区衙前镇中国化纤名镇、杭州市萧山区瓜沥镇中国化纤织造名镇、杭州市萧山区新塘街道中国羽绒家纺名镇、杭州市萧山区靖江街道中国服装面料名镇、杭州市萧山区义桥镇中国床垫布名镇（之乡）、杭州市萧山区南阳街道中国童装名镇、杭州市萧山区河庄街道中国针织内衣名镇、义乌市大陈镇中国衬衫名镇、诸暨市大唐镇中国袜子名镇、桐乡市濮院镇中国羊毛衫名镇、桐乡市洲泉镇中国化纤名镇（中国蚕丝被名镇）、桐乡市大麻镇中国家纺布艺名镇、桐乡市河山镇中国绢纺织名镇、嘉兴市秀洲区油车港镇中国静电植绒名镇、嘉兴市秀州区王江泾镇中国织造名镇、嘉兴市秀州区洪合镇中国毛衫名镇、湖州市织里镇中国童装名镇（中国品牌羊绒服装名镇）、桐庐县横村镇中国针织名镇、建德市乾潭镇中国家纺寝具名镇、嘉善县天凝镇中国静电植绒名镇
广东省	18	东莞市大朗镇中国羊毛衫名镇、东莞市虎门镇中国女装名镇（中国童装名镇）、东莞市茶山镇中国品牌服装制造名镇、开平市三埠街道中国牛仔服装名镇、中山市沙溪镇中国休闲服装名镇、中山市大涌镇中国牛仔服装名镇、中山市小榄镇中国内衣名镇、普宁市流沙东街道中国内衣名镇、增城市新塘镇中国牛仔服装名镇、佛山市南海区西樵镇中国面料名镇、佛山市南海区大沥镇中国内衣名镇、佛山市禅城区张槎街道中国针织名镇、佛山市顺德区均安镇中国牛仔服装名镇、汕头市潮阳区谷饶镇中国针织内衣名镇、汕头市潮南区峡山街道中国家居服装名镇、汕头市潮南区陈店镇中国内衣名镇、汕头市潮南区两英镇中国针织名镇、博罗县园洲镇中国休闲服装名镇
福建省	10	石狮市蚶江镇中国裤业名镇、石狮市灵秀镇中国运动休闲服装名镇、石狮市宝盖镇中国服装辅料服饰名镇、石狮市凤里街道中国童装名镇、石狮市鸿山镇中国休闲面料名镇、晋江市深沪镇中国内衣名镇、晋江市英林镇中国休闲服装名镇、晋江市龙湖镇中国织造名镇、长乐市金峰镇中国经编名镇、长乐市松下镇中国花边名镇

续表

省市区	数量	特色名镇
其他省	9	湖北省仙桃市彭场镇中国非织造布制品名镇、湖北省汉川市马口镇中国制线名镇、湖北省沙市区岑河中国针织名镇、海辽宁省城市西柳镇中国裤业名镇（中国棉服名镇）、辽宁省灯塔市佟二堡镇中国皮革皮草服装名镇、安徽省繁昌县孙村镇中国出口服装制造名镇、山东省平邑县仲村镇中国劳保手套名镇、湖南省醴陵市船湾镇镇中国职业服装名镇、四川省成都市龙桥镇中国童装名镇

综合来看，浙江、江苏、广东、山东、福建五省纺织产业集群试点合计153个，占全国的78%。其中，浙江、江苏纺织产业集群试点数量相对较多，两省占全国的44%，见表3－4。

表3－4　浙江、江苏、广东、山东、福建五省纺织产业集群试点数量情况

省市区	中国纺织产业基地市（县）数量	中国纺织产业特色名城数量	中国纺织产业特色名镇数量	合计	占全国数量的百分率（%）
浙江省	5	13	29	47	24
江苏省	7	4	29	40	20
广东省	5	6	18	29	15
山东省	4	16	0	20	10
福建省	3	4	10	17	9

3.1.2.2　产业集群区域品牌建设试点

工业和信息化部根据《关于开展产业集群区域品牌建设试点示范工作的通知》（工信部科函〔2014〕102号），开展了三批75家产业集群区域品牌试点示范工作。要求各试点的实施单位，充分发挥地方政府、行业协会、研发机构、主导企业的合力，精心策划、科学组织、政策推动、部署区域品牌，加快培育和推广附加值高、知名度高的区域品牌。三批试点名单中的纺织服装集群试点有11家，见表3－5。

从表 3 – 6 可以看出，LQ > 1 的地区分别有浙江、江苏、山东、福建，与公布的试点名单统计情况基本吻合。名单上纺织产业集群密集度较大的广东 LQ 值接近于 1。

商值法得出的结论与试点名单基本相符。中国纺织产业集群最为密集的省份为江苏、浙江、福建、山东和广东五省，集中区域恰为长三角、珠三角、环渤海经济圈，中西部地区也有，但分布较少。由于中国的纺织产业集群绝大多数都是纺织服装产业集群，据粗略统计只有不到 15% 的集群为装饰用品产业集群和工业用品产业集群（纺织品按用途可分为衣着类、装饰用品类和产业用品类三大类）。

3. 1. 3　中国纺织服装产业集群存在的主要问题

纺织服装集群从无到有，不断发展进步。但细看之下，中国纺织服装集群中的绝大多数仍停留在发展的初级阶段，只有极少数发展较好的集群摆脱了这个阶段，走向成熟。迄今为止，各地的纺织服装产业集群存在着不同程度的问题。如果想在愈加激烈的市场竞争中持续发展，必须有所改变。现阶段我国纺织服装产业集群存在的主要问题如下。

3. 1. 3. 1　产业集群处于全球价值链低端

纺织服装产品设计常常是在米兰、纽约、巴黎等著名时装之都，拥有廉价劳动力的发展中国家根据发达国家（北美和西欧）的订单标准制作，受到发达国家销售网络的控制。根据全球价值链理论，那些从事设计和销售环节的企业是“战略环节”，是全球价值链的治理者，并具有较大的附加价值和利润。

中国的纺织服装产业集群多为贴牌生产，依靠廉价劳动力与低成本的优势，生产一些中低档产品；群内企业普遍规模较小，生产工艺和设备比较落后，鲜有创新能力，生产出来的产品不仅层次粗浅，而且大同小异；这些企业主要为劳动密集型的加工企业，聚集到一起，多半也是处于资源丰富或临近市场的缘故。从广义上来说，产业集群分为两种，一种是走高端路线的“创新型集群”，另一种是走低端路线的“生产型集群”（王缉慈，2010）。中国的纺织服装产业集群基本上可以划入生产型集群。具体表现为：群内缺乏创新型企业，没有形成良好的创新氛围。这种现象的产生，主要归结于两个原因：一是企业规模普遍偏小，缺乏创新所需的财力、人力支持，企业无力创新；二是缺乏创新动力，企业往往追求短期利益，没有意识进行创新或因畏难思想而无法长期有效坚持。缺乏创新能力，使集群只能停留在价值链低端，靠"低价跑量"赚取微薄利润。

纺织服装产业集群在全球价值链中的治理能力如图3-1所示。

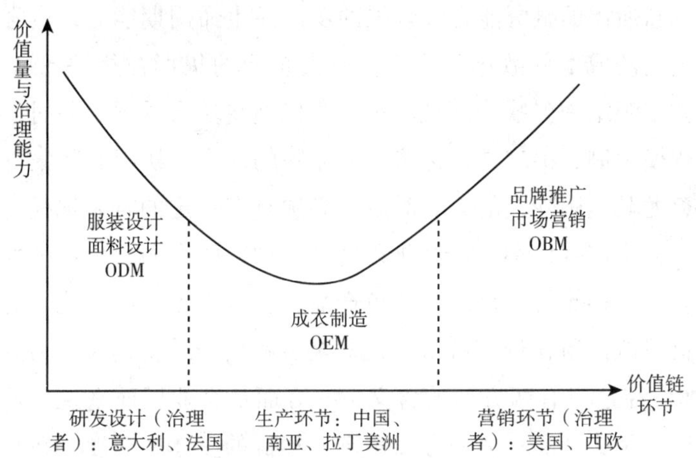

图3-1 纺织服装产业集群在全球价值链中的治理能力

资料来源：刘芹，陈继祥．基于全球价值链治理的我国纺织服装产业集群［J］．纺织学报，2006（11）：66-69.

3.1.3.2 集群内企业定位趋同

一般来说，由于集群内企业存在技术相对落后、研发和营销力量薄弱的劣势，他们的定位难以走出中低端市场范畴。趋同定位引起价格竞争，企业很容易陷入恶性循环的轨道，集群不但吸引不到全球价值链中的跨国企业加入，也很难再基于地方进行集群供应链式的整合。中小企业在发展过程中普遍需要发展壮大，往往要进行资源整合、延伸自己的产业链。为此，每个企业不遗余力地争抢本地资源。但是，由于资源的有限性，把本应集中在一家或几家的整合资源分散到多家，大大弱化了企业及其所在集群的实力，再加上集群内企业往往都盯着同一个目标市场或是购买商，使位于全球价值链中的外国核心企业趁机打压地方产业集群的利润空间，恶化了地方产业集群的生存和发展环境。①

3.1.3.3 核心大企业和知名品牌不多

中国的纺织服装产业集群内充斥着各色中小企业，缺乏或者压根没有规模较大的核心大企业。但是从产业组织上看，有能力进行持续技术创新的企业往往是那些具有规模经济的大企业，他们拥有雄厚的财力、物力，更容易达到技术创新所需的融资能力和较强的反产品生命周期能力，更容易把高风险的技术创新的成本分散化。缺乏核心大企业的集群往往缺乏“主心骨”，集群的整体组织结构欠缺合理性，进一步发展自然会受限。同时，中小企业由于受到规模限制，很难具备打造知名品牌的能力。纺织服装集群要想创建知名品牌，尤其是国际上的知名品牌，必须具有一定的企业规模。如果企业靠加工过活，生产规模小，机械化程度低，创新能力弱，只对国外的产品简单模仿和复制，很难打造自己的特色产品，更难以创建或强化自有品牌，那么这个集群只能停留在价值链低端，甚至被踢出全球价值链。另外，所谓的“知名品牌”在这里有两方面的含义，一方面从企业层面来说，是单个企业的知名品牌、拳头产品；另一方面是产业集群的整体知名度。在打造知名品牌的时候，不仅要培育和推销群内企业的企业品牌，而且要培育和推销产业集群的整体品牌。

3.1.3.4 地方政府和行业协会的服务功能发挥不够

促进集群的升级是一个合作的过程，需要企业、政府、中介机构等多方主体发挥协同效应。主体之间的互动主要来自彼此间的信任和尊敬，但常常需要第三方机构的“牵线搭桥”。处于同一行业中的企业面对同样的市场和资源，往往处于直接或间接的竞争之中，企业间的竞争在集群的微观尺度中又会更加激化。所以，在没有历史积累和第三方机构协调的条件下，企业之间自觉的合作和互动一般是不现实的。从这个意义上讲，政府、行业协会等第三方机构在集群升级过程中实质上应能起到其他主体无法替代的作用。但是，我国纺织服装产业集群的政府和行业协会并没有充分发挥自身的服务功

① 王超，冯德连．全球价值链下的安徽纺织产业集群升级障碍与对策［J］．西华大学学报（社科版），2013（4）：87－91.

能，无论是在促进集群内企业间的交流与合作方面，或是在提供企业发展所需的技术和市场信息方面，发挥的作用都远远不够。

3.2　GVC下中国纺织服装产业集群升级的影响因素

在全球的大环境下，影响中国纺织服装产业集群升级的因素很多，比如宏观经济政策、贸易壁垒、嵌入价值链的方式等。结合全球价值链的相关理论，主要分析动力机制、价值链的治理模式、全球纺织产业转移、政府和行业协会四个方面对中国纺织服装产业集群升级的影响。

3.2.1　GVC动力机制因素

3.2.1.1　中国纺织服装产业集群的GVC动力机制判定

以前的研究一直将纺织服装业直接划入购买者驱动价值链（Gereffi，1999；文嫣、曾刚，2005；张辉，2006；谭力文，2008；卓越，2008；罗勇，2008；刘志迎，2010），多数研究全球价值链的学者提到购买者驱动都会把纺织服装业当作典型，并且总是一笔带过，认为这是一个理所当然的事情，无须多言。但是，近年来，开始有学者对纺织全球价值链的动力机制提出质疑。比如，张婷麟（2011）的研究提出，大唐袜业集群是混合驱动的，其中负责生产的中小企业是生产者驱动（利润集中于生产环节），而龙头企业是购买者驱动（占据设计、研发、市场营销、品牌运作等高附加值环节）。然而，这一观点值得商榷。

在生产者驱动价值链的升级中，从工艺升级、产品升级、功能升级到链的升级，是一个由易到难的过程。也就是说，处在生产者驱动价值链下的企业，功能升级是比较容易的，而且生产者攫取了价值链上的大部分利润。而大唐袜业集群中的那些负责生产的中小企业，如绝大多数贴牌企业一样，赚取的利润是很少的，附加值也很低。他们未尝不想涉足市场营销、创建自己的品牌，却遇到重重阻碍，往往力不从心。如若这些中小企业真是处于生产者驱动价值链上，那么进行功能升级本不该如此艰难。而事实上，对于他们来说，工艺升级要比功能升级要简单得多，许多企业在大购买商的帮助下，流程、产品升级都能得到快速提升。综上所述，大唐袜业集群中的中小企业并不完全符合生产者驱动的特性，因此将大唐袜业集群划入混合驱动模式是欠妥的。

此外，我国纺织服装产业集群中的企业多为进行贴牌生产企业，鲜有垂直一体化特征，始终处于价值链底端，附加值低，根本不符合生产者驱动的特性。而其各项条件皆符合购买者驱动的特性——动力根源是商业资本、核心能力是设计和市场营销、制造企业的业主是地方企业（主要在发展中国家）、主要产业联系以贸易为主线、主导产业结构是水平一体化等，故应将中国纺织服装产业集群的全球价值链纳入购买者驱动链条。

3.2.1.2 购买者驱动对中国纺织服装产业集群升级的影响

处于购买者驱动价值链中的中国纺织服装产业集群，理论上来说遵循工艺升级→产品→功能→链条转换的路线，在此过程中，升级难度会依次加大，升级次序并非依次进行，也可跳跃转换，路径并不是唯一的。一般来说，工艺流程和产品升级会相对顺利，耗费时间相对较短，升级不断加速，但从产品升级到功能升级，转换会变得非常困难，升级呈现减速特征，很多地方产业集群的升级之路受阻于此，无法再进行下去。

正确地判断地方产业集群的动力机制非常重要，因为只有确定了动力机制类型以后才能继续讨论其总体战略，二者是紧密相连的，购买者驱动的竞争优势来自流通领域，生产者驱动的则来源于生产领域，两者竞争优势的建立基础大相径庭。参加购买者驱动链的地方产业集群应以扩展销售渠道等来制定策略，生产者驱动链下的地方产业集群则应更重视核心技术能力的发展，两者的侧重区域是完全不同的，而且他们必须按照所在的价值链条的内在规律行动，否则就会像沃尔玛采取了英特尔的发展策略一样糟糕。这样一来，购买者驱动下的中国纺织服装集群应该把重心放在流通领域上，更注重市场营销、品牌运作等方面的发展。既是购买者驱动，那么功能升级要比工艺升级和产品升级复杂得多，所以在升级前要做好心理准备。

3.2.2 GVC 治理模式因素

3.2.2.1 中国纺织服装产业集群按 GVC 治理模式的划分

作为劳动密集型产业集群的典型，中国的纺织服装产业集群又处于何种治理模式之下呢？首先排除模块型。模块型生产的组织柔性大，市场需求和投入品同时满足多样性要求，对供应商能力要求很高，同时要求模块中企业的独立性强。这种模式在处于价值链低端的中国纺织产业集群中还没有出现。但模块型无疑是一种非常好的治理模式，综合起来有利于纺织产业集群的各种升级，中国少数发展较好的纺织服装产业集群（如温州服装集群）已经有向模块化发展的趋势，但要成为真正的模块型产业集群，还有很长一段路要走。谢远大（2007）剖析了温州服装产业集群治理模式的发展变迁，认为“温州服装集群由最先的关系型发展为关系型与领导型并存，正向模块型过渡”。

其次排除等级型。等级型一般是跨国公司垂直一体化的表现，多见于外生型产业集群（中国纺织服装产业集群绝大多数是内生型产业集群）。等级型下的产业集群，基本是由跨国公司直接投资或大量入股的产物，由跨国公司直接决定集群中企业的经营活动。这种治理模式在中国的纺织服装产业集群中是不存在的，因为等级型下的治理成本高昂，当供应失败的风险非常大时，才会启用等级型治理。而就纺织业来说，跨国公司在中国没必要采用垂直一体化，用离岸外包等形式完全可以达到期望的效果。所以等级型治理模式在中国纺织服装产业集群中也不存在。

而后判断市场型。市场型完全依靠价格机制，买卖双方交流不多，协调成本很低。产品标准化程度高。由于要求不高，或供应商的能力足够强，购买商的风险是很低的。购买商基本都是因为集群，或某个制造商的良好声誉慕名而来。市场型治理模式一般多见于内生型集群，是中国纺织服装产业集群产生初期最常见的治理模式之一。

关系型治理模式中供应商和购买商之间的地位是比较平等的，而且往往根植于信誉、血缘，甚至宗教信仰等各类的社会关系。对于中国这样的发展中国家来说，关系型一般出现于与之经济发展比较平等的国家，或是与发达国家的小购买商之间；还有一种就是与海外侨胞之间的买卖关系，温州的特色“侨贸”就是这种治理关系的典型代表。

领导型在中国纺织产业集群中最为常见。领导型产业集群分为两种：一种是领导企业在集群外（通常是国外）的情况，在中国的表现形式通常是贴牌生产，由领导企业掌握设计、营销等高附加值部分，中国的纺织产业集群负责生产与物流部分；另一种是领导企业在集群内的情况，有点类似于“中卫型产业集群”，集群由大企业主导，周围围绕一批中小型配套企业，配套或合作企业非常依赖龙头企业，形成一种“被俘获”的局面。值得注意的是，在后一种情况中，龙头企业必须是外销企业，如果该企业只在本国销售，就不能称之为“融入”了全球价值链，也就不能拿全球价值链治理模式将其进行分类。

事实上，之前的研究基本上都将中国的纺织产业集群直接划入准科层制，不予细分。有学者曾按不同的出口市场对中国纺织企业进行治理模式划分，将中国出口市场分为三类——欧美日为代表的高端市场、韩国和中国香港为代表的次级市场，以及以东欧、拉美为代表的新的目标市场；并将第一类高端市场归类于典型的准科层型，第二类次级市场归类于弱化的准科层型，第三类新目标市场则归类于市场型治理模式。[①] 在以产业集群为单位进行治理模式划分时，也可以借鉴这种方式。

3.2.2.2 GVC 治理模式对中国纺织服装产业集群升级的影响

市场型中，买卖双方的关系十分平等，所以在进行流程、产品、功能升级时都会相对顺畅。但是这种以“价格”为基础的交易方式，决定了交易产品的非复杂性。对于处于市场型的中国纺织服装集群来说，产品较简单，顾客也不怎么挑剔，双方的非价格信息交流几乎为零，生产决定所需。在这种关系中，服装产业集群要向“高端路线”发展，全靠企业的自觉性以及目标市场的市场准入限制。

关系型的流程和产品升级速率快于市场型；功能升级所受的阻力也比较小。在属于关系型的纺织服装集群中，普遍是选择小型购买商来营造比较公平的买卖关系，从而赢得更大的空间培育自己的设计能力。还有诸如海外华人在东亚的、以家族为纽带的业务网络，如温州的“侨贸”等，由于具有建立在亲缘、血缘上的信任关系，功能升级所受的阻力比领导型要小得多。

大多数中国服装集群都是处于领导型治理模式下，而且领导企业是国外的大型购买商（比如零售巨头、品牌商等）。多年来，在跨国公司帮助下，这些集群在硬件设施、产品升级、先进管理方式等方面发展迅速，但在自主设计、自主品牌、市场营销能力等方面发展缓慢。许多集群连国内知名的品牌都没有，更不要说拥有国际品牌了。他们在进一步功能升级的时候往往会

① 梁文玲，李鹏．基于全球价值链治理的中国纺织企业升级战略思考［J］．经济问题探索，2008（7）：67－71.

受到多重阻碍：一方面，大型购买商要货的数量大、品质高、时限紧，供应商忙于生产加工，无暇发展自己生产以外的能力；另一方面，进一步功能升级很可能会触犯大型购买商的利益，受到其阻碍。

至于类“中卫型”产业集群，领导企业在集群内的纺织服装集群，更多忧虑的是如何将自家品牌更好地打入国际市场，摆脱“低端”路线。例如，雅戈尔在2001年开始涉足服装面料印染、制造、加工等领域，向上整合产业链；实现纺织和服装两位一体，布料可以随时装潮流的变化及时作出反应，从而抢占先机；为了拥有原料的定价权，雅戈尔在近年来实现了重要的产业转移，并创新性地把“汉麻”用作服装面料，坐拥排他性优势。而更多服装产业集群内的龙头企业则选择了“反向OEM”，为国外大企业做贴牌生产，借与其合作的机会，学习其设计理念与营销经验，为更好地进军国际市场做好准备。

3.2.3 全球纺织产业转移因素

作为一个老牌传统产业，纺织业影响着诸多国家的国计民生。从纺织业本身具有的特征，以及世界经济结构变化来看，纺织业通常是一个国家或地区工业化初期阶段的主导产业，纺织品和服装会是这个阶段对外贸易中最主要的出口制成品。纵观世界纺织工业发展史，我们会发现纺织工业转移路线：英国→美、德、法国→日本→中国香港、中国台湾、韩国等亚洲新兴工业化国家和地区→中国大陆→越南、孟加拉国等其他东南亚国家。纺织工业最先源自英国，如今却一步一步地转移到东南亚国家。

在全球纺织服装业产业转移中迁移地的纺织服装产业发展一般会经历如下几个阶段：承接生产加工环节；进行集群式的价值链整合；沿着价值链向上下游延伸；达到高附加值部分，取得竞争优势；留下核心环节，转移其他低附加值环节。

在纺织品配额取消后，大量外商涌入中国进行纺织和服装业方面的投资，促进了中国纺织产业集群的发展。不少纺织集群从无到有，从企业独自成长到企业联合成长。如今，随着国内原材料和劳动力成本上升、来自东南亚国家的低价竞争、人民币持续升值、贸易壁垒激增等一系列内外环境的“恶化”，使中国制造业“世界工厂”的地位岌岌可危，不少纺织产业的生产环节已向越南、老挝等东南亚国家转移。国内最大的电商服装品牌之一“凡客诚品”已将部分服装生产转移至孟加拉国，制造成本可减少30%。种种迹象表明全球纺织产业的新一轮转移已经开始。“内忧外患”之下，中国纺织产业集群的转型升级迫在眉睫，从前靠低成本竞争的“好日子”已经一去不复返，中国纺织产业集群必须迅速找准新定位，培育自己的核心竞争力。简单的贴牌生产、低价竞争已不再是中国的“独家招牌”，将生产制造部分转移到成本更低廉的地方，发展研发、设计能力，完善产业链，发展“精益物流”，创建自主品牌都成为中国升级的选择。一句话，中国亟待找准自己的新定位，培育新的核心竞争力。

3.2.4 政府和行业协会因素

纺织服装业作为中国的支柱性产业，这些年一直受到政府的大力扶持。政府围绕优势产品培育、重点发展大企业、技术改造投入、技术创新推进、企业信息化建设等重点，运用税收优惠、财政奖励、配套投入等多种手段激发纺织企业和社会各界的积极性，同时对新产品开发给予经费上的支持或贴息支持；放宽贷款门槛，解决中小企业融资难问题。

中国服装协会成立有20余年了，在全国有1200多个会员单位，包括中国大多数优秀自主服装品牌、地方行业组织以及重要产业集群。这些年来，除了做好政府和企业之间的纽带、调查行业情况、监督行业质量，中国服装协会还举办了中国国际服装服饰博览会、中国服装品牌年度大奖、中国服装论坛等活动，在促进行业科技进步、品牌建设、国际交流合作和产业升级发展等方面起到了巨大的作用。此外，中国纺织工业协会制定的纺织产业集群的试点工作也正是为了将纺织产业集中化，强化集群“品牌”，方便国外厂商采购。另外，相关企业的集中，也有利于产业链的发展，方便有条件的集群打造更加完善的产业链，从而为集群的进一步升级添砖加瓦。

3.3 GVC下温州服装集群升级分析

3.3.1 温州服装业的历史与现状

温州有四大支柱产业——服装、皮革、眼镜和打火机，作为支柱产业之一，服装业对温州繁荣的经济发展功不可没。改革开放初期，精明的温州人迅速嗅到了潮流服饰的商机，创立了一大批服装家庭作坊，并充分利用地处沿海的优势，以最快的速度获取海外最新的服装信息，进行消化，然后体现到自己的服装制作上。每天生产出来的成衣数量并不多，只有数十件，但在那个“供决定求”的年代，短时期内就被抢购一空。1985 年妙果寺服装市场形成，很快形成了浙南地区规模最大的服装批发市场。市场的欣欣向荣拉动了服装企业的发展，温州服装产业集群于 20 世纪 90 年代中期开始迅速发展。

温州服装业产值增长迅速，从 1993 年的不到 20 亿元，增长到现在的 500 亿元。目前，温州有服装企业 3000 多家，从业人员 30 多万人，在国内服装市场也打响了不少温州本土自主品牌：法派、庄吉、报喜鸟、罗蒙等男装品牌已在国内享有盛名，美特斯·邦威、森马、高邦等休闲装品牌占据了中低档休闲服市场的半壁江山，巴拉巴拉、贝贝依依、香猫等童装品牌迅速崛起，还有雪歌、好日子、卡布依等女装品牌也小有名气。

作为国内最重要的服装生产基地之一，温州的服装业发展大致经历了以下几个阶段：（1）20 世纪 80 年代，温州本地大批的销售人员在全国跑动进行直接销售，销售的过程中，这些销售人员同时搜集到市场的需求信息，回来反馈给本地厂商，渐渐地，专业的服装市场一步步发展起来，温州也很快成为浙南地区规模最大的服装批发专业市场。（2）20 世纪 90 年代后，国内服装市场开始逐渐走向成熟，温州抢占先机，转向自主品牌的创建，这个时期内涌现了一大批国内知名的温州本土品牌，比如法派、庄吉、报喜鸟、美邦、森马等。（3）近年来，温州服装企业（尤其是西装企业）兴起一股“反向 OEM”浪潮——知名品牌重返 OEM，与全球大牌服装企业合作并为之进行贴牌生产。虽然温州本土的知名品牌不少，但这些品牌与国际品牌的差距还很大，为了顺利进军国际市场，不少温州服装品牌企业选择了“反向 OEM”，在与大牌国际企业合作的过程中尽快充实自己设计与营销方面的知识与能力。①

3.3.2　GVC 动力机制对温州服装集群升级的影响

温州服装集群的核心能力是设计、市场营销，动力根源是商业资本，环

① 谢远大．基于全球价值链视角的地方产业集群升级研究［D］．东华大学，2007.

节分离形式是外包网络，主要产业联系以贸易为主线，主导产业机构为水平一体化，软件比硬件重要，特征完全符合购买者驱动价值链。在购买型驱动下，温州服装集群更注重设计、营销能力的培养，努力发展自主品牌，如今已经出现了庄吉、法派、报喜鸟、美特斯·邦威、森马、高邦等一系列国内知名品牌。大部分没有自主品牌的中小企业还在奋力向创建自有品牌迈进，这些在国内已取得一定知名度的品牌商已经筹划如何在国际平台上再上升一个台阶。不少企业选择了与国际名企合作并为之做贴牌生产，毕竟，遵循比较优势理论，制造环节是我国纺织服装业切入全球价值链的最佳突破点，制造能力的提高也有助于向设计和营销环节中相对标准化部分的进一步延伸，加强与领导买主的关系。贴牌时期，积极主动地学习代工以外的额外知识，比如设计理念、品牌营销和先进的管理方式，有助于企业将来由 OEM 到 OBM 的转换，更顺利地将自主品牌打入国际市场。[①]

3.3.3 GVC 治理模式对温州服装集群升级的影响

20 世纪 90 年代，温州服装企业开始进行外贸出口，温州服装外贸与普通的出口加工相比有所不同，他们使用的是“侨贸”，因为温州的海外华侨很多，这些海外华侨市场灵敏度很高，赚到利润累积到一定资本便开始选择做服装贸易，并且把温州的经验模式输出到国外，成为温州本土与国外的纽带，这些侨胞中有的生意做得非常成功，已经发展为国外大型零售市场的供应商，如在意大利罗马就有 500 多家温州华侨经营的服装贸易公司，年销售额达 50 多亿美元；阿联酋的迪拜、西班牙的马德里、匈牙利的布达佩斯等城市，有 95% 以上的服装市场，都是温州人在经营。[②] 这些华侨成了温州服装与海外的纽带。温州服装企业也利用自身服装产业的发展以及侨乡优势，进入出口贸易发展的高速轨道。许多企业纷纷从内销转向外贸。大量温州服装企业的出口，标志着温州服装产业集群已经开始嵌入了全球价值链。由于作为购买方的温州侨胞与本地企业家有亲友、血缘等各种关系，具有彼此信赖的基础，依赖相互的扶持、信任与声誉，虽然当时生产的服装款式比较简单，

---

① 谭力文，马海燕，刘林青．服装产业国际竞争力——基于全球价值链的深层透视［J］．中国工业经济，2008（10）：64－74.

② 曲红贤．影响集群竞争力的集体效率动态演变研究［D］．浙江大学，2004.

但技术和信息条件有限，厂商往往只能进行面对面的交流来交换复杂信息，协调起来十分困难，更换贸易伙伴也不容易，好在由于加工作坊的数量多，产品的供应能力比较强，以上条件符合关系型的特征，因此，可将这个时期温州服装产业集群的治理关系纳入关系型。

到了20世纪90年代中后期，温州服装企业开始由成本竞争逐步走向品牌竞争，温州产业集群中的企业也逐渐分化为三类：第一类专门做外贸中的贴牌生产，无自主品牌；第二类也走外贸路线，但坚持原有品牌，将其做大做强，用自家品牌走出国门；第三类则打造新的自主品牌，主攻国内市场。第一类和第三类后来发展为领导型治理模式，区别在于第一类的领导企业在国外，而第三类的领导企业就在集群内部；第二类由关系型向市场型演变。需要指出的是，第三类中也有特例，少数国内知名企业在国内市场获得极大成功后却开始走反向OEM路线，从自主品牌重回贴牌加工，学习和积累国外大企业的经验，为将来进军全球服装市场做准备。如此一来集群企业的“领导”企业也在集群外部了。

先说第一类。由于独特的地理与侨胞优势，温州服装产业集群中的外贸企业很多，并且这些企业中的绝大多数都是从事低端的贴牌生产。这些专事贴牌的外贸企业一般规模较小（有些甚至还是家庭式作坊），仍停留在来样加工阶段，与外商不存在任何生产领域外的合作，供应能力弱，可替代性强。外国购买商牢牢占据设计、营销等高附加值环节，而这些贴牌企业只逗留在价值链最低端，赚取微薄利润，靠量大盈利。由于信息识别能力要求和产品规格的复杂程度都很高而供应商能力低下，所以将温州服装产业集群中专事贴牌生产的外贸企业归类于领导型治理模式之下。领导企业会为这些供应商提供技术、加工工艺等诸方面的指导和监督，帮助厂商尽快达到生产所需的高标准。在这种治理方式下，供应企业完全依附于领导企业，转换成本十分高昂。在外商的帮助下，温州的这些外贸企业在工艺升级、产品升级方面得到迅速提升，但功能升级方面却遇到几乎不可逾越的阻碍，他们或者因为时间和精力的限制无暇他顾，或者碍于巨大投资所承担的风险，还有的极可能受到大购买商阻挠。但是低端贴牌方式的弊端是很大的。2008年金融危机席卷全球，大量温州外贸企业陷入危机，头一批倒闭的就是这种低端贴牌加工企业。它们极度依赖国外厂商，外商一跑，主心骨全失，几乎没有任何抵御能力，直接倒闭。再加上近年来越南、老挝、孟买等新兴“世界工厂”的崛起，国内成本上升、国外低价竞争，叠加上人民币升值、贸易壁垒激增、资源能源紧张等多重因素，使原先效益不错的低端贴牌外贸企业突然落入“内忧外患”“水深火热”的尴尬境地。一部分直接倒闭，剩余的面临倒闭转型，改变原先单一化的出路。

同样是做外贸，同样是身处金融危机，温州服装产业集群中的第二类企业却能在艰苦的“大环境”中泰然自若，甚至愈战愈勇。这一类的代表企业是菲斯特、腾旭、福特等一批上规模、上档次的外贸服装企业。以老牌外贸企业菲斯特为例，成立于1994年，集服装设计、生产、销售为一体，以生产中高档休闲服、时装、内衣等具有一定技术含量的服装为主，一直在自主开发、强化品牌，产品畅销意、法、德等数十个欧美国家。2003年菲斯特就导入了ISO9001质量管理体系和ISO14000环境管理体系，通过相关系列认证，确保质量达标。虽然大多数外贸企业都是贴牌加工，但菲斯特、腾旭、福特等几家企业在国外已经打响一定知名度，现在来菲斯特订货的老外一致要贴上菲斯特自己的商标（WFST）。像菲斯特这样拥有自主品牌的外贸公司在“直接出口”的道路上越来越驾轻就熟，而直接出口这种嵌入模式对应的是市场型价值链。由最初的“侨贸”，与有信任基础、相互依赖的温州华侨进行贸易，到现在直接将产品出口给“老外”；交易的复杂性降低，厂商的供应能力逐步提高，交换逐步趋向简单的市场交换，更换交易伙伴也越来越容易。这一切都标志着像菲斯特一样的外贸公司在向市场型演变。关系型和市场型的流程升级、产品升级并不像等级制、领导制下那么快，毕竟关系型和市场型模式下的供应商供应能力比较强，基本都可以达到生产标准，购买商也就不用花太多精力帮助他们流程升级、产品升级；功能升级方面，关系型和市场型也较等级型和领导型更加自由，毕竟他们与购买商的关系更加平等。但是市场型显然比关系型更利于功能升级，因为市场型在功能升级时基本不受到外力牵制，所要跨越的基本是自己的能力限制；而关系型对合作商的依赖程度高，转换成本高，如果功能升级与合作商有所冲突，很可能会受到合作商的有效阻挡。

温州服装产业集群的第三类企业是指诸如美特斯·邦威、森马、高邦等休闲服装企业，这些企业拥有自主品牌并主攻国内市场，经过多年打拼，为品牌在国内市场打响了名号，占据了一席之地，他们集中精力于建设营销网络、设计及质量控制等高附加值环节，将生产环节外包，逐渐上升为集群的领导者。这些领导企业周围围绕着一批中小型配套或协力企业，这些配套企业依附于领导企业、服务于领导企业，每家配套企业往往只服务于一家领导企业，转换成本很高。在这种领导型治理模式中，配套企业在领导企业的指导和监督下，同样是有利于流程和产品的迅速升级，但是在进一步的功能升级时会遇到巨大的阻碍。

值得注意的是，现在在第三类企业中弥漫着一股“反向”OEM回潮流——重回贴牌生产。这些大型服装品牌企业虽然在国内服装市场具有较高的声望，但在国际市场上，与那些国际品牌根本不具备可比性。这些企业一方面与国际名企合作，为其贴牌生产，从中学习生产技术和设计营销经验；另一方面聘请国外知名设计师帮助其进行服装设计，积累自主创新的经验，以期日后能较为顺利地进军国际市场。由于这类企业供应能力较强，产业链较完整，此外还具备一定的设计能力和品牌运作经验，对国外大牌企业很有吸引力，不少国外大牌企业锁定温州的此类企业进行长期合作，这些企业与国外购买商的关系不同于低端的贴牌企业，他们由于具有一定的品牌运作经验与较强的供应能力，虽是贴牌生产，但不完全依附于国外企业，具有一定的自主能力，从一定程度上说，这种关系虽然仍属于领导型，但已有向模块化趋近的势头，交换越来越倾向于简单的市场交换，交易信息虽仍复杂，但协调成本却大大降低了，更换合作伙伴的成本也在逐步降低。

总体看来，温州服装产业集群的治理模式应归于领导型和关系型共存，并出现向市场型与模块型积极过渡的状态。流程升级和产品升级的速度减慢，但功能升级的速度加快。就连那些有自主品牌的国内知名企业为国外贴牌生产，实际上也是一个迅速学习与积累的过程，为的是将来更顺利地将自家品牌推进国外市场，也是为了更好地进行功能升级，加快功能升级进程。

3.3.4　全球纺织产业转移对温州服装集群升级的影响

纺织产业的第三次全球转移中，中国内地成了世界主要的纺织服装生产地之一，温州凭借早期的服装业发展、沿海地理优势以及与海外侨胞的独特关系迅速成为重要的服装生产基地，许多国际品牌都到这里寻找合作生产商。

如果说第三次全球纺织转移给国内服装企业带来的是巨大的机遇，那么种种预兆揭示，下一次纺织产业转移带来的更多的是挑战。由于劳动力、原料成本的上升，国内政策调整等一系列的原因，导致中国不再是纺织服装品生产的“廉价土壤”，许多大牌企业纷纷把工厂撤离中国，其中就有运动巨头阿迪和耐克，不仅如此，国内很多企业也开始将生产力转向国外诸如越南、印度等生产成本更低的国家和地区。如今，连国内最大的电商服装品牌“凡客制造”也开始将部分服装转向孟加拉国进行生产，可见这股“海外代工”风潮来势凶猛，而且已经从实体电商蔓延向网络电商。

温州服装集群在经过了劳动力成本上升导致的“用工荒”、国际金融危机导致的订单大幅减少、央行信贷紧缩与民间借贷冰点导致的中小企业融资难等重重磨难之后，又迎来了全球制造业的第四次转移。在层层倒逼之下，温州服装集群必须作出新改变：完善产业链、将“精益管理”发挥到极致，研发新面料、掌握定价权，将低档纺织服装工业转移到中西部、将较高附加值部分留下并继续向更高的附加值环节攀升，培养设计能力、创建自主品，等等，这些都是可能的选择。根据温州服装集群内企业的具体情况不同，所作出的升级选择是不确定的，但前进、发展与升级却是所有企业必然的选择。

此外，由于全国布局和抢占市场、东部地区生产要素紧缺、东部地区产业政策调整和农民工返乡等动因，东部地区高耗能污染型产业和劳动密集型产业已经开始向中西部转移。以龙头企业奥康集团2003年初向重庆市璧山县投资建设“中国西部鞋都工业园”为标志，发展比较成熟的温州鞋业集群已经开始了向我国中西部转移的历程。福建的利郎、九牧王和浙江的太子龙等国内知名品牌都已迈出向安徽等内陆省市转移的步伐，温州的服装产业集群也已在西安等地建立温州服装工业园。

3.3.5 地方政府和服装协会对温州服装集群升级的影响

3.3.5.1 温州政府的持续制度创新对温州服装集群升级的影响

温州服装集群的特点之一就是以民营、家族式企业为主体，而温州民营企业的蓬勃发展与当地政府持续不断的制度创新是不可分割的。从改革开放初期开始，温州市政府为了支持个体经济发展，在全国第一个实行发放个体工商执照制度，确认挂户经营的合法性，默默支持民间融资市场的发展，使温州跻身于全国第一批农村改革试验区。多重持续努力，促进温州民营企业的迅速发展。1994～2002年，温州市政府提出“质量立市，名牌兴市”的目标，大力实施质量战略，还出台了质量立市的地方性法规，当时在我国尚属首例。2002年以后，又颁布了一系列鼓励企业自主创新的相关政策，同时尽力改善政府的服务水平，为温州制造企业升级营造良好的经营环境。

温州市政府对企业的服务意识较强，行政干预较少，二者关系比较符合市场经济发展的需要。目前，温州市政府已把温州建设为服装名城正式列入政府中长期经济发展战略规划，打响“穿在温州”的旗号，同时，温州还营造了一个占地5000余亩的中国服装名城新园区，配合各项投资优惠、财政优惠政策，为温州服装产业进一步发展提供良好的环境。

3.3.5.2 温州服装商会对集群升级的积极影响

温州市服装商会成立于1994年，拥有的会员数量占据温州服装企业的半壁江山。商会为地方产业的发展作出了不少贡献，商会不定期地提供专业培训，举办讲座和研讨会，进行相关人才培养，甚至与相关院校共同创办专门的服装技术培训学校，为当地输出专业劳动力，商会还积极促进产学研合作，联合实力企业与科研机构搭建公共技术平台，促进集群创新。此外，商会积极组织群内企业参加各类展会，对外统一风格，打响集群品牌。商会为了开拓国外市场，努力与国外媒体建立良好关系，帮助促进集群的宣传，组织当地企业家出国考察，学习先进知识与领先经验，还积极推进当地的服装厂商集体参加国际服装展示会，增强集群和企业的知名度。为了更好地促进群内企业的信息交流，商会还颇费心思地开办了自己的报纸《温州服装》，不断向企业灌输先进的管理知识、生产技术知识，推广成功企业的经验，分享市场开发、资源采购方面的信息，促进资源共享。

3.4 GVC下纺织服装产业集群升级的价值判断与升级对策

3.4.1 GVC下中国纺织服装产业集群升级的价值判断

运用全球价值链理论，通过理论研究和实证分析，得出以下结论：

第一，全球价值链的动力机制直接影响中国纺织服装集群的升级路径。

处于购买者驱动链，就决定了对于中国纺织服装集群来说，从流程—产品—功能—链的升级，难度是依次加大的。值得注意的是，升级次序并不是依此进行的、路径也不是唯一的。但既然处于购买者驱动链上，就决定了中国纺织服装产业集群在升级的时候应偏重流通领域，更注意设计、市场营销能力的发展。

第二，不同的价值链治理模式决定了中国纺织服装集群升级的难度。中国纺织服装产业集群存在市场型、关系型、领导型三种治理模式。市场型的工艺流程、产品和功能三种升级方式都会相对顺当地交替进行，尤其在功能升级方面会明显体现出一种加速趋势。领导型分为领导企业在集群内与领导企业在集群外两种，对于领导企业在集群外的模式来说，中国纺织服装集群处于一种“被俘获”的局面，在国外购买商的帮助下，流程和产品的升级速率会比较快，但在进一步进行功能升级的时候，往往会受到购买商的阻碍；对于领导企业在集群内的模式（即类似“中卫型”模式）来说，流程、产品升级由于全靠自身努力，可能没有领导企业在群外的模式升级速率快，但功能升级要顺畅得多，不过仍面临如何打响“国际品牌”的难题。关系型介于二者之间，会比较利于工艺升级和产品升级，对功能升级有阻力，不过与领导型（领导企业在群外）相比要小。

第三，全球纺织产业转移也会影响中国纺织服装产业集群升级。原材料和人力成本上涨、来自新兴制造业国家的低价竞争、国内政策变动、贸易壁垒增多等诸多因素倒逼中国纺织服装产业集群转型升级，迫使沿海城市生产力向成本更加低廉的国内中西部转移，或是向国外转移，而将附加值较高的部分留在原地，并进一步培育集群的设计、营销能力，创建与发展自主品牌。

第四，政府和行业协会同样对中国纺织服装产业集群升级产生了重要影响。政府在制定产业发展政策、进行制度创新、完善配套措施的时候，都可能推动或阻碍纺织服装产业集群的发展。而行业协会作为政府与企业之间的桥梁，在服务集群、打响集群“品牌”等方面也做出了积极贡献。

3.4.2 GVC下中国纺织服装产业集群升级对策建议

3.4.2.1 向全球价值链的高附加值环节移动

中国纺织产业集群处于购买者驱动价值链中，高附加值部分在流通领域，应着重发展集群内企业设计、营销方面的能力，有目标、有计划地向ODM、OBM挺进。改变嵌入全球价值链的方式，向价值链中具有高附加价值的设计和营销两端移动，增强在全球纺织服装价值链上的治理能力。关于设计能力的培养方面，有实力的企业可以加大研发方面的投资，成立自己的设计室，以优厚报酬、良好环境吸引设计人才；也可加大产学研结合的力度，与相关设计学院“联姻”，共同培育设计人才、激发新想法的产生；或送自己的设计人员去国外进修、培训，学习西方的先进设计理念，结合东方的独特文化，发展自己的原创设计。关于营销方面，要多引进相关人才；学习新的营销、管理理念，与国际接轨；多参加展会，多做宣传，增加产品、企业乃至集群整体的知名度；摆脱“低价跑量”的低端老路。集群内企业一定要有向OBM升级的战略意图，虽然勇敢迈向OBM的中国香港和中国台湾企业中获得成功的很少，很多试图创建自己品牌的企业又退回到OEM；虽然像联泰、溢达这样的公司通过提高制造能力和整合能力，可替代性大大降低，通过代工也能赚取高额利润，但制造环节毕竟是纺织服装链的最低端，企业一定要有向更高附加值环节攀升的战略意图，在为国外品牌代工的过程中有意识地积累设计、营销方面的知识和经验，在做强OEM的基础上，伺机向OBM挺进。有能力的大企业可以在适当的时机并购国际知名品牌，再延伸到设计研发和国际营销领域。例如，广东红珏高级时装公司在成功代理了华伦天奴、皮尔卡丹之后，控股了意大利品牌GIADA，并逐步在国内开拓国际奢侈品牌市场。[①]

3.4.2.2　促进纺织服装产业资本走出去

一是以大型纺织服装企业为主导，通过绿地投资、合资经营、合作经营，转移国内优势纺织服装产能，提升我国纺织服装集群在全球价值链关键环节的领先优势。二是促进纺织服装产业资本海外并购，在全球市场范围内的优质原料、研发设计、生产工艺、品牌、营销渠道等资源进行价值链整合，引导整个产业迈向全球价值链的高附加值环节。三是完善纺织服装业境外经贸合作区建设。鼓励纺织服装企业抱团出海，互惠合作，集群式走出去。

---

① 王超，冯德连．全球价值链下的安徽纺织产业集群升级障碍与对策［J］．西华大学学报（社科版），2013（4）：87－91.

3.4.2.3 国际目标市场多样化

中国纺织产业最大的三个出口市场是美国、欧盟和日本。同一产业集群内的企业往往挤破头寻求与大购买商的合作机会，并且往往以压低价格作为手段，展开一场“直奔底线”的价格竞赛。如果集群长期以低价竞争方式（主要指 OEM）嵌入全球价值链，可能会重蹈某些拉美国家的覆辙，步入“贫困化增长”。中国本身就是一个巨大的消费市场，如果能发挥大国国内需求优势、立足本国市场，也可赚得丰厚利益。另外，可以进军更加边缘的市场，比如说非洲国家，在这些国家另辟蹊径，逐步步入设计和品牌创立的高附加值环节。目标多样化亦可以分散风险。当年前苏联市场崩塌的时候，长期以之为最大出口市场的印度羊毛针织品集群在短短一年时间内就迅速反弹、甚至增长，其中一个重要原因就是集群中的中小企业在向前苏联的低端市场供货时，从未放弃过本国高端市场的发展，同时也在积极开拓与海外中小购买商的合作。

特别要指出的是，由于不同目标市场的治理模式具有差异性，在地方产业集群进行功能升级时一定要注意升级地域路径的次序，应按照治理模式下功能升级的难易程度进行排序，由易到难进行市场拓展。比如，如果只考虑欧洲市场、国内市场和拉丁美洲市场，那么这个纺织服装产业集群功能升级的基本路径只能由国内到拉丁美洲，再到欧洲（张辉，2010）。国内一般为市场型，拉丁美洲和欧洲同为领导型，但欧洲市场比拉丁美洲市场的功能升级障碍相对较大。

3.4.2.4 培育大企业在全球价值链中的治理能力

随着经济的发展，产业集群有向集约化发展的趋势，这种发展趋势已经在部分产业集群地区得到体现。如广东西樵镇由曾经的2000多家纺织企业到现在的不到1300家，企业数量大幅削减，工业总值却在不断增加，还涌现出一批产值过亿的中型骨干企业，集群中大企业的形成聚合了生产资源、完善了产业链，促使了集群整体生产效率的提高。[①] 从产业组织上看，只有大企

① 伏广伟．纺织产业集群的产业升级与产业创新平台建设［J］．纺织信息周刊，2004（34）：21.

业，或是达到了竞争性市场所要求的规模经济基础上的企业，才能够具有较有力和持续的技术创新能力，因为只有大企业或领导企业才具有技术创新所要求的融资能力、才能把高风险的技术创新的成本分散化、才能具有较强的反产品生命周期能力。从价值链治理结构来说，只有把龙头企业发展起来，集群才能形成能够操控价值链的领导型产业集群，在全球范围内进行资源配置，最终治理整个产业链条。

3.4.2.5　积极有序进行“西部”转移

近些年来，经济大环境的衰退和国内沿海地区各类成本的上升，极大地影响了东部地区纺织业的发展，不少出口型企业接连破产，再也无力支撑。也正是这种特殊情形下，大批纺织企业开始将目光投向我国中西部地区，以期找到新的沃土来继续加工生产部分。浙江培罗成集团计划迁往湖北宜昌，上海三毛集团和雅戈尔西服生产落户重庆，山东如意集团在三峡建设棉纺基地，纺织服装企业纷纷自发“西去”。同时，重庆、郑州、新疆、安徽等中西部地区积极迎接沿海城市纺织服装企业落户，积极整合自有资源，发挥自身优势，延长产业链，为承接东部转移做好准备。[①] 根据资源的有效配置理论，企业有选择地将土地、资源、劳动力等敏感成本的生产加工迁移到成本相对较低或者靠近终端市场的地区，是企业发展的必然选择；企业在进行有选择的转移之后，可以集中精力去发展设计研发、营销等核心能力，发展附加值较高的部分，促进集群的良好创新氛围，争取将原有集群由“生产性集群”发展为“创新性集群”。随着我国东部地区纺织服装产业升级，中西部地区大多把纺织服装产业作为承接对象，部分地区建设了纺织服装产业园区。全国纺织工业联合会先后确定了六批共20个转移纺织产业的试点工业园区。但是，随着中西部地区土地、劳动力等生产要素价格的上升，以及环境保护力度的加大，中西部承接纺织服装产业转移的效果并不理想。

3.4.2.6　加强政府的服务功能建设

首先，要落实产业政策，引导产业升级。政府在制定相关产业政策时，要注意避免重复引进、盲目投资等现象；避免为了顺应潮流、拉高GDP，而

---

① 寻哲．我国纺织产业“西进”转移研究［D］．西北大学，2010.

做些违背规律的事情（比如不少地方为了顺应“产业集群热”，积极大规模建设工业园、“创造”产业集群、打造产业链，完全不考虑地方的资源和条件是否适合和允许）；在制定相关发展战略时一定要顺应产业发展的内在规律，促进产业结构的优化调整，提升集群的整体竞争力。同时，要巧用财政和税收政策，合理运用专项资金，从一定程度上解决企业的融资难问题，鼓励和支持企业创新。

其次，要积极发展产业创新平台，促进产业集群的创新活动。产业创新平台是由集群所在地的地方政府出资兴建的、有针对性地服务于本地区中小企业的公共服务体系。产业创新平台的前期投资大，需要地方政府利用专项基金创建，再交给行业协会管理和经营，并通过日后的创新服务和会员维持其生存和发展。①

3.4.2.7 加强行业协会的服务功能建设

行业协会除了要及时发布行业有关资讯、帮助解决贸易摩擦问题，最主要的功能应该是促进群内信息交流，增强企业间凝聚力，打响集群“品牌”。行业协会要发挥好组织功能，发布相关信息平台和行业杂志，积极举办各类培训、展会等活动，不断向企业提供经营管理、生产技术、市场开发、人才使用、资源采购等方面的知识和信息，推广一些名优企业的成功经验和技巧，加强企业间的信息共享。在政府的宏观政策指导下，制定行业标准，监督产品质量，帮助集群把好“质量关”；同时，督促有条件的企业多参加国内国际展会，增加产品知名度；积累实力、创造条件，争取创办自己的展会，帮助打响集群品牌。Humphrey 和 Schmitz（2000）就曾拿巴西和意大利举办国际鞋展的数量做对比（7:575），对比两国的鞋业发展情况，并称光看举办展览的次数就能从一定程度上判断两国鞋业所处的价值链治理模式异同以及产业发展状况。目前，中国纺织工业协会每年都会承办若干国际重要展会，标志着中国纺织服装业在国际上地位逐渐有了提升——毕竟举办国际重要展会是一国产业综合实力的体现。

① 伏广伟．纺织产业集群的产业升级与产业创新平台建设［J］．纺织信息周刊，2004（34）：21.

第 4 章

全球价值链下鞋类产业集群升级

中国鞋类产业集群以低成本占据一定的产业优势，但这种优势也仅仅局限于数量的领先。从全球价值链看，中国鞋业面临产品价值增值低的现象较为普遍，集群升级存在一系列阻碍因素和问题。本章采用区位商方法将中国鞋业集群区位优势定位在福建、广州和浙江省份，通过对鞋业集群发展现状的剖析总结出集群升级面临的问题。基于全球价值链理论，本章总结出影响中国鞋业集群升级的因素包括动力机制、治理模式、企业因素、政府因素和行业协会因素五大方面。通过列举中国和国外从属不同治理模式的典型鞋业集群，比较分析各类集群特点，并从中得到升级启示。结合中国鞋业集群升级问题及案例启示，提出全球价值链下鞋类产业集群升级的对策建议。①

4.1 GVC 下中国鞋类产业集群发展现状

4.1.1 GVC 下中国鞋类产业发展现状

4.1.1.1 中国鞋业的发展现状

(1) 生产情况。中国鞋业年生产量一直占据全球领先地位，2015 年我国鞋业年产量 140 亿双，占全球 60% 以上的份额。中国皮革鞋靴年产量大多数年份呈上升趋势，见表 4-1。

① 赵珂珂. 全球价值链下中国鞋类产业集群升级研究 [D]. 安徽财经大学，2014.

表 4－1　2009～2015 年全国皮革鞋靴产量

年份	产量（亿双）	同比增长（%）
2009	35.46	－1.94
2010	41.93	18.25
2011	42.71	1.86
2012	44.97	5.29
2013	49.25	9.52
2014	44.99	－8.65
2015	45.58	1.31

资料来源：2014～2019 年中国皮革鞋靴市场深度监测与投资前景分析报告［DB/OL］. 中国产业信息网.

（2）出口情况。中国作为全球范围内首屈一指的鞋类生产大国，对外出口量也相对较大，并且出口额随着产量的逐年递增而呈上升趋势，见表 4－2。

表 4－2　中国鞋靴及其零件出口情况

年份	出口额（亿美元）	2009 年为基期同比增长率（%）
2009	280.34	
2010	356.36	27.12
2011	417.22	48.83
2012	468.18	67.00
2013	507.65	81.08
2014	619.22	120.88
2015	504.02	79.79

2009～2015 年中国鞋靴及其零件出口额增加近一倍。这种飞速增长主要依赖于国内低廉、充足的劳动力资源，随着劳动力价格的日益上涨，这种出口优势会有所下降。2015 年我国四大鞋类产品（橡塑、纺织、皮革、其他）的出口总量为 97.68 亿双，出口总额为 504.02 亿美元。在四大鞋类的平均出口单价上，2015 年的平均出口单价为 5.16 美元/双。

（3）进口情况。中国鞋业基地多以生产中低档鞋产品为主，伴随着人均消费水平的不断上升，对于高档产品的需求相对增加，鞋类产品的进口值也随之上升。2009~2015年进口额增加一倍多，见表4-3。进口鞋多以高档产品为主。这种跨越式的进口增长速度主要依赖于国内的消费水平和消费档次。由此可见，中国鞋业在产量上首屈一指，但在产品档次上尚有不足，不能满足国内消费者对高档鞋的需求。

表4-3 中国鞋靴及其零件进口情况

年份	进口额（亿美元）	以2009年为基期同比增长率（%）
2009	8.80	
2010	11.17	26.93
2011	15.54	76.59
2012	17.85	102.84
2013	19.56	122.27
2014	20.40	131.82
2015	24.50	178.41

4.1.1.2 中国鞋业在国际市场中的地位

（1）生产地位。从全球范围看，目前世界制鞋大国大多集中于欧洲、亚洲和南美洲。主要包括欧洲的意大利、葡萄牙和西班牙，亚洲的中国、泰国、印度、越南和印度尼西亚以及南美洲的巴西等地。根据World Footwear发布的统计数据，近年来全球鞋产品产量基本维持在200亿双以上，2014年全球鞋品产量约为225亿双。从我国鞋类的出口结构分类来看，2015年橡塑鞋靴的出口数量和出口金额占到了出口总量和总金额的60.3%和48.7%；纺织面鞋的出口量和金额的占比仅次于橡塑鞋靴，分别是27.4%和25.6%；皮面皮鞋的出口量和出口金额占比位居第3，分别是7.3%和21.7%；其他鞋靴出口量和出口金额的占比分别是5.0%和4.0%。我国是制鞋大国，鞋产量在国际市场中占据举足轻重的地位。随着产量的增加，我国的制鞋成本也相应提高，从而对鞋业造成一定的国际竞争压力。

（2）品牌地位。品牌是一个企业价值资产的核心，也是产品差异化的体现，一个卓越的品牌能够促进企业产品销售、增加产品利润，使企业能够在长期激烈的市场竞争中获益。在诸多制鞋大国中，中国、印度、越南和印度尼西亚以生产中低档鞋产品为主，且鞋产品生产主要是OEM；巴西以生产中档鞋产品为主；意大利、西班牙和葡萄牙则一直定位于高档鞋产品的生产，拥有自己的独立品牌。我国作为全球制鞋产业的生产大国，却不是品牌大国，产品层次在国际市场中却处于低端位置，在全球价值链中品牌力度不够，无法打进高端市场，致使消费群体单一，产品价值增值少，从而利润微薄。

（3）消费地位。从鞋类产品消费数量看，全球鞋类产品消费市场主要以两类地区为主：一类是经济相对发达的国家和地区，如美国、欧盟、加拿大和日本等；另一类是人口数量较多的国家及地区，如中国、印度、巴西和印度尼西亚等。

随着我国经济实力的增强和消费者人均可支配收入的提高，消费者对皮鞋需求量不断增长，同时对皮鞋时尚、舒适、品牌等品质要求越来越苛刻，皮鞋价格呈上涨趋势。2008~2013年，中国鞋类产品消费额稳步增长，年复合平均增长率为10.60%。[①]

4.1.2 中国鞋类产业集群分布状况

4.1.2.1 中国鞋业集群发展现状

目前，我国鞋业集群主要以省为单位。从2015年制鞋年产量数据看，福建、浙江、广东、湖南省份地区占据全国产量的78%，是我国主要制鞋基地。福建鞋业生产基地主要代表地区为晋江和泉州，以生产运动鞋产品为主；广东鞋业基地主要代表地区为广州、东莞、惠东，以生产中高档鞋产品为主；浙江鞋业基地主要代表地区为温州和台州，以生产中档鞋产品为主；湖南鞋业基地主要代表地区为长沙、祁阳，以生产女鞋产品为主。顺应全球鞋业逐渐向劳动力更加充裕的地区进行产业转移趋势，中国鞋业集群有着向中西部转移趋势。随着国际竞争的不断加剧，中国鞋业面临着从“中国制造”到“中国创造”转变的集群升级选择，升级包括提升鞋产品的技术含量，实现由中低档鞋产品加工基地向中高档鞋产品研发中心转变。

---

① 2014~2019年中国皮鞋制造行业深度调研及投资前景研究报告［DB/OL］. 中国产业信息网，http：//www.chyxx.com.

4.1.2.2 基于区位商分析鞋业集群分布

根据 2009 ~ 2015 年全国及各省份制鞋产量和全国及各省份工业总产值，计算区位商值及其平均数值，并按从小到大顺序排序，如表 4 -4 所示。

表 4 -4　2009 ~ 2015 年全国各省份区位商结果

地区	2009 年	2010 年	2011 年	2012 年	2013 年	2014 年	2015 年	平均值
福建	8.24	8.70	9.00	9.38	8.93	7.57	8.65	8.64
广东	12.97	10.67	8.43	1.78	1.41	1.21	1.20	5.38
浙江	3.45	3.54	3.01	1.84	2.84	3.33	3.31	3.05
重庆	4.39	5.02	5.51	0.82	0.68	1.04	0.97	2.63
陕西	2.31	3.46	3.75	0.02	0.01	0.02	0.03	1.37
四川	2.85	1.51	2.02	0.67	0.58	0.71	0.80	1.31
江西	1.14	1.27	1.32	1.40	1.59	1.38	0.82	1.27
山东	1.90	1.98	2.29	0.58	0.46	0.29	0.30	1.11
湖南	0.55	0.55	0.81	0.63	2.46	1.14	1.03	1.02
河南	0.09	0.16	0.18	0.74	0.36	0.47	0.50	0.36
安徽	0.07	0.13	0.27	0.41	0.69	0.39	0.41	0.34
江苏	0.21	0.20	0.20	0.58	0.24	0.21	0.21	0.26
广西	0.02	0.04	0.30	0.19	0.21	0.27	0.28	0.19
上海	0.09	0.13	0.14	0.14	0.12	0.19	0.14	0.14
天津	0.11	0.10	0.09	0.19	0.07	0.13	0.11	0.11
贵州	0.00	0.00	0.00	0.17	0.01	0.17	0.30	0.09
湖北	0.01	0.02	0.01	0.22	0.04	0.11	0.12	0.08
河北	0.04	0.03	0.03	0.14	0.03	0.05	0.05	0.05
辽宁	0.07	0.02	0.02	0.13	0.02	0.01	0.01	0.04
吉林	0.01	0.01	0.01	0.04	0.01	0.01	0.02	0.02
内蒙古	0.00	0.00	0.00	0.03	0.00	0.06	0.02	0.02
甘肃	0.00	0.00	0.00	0.02	0.00	0.00	0.00	0.00
黑龙江	0.01	0.01	0.00	0.00	0.00	0.00	0.00	0.00
新疆	0.01	0.01	0.00	0.00	0.00	0.00	0.00	0.00
北京	0.00	0.00	0.00	0.01	0.00	0.00	0.00	0.00
云南	0.00	0.00	0.00	0.01	0.00	0.00	0.00	0.00

综合7年产量计算的区位商平均数结果可以看出，近年来制鞋业在福建、广东、浙江、重庆、陕西、四川、江西、山东以及湖南省具有产业优势。从2014~2015年看，随着鞋类产业向低廉劳动力地区的不断转移，我国鞋业集群的区位优势也发生了相应的变化，由表4-4可以看出，福建、广东以及浙江省鞋业区位优势尤为突出，然而重庆市和陕西、四川、山东省产业优势明显下降。综合2014年及2015年鞋产量数据显示中国鞋类产业集群优势主要集中在福建省、广东省和浙江省。

4.1.2.3 三个重点省份鞋业集群分布现状

中国鞋业产地主要集中在福建、广东、浙江省份。以皮革鞋靴为例，这三个省的产量占全国总产量的68%以上，见表4-5。

表4-5 福建、广东、浙江皮革鞋靴产量及占全国的比重

年份	全国产量（万双）	福建		广东		浙江		三省占全国的比重（%）
		产量（万双）	占全国的比重（%）	产量（万双）	占全国的比重（%）	产量（万双）	占全国的比重（%）	
2009	354617	89306	25.18	113355	31.97	91500	25.80	82.95
2010	419308	114358	27.27	121779	29.04	109275	26.06	82.38
2011	427103	124908	29.25	112527	26.35	86003	20.14	75.73
2012	449662	176472	39.25	79184	17.61	82206	18.28	75.14
2013	492524	168293	34.17	75858	15.40	92420	18.76	68.34
2014	449880	148082	32.92	73956	16.44	105095	23.36	72.72
2015	455800	164947	36.19	70799	15.53	96966	21.27	73.00

资料来源：中国产业信息网。

（1）福建省鞋业概况。福建省制鞋基地以泉州、晋江、莆田为主，目前拥有大中型鞋企567家，全省鞋企4000多家，生产各类时装皮鞋、户外休闲鞋、运动鞋等鞋种，其中鞋产品以运动鞋、皮鞋为主。运动鞋品牌主要有安踏、361度、特步、匹克等，皮鞋有富贵鸟、木林森等，市场定位于中低档产品。福建皮革鞋靴产量占全国总产量的比重呈上升趋势，从2009年的25.18%上升到2015年的36.19%。

（2）广东省鞋业概况。广东省是我国较大的制鞋基地，省内珠江三角洲的城市如广州、东莞、惠东、南海、中山、鹤山是主要的鞋业产地。其中广州、惠东和南海以生产女鞋为主，东莞、中山和鹤山主要生产运动鞋和皮鞋。据统计，目前广东省鞋企数量近万家，广东省女鞋品牌占据国内主要市场，如思加图、百丽、达芙妮、Tata、接吻猫、天美意等，男鞋品牌也享誉全国，如奥康、红蜻蜓、骆驼、蜘蛛王、花花公子等，生产制造主要定位于中高档鞋产品。广东皮革鞋靴产量占全国总产量的比重呈下降趋势，从2009年的31.97%下降到2015年的15.53%。

（3）浙江省鞋业概况。鞋革产业作为浙江省支柱产业之一，发展相对领先，鞋业基地以温州、台州为主。其中温州主要生产男士皮鞋，鞋企近5000家，拥有中国真皮标志企业175家，200个品牌，7个中国名牌、29个中国驰名商标、67个中国免检产品。台州以生产童鞋为主，现有鞋类生产厂家3万多家。省内知名鞋企有奥康集团、红蜻蜓集团、康奈集团、蜘蛛王集团、泰马鞋业、吉尔达鞋业和东艺鞋业等，知名品牌有康奈、森达、思加图、哈森、名典、星期六、珂卡芙等，定位于中高档鞋产品。浙江皮革鞋靴产量占全国总产量的比重呈下降趋势，从2009年的25.80%下降到2015年的21.27%。

4.1.3 中国鞋类产业集群存在的主要问题

4.1.3.1 用工成本问题

中国作为全球鞋业生产大国，鞋类产品产量一直处于举足轻重的地位。2010年鞋靴产量占世界总产量的65%。2010年以来，我国鞋靴年产量仍有较大的幅度递增，与同类产品产地印尼和越南等国家相比，我国年产量、年消费量都遥遥领先。但是，我国所获得的利润并不高。调查显示，主要原因是相对较高的用工成本。自2003～2013年，中国鞋类产业工人工资增长了近3.5倍，加上其他相应成本的上涨，原有的微薄利润基本被蚕食。据统计，我国东部沿海地区工人薪资大约是500美元/月，劳动力成本是1.4美元/小时。印度尼西亚工人薪资大约300美元/月，劳动力成本是0.65美元/小时，相当于我国的1/2。而越南工人薪资只有250美元/月，劳动力成本即为0.48美元/小时，仅仅是我国的1/3。可以看出，生产一小时，我国所付工人工资是印度尼西亚的2倍、越南的3倍，成本劣势明显。

目前我国鞋业集群集中于中国南部及沿海地区，制造业较为发达，人才也相对集中。由于各地区各产业之间对劳动力的需求不断上涨，导致劳动力供给不足，地方政府和企业为了促进产业持续发展，不得不提高劳动报酬，致使工人工资明显高于中国中部地区和北部地区。劳动报酬的上涨导致生产成本的相应提高，而产品的价格不变，致使制鞋业的利润越发微薄，长期发展受阻也越发明显。

4.1.3.2 产品安全问题

近年来我国鞋产量不断提高，但产量并不代表质量。以童鞋为例，2012年国家质检部门抽查了福建、广东、浙江、四川和江苏等7个鞋业主要生产省份，抽样调查显示合格率仅有84%。浙江不合格鞋制品最多，合格率只有73.2%，其中温州抽样合格率为75%，台州抽样合格率为72%，远远低于国家要求。2012年广州市质监局对该地区鞋产品抽查，28批次产品中有6批次产品不合格，不合格率达21.4%。

调查显示，质量不合格主要由原材料和工艺技术导致。[①] 多数鞋企为了追求利润最大化，在制鞋选材上以次充好，采用不符合国家安检标准的原材料。例如，质量不合格的染料，质检指出低品质的染料会严重危害消费者的皮肤。2016年国家质检部门对童鞋产品不合格样品检测发现，游离甲醛含量最高达到233.6mg/kg，平均值为138.68mg/kg，严重超出≤20mg/kg的质检标准，对儿童的健康构成严重威胁。消费者的消费安全得不到保证，不仅严重影响中国鞋业在国际市场上的地位，也相对阻碍了鞋业集群的可持续发展。

4.1.3.3 产品附加值问题

全球主要鞋业生产国包括中国、印度、越南、印度尼西亚、巴西、意大利、西班牙和葡萄牙。其中，中国、印度、越南和印度尼西亚主要生产中低档鞋类产品，产品附加值低；巴西主要生产中档鞋类产品，产品附加值相对较高；而意大利、西班牙和葡萄牙主要生产高档鞋产品，产品附加值最高。中低档鞋产品的国际市场竞争相对激烈，产品档次相同的国家不得不以低价

---

① 闫宏伟，胡靖，刘显奎，张海煊．从国家监督抽查结果分析我国童鞋质量现状及发展对策[J]．中国皮革，2012（10）：28-31.

格扩大销售份额，再者产品附加值的高低直接影响到销售利润。

就国内市场而言，我国鞋业集群生产的产品相似度高，产品档次差距不明显。市场上过多的同类鞋产品加大了消费者的选择力量，鞋业集群以及企业之间的竞争也相应增加。长期的低价竞争不利于集群的健康发展，同时在一定程度上削弱了鞋产品的价值增值空间，降低了生产质量，从而陷入低档次—低价格—低附加值的恶性循环。在低附加值的冲击下，我国鞋业集群难以在全球价值链中获取有利地位。

4.1.3.4　反倾销问题

由于鞋产品在质量等各方面不达标，中国鞋业集群的鞋出口遭到一系列贸易管制和反倾销调查，2006～2008 年，欧盟对我国出口的童鞋、皮鞋征收高达 16.5% 的反倾销税。2009～2013 年我国鞋类产品遭受反倾销调查数共计 71 起[①]，2013 年欧盟和美国对我国皮革制品通报案例高达 38 起，2014 年 3 月欧盟对我国鞋产品发布 4 例通报，涉及产品包括女鞋、童鞋、防护鞋，主要原因是质量不达标。2011～2014 年，受反倾销影响我国鞋类产品出口值大大降低。纵观全球市场，中国鞋产品的质量遭到全球的质疑，退货现象时有发生，而过高的税率也对中国的制鞋出口企业造成了负面的影响。过高的反倾销税率不仅使我国鞋业升级发展受阻，相应地也使国家利益受到了一定的损失。

4.2　GVC 下中国鞋类产业集群升级的影响因素

4.2.1　GVC 动力机制因素

中国鞋类产业集群中的企业主要以贴牌生产为主，处于全球价值链低端的价值增值环节，缺乏垂直一体化的产业结构。鞋类产业集群的动力根源是商业投入资本的大小，主要的核心竞争力在设计和市场营销两个环节，生产基地多以发展中国家为主，少部分存在于发达国家，但发达国家的鞋业集群

① 常虹．我国出口企业应对国外反倾销的对策研究——以制鞋企业为例［J］．江苏科技信息，2015（23）：12－13.

占据市场的主导，各产业之间的联系以贸易为主，属于水平一体化产业结构。中国鞋业集群属于典型的购买者驱动型价值链。

全球价值链依据价值生成的过程可以分为生产阶段和流通阶段，生产主要指生产加工和研发设计，是价值形成的阶段，流通主要在于品牌营销和售后服务，是价值实现的阶段，购买者驱动型价值链中，随着生产向流通的过度，附加值呈现边际递增的趋势。购买者驱动型价值链的主动权主要掌握在大型零售商、品牌经销商和品牌制造商，他们掌握市场营销和设计中的核心知识，在一定程度上并不支持升级，导致升级难度较大。且升级路径主要以工艺升级到链条升级为主，其中工艺升级和产品升级在生产者的努力中尚可实现，但功能升级和链条升级由于市场阻碍，升级过程十分困难。因此，我国鞋业集群应该集中精力将产业升级的核心定位在流通环节，加快品牌营销和售后服务领域的发展。

4.2.2 GVC价值链治理模式因素

国内关于价值链治理模式的研究尚处于初级探索阶段，各学者的定义也相对并不清晰，因此并没有对中国鞋业集群所处的治理模式有准确的定位。模块型治理模式是典型的生产者驱动链，等级型治理模式的特点是垂直一体化。因此针对于中国鞋业集群而言，这种治理模式不多。从国内现状看来，价格是鞋业市场的主要交易方式，交易复杂度较低，因此从属于市场型治理模式，同时具有较强的识别交易能力，因此从属于关系型治理模式，再者中小型企业依赖于大型企业的行为选择又从属于领导型治理模式。

市场型治理模式中，生产者的供给能力较强，采购商对其没有制约阻碍能力，因此便于实现工艺升级和功能升级。关系型治理模式是网络化治理，集群内部企业之间相互信任、知识共享，因此便于实现工艺升级和产品升级。领导型治理模式中，占领导地位的是发达国家的购买者，由于购买者掌握核心技术并不支持生产者升级，因此供应商实现功能升级阻碍较大。[①] 中国鞋业集群从属于上述三类治理模式，其升级道路中有动力也有阻力，升级方式主要以工艺流程和产品升级为主。

① 蔡斯煜．全球价值链视角下的晋江制鞋产业升级分析［D］．暨南大学，2010：1－49.

4.2.3 企业因素

4.2.3.1 工艺技术

制鞋的工艺和技术是决定其成本和价值的本质因素，而成本和价值又决定了利润的高低。意大利的鞋业之所以能占据价值链中的高端位置，获取高的价值增值，主要取决于其超强的工艺技术。生产同一双鞋，不同的制鞋工艺和技术所用成本以及带给生产厂商的回报也有所不同。企业拥有好的工艺可以根据消费者的审美观生产相应产品，掌握高新的技术可以增加鞋产品的科技含量，使产品更符合消费者的需求，不仅可以增加销售量，在一定程度上也会促进产业的升级。相反，当企业的工艺技术落后于同类产业，生产成本必将成为竞争中的绊脚石，生产出的产品也会逐渐被市场淘汰，不仅不会使产业得到升级，而且会影响和制约其可持续性发展。

4.2.3.2 创新意识

创新是一个产业集群生存、发展和升级的核心，没有创新意识，产业不可能得以升级。企业是产业集群中的个体，只有企业具有创新意识才能促进整个产业集群的共同进步。创新的目的是降低成本、提高质量和满足需求，从而可以更好地随着市场的变化站稳脚步，在竞争中得以生存。随着新产品流入市场，同类企业之间盲目跟风，互相抄袭模仿，导致鞋产品同质同构现象严重，不仅造成了制鞋行业内的低层次重复建设，还使该产业集群停滞不前。在全球价值链中，设计研发是高价值活动，而创新意识是设计研发的源泉，只有拥有创新意识，并积极投入其中才有可能实现从购买者驱动链向生产者驱动链的过渡，从而促进鞋类产业集群的升级。

4.2.3.3 学习效应

Caloghirouy（2004）指出学习效应包括两个方面：其一是学习意愿，自主的学习意愿能够促进产业集群的知识溢出；其二是学习投入，高度的学习投入能直接影响企业对共享知识的吸收能力。产业集群的内部，由于产业起点、资源特征和学习效应的差异导致企业之间的发展相对不平衡，其中学习效应的不同是决定该企业能否顺应时代发展的要素之一。在一个产业集群范围内，部分企业发展迅速，实力较强，而另一部分相对较弱，甚至发展脚步停滞不前。知识溢出对产业集群的发展和产品创新有重要影响，集群内的企业可以通过学习、吸收和积累全球价值链高端企业间的知识溢出，增加本地技术创新能力。学习投入是一个企业能否快速掌握新知识、新技术的关键，只有重视学习，才能更迅速地从中得到相应的回报。价值链上企业之间的学习意愿和学习投入是两个相互关联的过程，当两者形成统一，企业就能够学习和吸收产业集群外部的先进技术，缩短企业之间的差距，促进集群的升级。

4.2.4 政府因素

4.2.4.1 政策体系

政府是一个产业集群生存与否的调控者，同时也是产业的参与者，集群内部的企业决策很大程度上取决于政策体系的引导或限制。政府实施政策鼓励：提供产业研发资金、减免税收保证资金投入等，都会对产业集群的发展起促进作用。政府鼓励政策还包括一定的法律法规，对产业企业进行保护和支持，在此基础上，企业才会因地制宜地做出发展决策，产业集群才能有足够的财政基础，投入新产品的研发和创新设计。政策体系的支持与否对鞋业集群的升级具有重要影响。支持性的政策能够给予鞋业集群经济补贴，提供经费保障，从而促进鞋类产品的研发创新，推动产品层次向高端迈进，实现生产制造向价值链左侧的研发设计升级；支持性的政策还能够给生产商提供稳定的客户和销路，保证鞋成品的流通和服务水平，实现向价值链右侧的营销售后升级。[①] 相反的政策体系不仅对鞋业集群的发展起阻碍限制作用，还会大大降低其升级的可能性。

4.2.4.2 产业环境

政府在产业集群发展中为其提供有利集群发展的资源，保证生产要素供给。在产业集群生命周期的不同阶段，需要相对应的产业成长环境。当鞋类产业集群处于萌芽期、新生期时，中小企业居多，主导企业少。这时，地方政府要营造扶大扶强的产业环境，实现资源有效配置。当鞋业集群发展到一

① 吴秋能．晋江鞋类企业集群发展模式及对策研究［D］．西安理工大学，2009.

定数量和层次时，集群本身就可以看作是一种产业环境，政府有目的地把有限资源向鞋类产业倾斜，才能满足相关配套需求，强化价值链的延伸和链条升级，从而带动本地鞋业集群发展。提高经营者和生产者的整体素质也是一种产业环境，增加鞋业集群的内部创新，形成鞋业集群的竞争力。一个鞋业集群能不能吸引外资投入，创造商机，同样取决于该集群的产业环境。[①] 政府建立鞋业生产基地和研发机构，引进相关企业入驻集群，一方面可以形成知识技术上的互补，弥补原先鞋业生产中的薄弱环节；另一方面新品牌和客户的引进可以形成品牌优势，拓展销售渠道。因此，适宜的产业环境在一定程度上可以促进鞋业集群的升级。

4.2.5 行业协会因素

行业协会是指介于政府和企业之间、产品生产者和经营者之间的，是代表本行业全体企业的共同利益自愿依法组织起来的非营利性社会团体。行业协会能够组织各种资源、知识和技术，为相关产业融入提供要素支持。具有非政府性、自治性、非营利性、公益性和中介性的特征，在企业提高国际竞争力方面有重要的协调作用。

鞋革行业协会正确的指导和协调，对规范和促进国内鞋业的发展和升级有重要的引导作用。建立行业保护机制，加强对鞋企以及新技术新产品的保护，可以提高鞋企的研发积极性，促进鞋产品技术含量的提高，实现价值增值。当国内鞋业遭遇反倾销、反补贴贸易限制时，鞋革行业协会可以通过规范协调企业行为，减少对鞋类产业造成的损失，保证其继续发展所需资金的充足，为后续产品生产制造提供保障。在开拓国际市场时，通过调研给予出口鞋产品合理的价格指导，限制以往以低价格打入国际市场的行为，鼓励鞋类企业加强创新意识，增加高科技投入，开创国内品牌，实现价值链升级，提高鞋产品附加值。在技术知识上，鞋革行业协会的协调整合，不仅能够促进相关知识在行业间的流动共享，使企业之间形成知识互补，提高鞋产业整体水平，还能够有效地实现资源配置，因地制宜，合理开发利用生产要素。[②]

---

① 乔勃．基于全球价值链温州鞋业自主创新能力研究［D］．浙江大学，2009.

② 徐陆颖．基于全球化温州鞋业自主品牌认知度和形象创新战略研究［D］．浙江大学，2009.

相反，鞋革行业协会的错误指导可能导致国内鞋业出口受到国外的反倾销贸易限制。行业保护不适当会造成企业之间的恶性竞争，导致鞋产品的重复生产，浪费要素资源。协调不到位致使技术知识不能共享，研发能力不够，最终制约了鞋业集群在全球价值链上的升级。

4.3 GVC 下典型鞋类产业集群的案例分析

中国鞋业集群在治理模式上可划分为市场型、关系型和领导型，其中市场型治理模式较为简单，且多数集群普遍带有部分市场型的特征，因此将不单独列举案例。本节列举中国鞋业集群中较为典型的两个地区：宿州和温州作为领导型和关系型的模式案例，同时将国外典型地区意大利作为模块型案例进行比较分析，总结各个产业模式的特点及相应的升级路径。

4.3.1 宿州鞋业集群升级分析

4.3.1.1 宿州鞋类产业集群的现状及地位①

宿州鞋业集群是近年来随着鞋业转移而逐渐形成的，2011 年初，安徽省宿州市凭借自身的便利交通，中部区位以及丰富的人力资源提出打造“中国中部鞋都”的口号。宿州鞋业的集聚发展主要依靠东部沿海地区的鞋业转移。作为新兴鞋业基地，宿州积极承接鞋业转移，国际国内众多知名品牌纷纷签约落户。百丽、东艺、康奈、意尔康、鸿星尔克等一批国内知名品牌已相继落户宿州，来自“时尚之都”意大利的客商也欣然与宿州联手打造“意大利（宿州）制鞋工业园”。美国骆驼、金利来、SATCHI 沙驰鞋业品牌也在宿州设立代理商。据人民网 2016 年 10 月 15 日报道，鞋城正式签订入区项目已达百余个，从 2010 ~ 2015 年，皮鞋产量、年产值、利税分别由 210 万双、3500 万元、1550 万元发展到 3600 万双、60 亿元、6.98 亿元，分别增长 17 倍、171 倍和 45 倍，产业城建成区面积已达 6.8 平方公里，注册登记企业及工商个体户等 1913 家，吸纳就业人口 5.6 万

① 赵珂珂．全球价值链下安徽宿州鞋业集群升级研究［J］．铜陵学院学报，2013（6）：14 – 17.

人。宿州“中国现代制鞋产业城”项目全部建成后，可实现年销售收入450亿元、税收35亿元，吸纳10万多人就业。预计5~10年内，将有120家左右的国内知名鞋业生产企业及配套企业入驻产地。在汲取国内鞋业发展经验的基础上，宿州鞋业集群坚持在承接中创新，在创新中发展，实现产业承接与产业升级相结合，着眼于国际国内鞋业发展新趋势，努力完成打造具有特色的“中国中部鞋都”的目标。

因受到发展起步晚、资本有限、技术落后以及劳动力素质不高等综合因素的影响，宿州鞋类产业集群还处于价值链较低端的贴牌生产环节。在价值链的研发与设计、生产制造、营销品牌和售后服务等基本环节中，各环节的价值增值是有差异的，鞋类制造是属于低附加值的生产活动，其价值增值能力是很有限的。纵观全球鞋业的发展，欧美发达国家通过设计和品牌优势以及营销方式占据全球价值链的高端。而像中国、巴西此类发展中国家仍以低劳动力要素成本为优势，专注于中低档鞋的生产制造环节，或以贴牌生产为主，处于全球价值链的低端。就宿州发展现状来看，由于鞋类产业集群的企业管理者和经营者等素质普遍较低，高技术研发人员不足，导致整体自主研发的创新投入相对缺乏，同时在后期的运作和营销分配环节没有实施完善合理的对策，主要还是处于价值链中间的较低附加值阶段，因此在市场竞争中只能采取低价格竞争策略，这就导致在很大程度上限制了生产附加值及产业的发展优势，使最终产品利润局限在较小范围内，在全球价值链上的位置无法得到实质的提升。

4.3.1.2 宿州鞋类产业集群升级优势及困境

（1）升级优势。主要表现在生产要素、技术投入、政府政策等方面。

第一，生产要素优势。近年来，我国以低廉的劳动力资源吸引众多海外企业来华投资，劳动力要素的所有者为了获得更高的报酬，导致劳动力要素总是从价格低的地区流向价格高的地区。随着劳动力要素的自由移动，致使东部沿海区域劳动力价格整体上升，而中部地区仍保留了低价劳动力的成本优势。温州、晋江等地鞋业集群发展迅速，带动劳动要素集聚，劳动力成本也随之一路走高，相比之下地处中国中部的宿州具有明显的劳动要素优势。同时为了解决劳动者素质不高这一问题，借助宿州现有的高等院校，开设与鞋业发展相关的专业培训，实现校企合作，培育出一大批高素质技工人员和高管人员，为鞋业集群的产业升级和可持续发展提供有力的人才保障。另外相对于沿海地区短缺的土地供给，地处中部的宿州也拥有一定的土地优势。

第二，技术投入优势。宿州市鞋业生产基地，一改传统的制鞋方式，融入纳米技术、纤维技术、三维设计、快速成型等现代技术。宿州在产业区建立自己的研发中心、检测中心，并高价聘请国外研究人员，着力提升鞋类产业的技术含量。为此，野力鞋业的研发经费达到1500万元，鸿星尔克的研发经费占总产值的5%。将最新最快的各种制鞋新技术应用到生产制作的各个环节，在承接中创新、在创新中提升新思路，加强新技术的投入以及引进国外先进技术，不断以消费者需求为中心，更加注重产品外观及产品功能，是宿州鞋业的发展理念。目前，宿州正瞄准国际上最先进的3D打印技术，一旦实验成功，鞋城将根据客户的不同想象和需求为任何一种脚型量身定做出时尚、舒适的皮鞋。

第三，政府鼓励优势。宿州市政府鼓励有条件的鞋业由“生产加工型”向“品牌营造型”转变。宿州市政府表示针对下一步工作制定的各项措施要再深化、再提升、再具体。要继续深化对鞋业发展的认识和定位。着重抓产业的高度，与时俱进，大力加强研发设计和技术投入的培育；抓产业的厚度即抓规模，积极引进知名品牌企业；抓产业的长度即延伸产业链条，增加高附加值产业，放弃或外包附加值低的项目。此外，宿州市还大力发展鞋业文化，通过建立鞋文化博物馆，向广大消费者宣传展示鞋业的历史、民俗，旨在把宿州鞋城打造成鞋业产品体验基地、鞋业文化展示基地。在政府的鼓励扶持下积极筹备举办大型“鞋业博览会”和鞋业交易会，为国际国内知名品牌搭建沟通展示平台，促进技术交流，共同进步。不仅如此，鞋业基地充分利用制鞋生产流程，逐步形成具有地方特色的旅游线路，打造出一个新型的中国鞋业会展、旅游新地标。

（2）升级困境。主要表现在集群品牌、国际竞争力、研发能力、营销方式等方面。

第一，缺乏集群品牌。所谓集群品牌，强调的是整个鞋业生产集聚地对购买者的影响力。宿州鞋业是承接各地鞋业转移发展起来的，发展初期以贴牌生产为主，结合本地劳动力优势迅速融入全球价值链的生产网络。虽然有不少知名品牌相继落户宿州，但在消费者眼里，鞋业制造仍主要集中在温州、晋江等地，相比而言宿州鞋业集群品牌没有一定的影响力。随着消费者品牌忠诚度的加强，宿州集群的贴牌竞争优势将越来越弱，阻碍集群的可持续发展。

第二，国际竞争力较弱。部分品牌像百丽、意尔康、鸿星尔克等在国内市场有一定的知名度，然而在国际上却不具有影响力。据统计，宿州制鞋企业大多以中低档产品生产为主，高档产品比例相对不大，目前，制鞋企业数量过多，面对于广大的中层消费者，中低档鞋产品泛滥，竞争压力越来越大。同时大量鞋商集中于同类产品导致市场上的产品同质化，这种无差异现象降低了产品的竞争力，无法打开国际市场。正是由于产品同质现象严重，缺乏差异化，宿州鞋业很难深入发达国家消费市场，国际竞争上具有很大的劣势。

第三，研发能力不足。全球价值链上附加值较高环节集中在研发与品牌营销阶段，相对于前期生产而言，宿州鞋业自主研发能力欠缺。意大利、美国的鞋业之所以能在国际市场上独占鳌头，主要在于其自主的研发团队，拥有超强的研发能力才能走在潮流的前端，占领市场最高端。宿州鞋业发展以来虽然增加了技术投入，但大多以模仿高端品牌为主，独立研发能力不够。要想提高国际市场占有率和促进鞋业集群升级，必须要加强研发人员的培养，提升内部产品的设计及研发能力。

第四，营销方式落后。目前，宿州鞋业主要以传统的批发零售、连锁专卖等为主要营销方式。网络营销、虚拟经营等新的贸易模式运用并不充分。温州鞋业集群在国内处于领军位置，在巩固生产的同时，应不断加强营销渠道的升级。奥康集团的“双向借道”模式，借道对方的营销渠道和网络推广自己的品牌和产品；康奈集团的“加盟专卖”模式借助于海外加盟商在意大利、美国等地开设专卖连锁，使品牌走向国际市场；哈杉鞋业的“收购”模式，通过收购大型连锁店，利用其成熟的分销网络建立海外分销渠道，加快进军国际鞋业高端市场。相对于温州鞋业的营销方式，宿州的渠道显然还很单一，停留在初级阶段，因此，想要开拓更大的国际国内市场，必须加强学习并结合自身寻找合适的营销手段。

4.3.1.3 宿州鞋类产业集群升级对策

（1）打造集群品牌。相较于单个鞋产品品牌的竞争，集群品牌显然是带动整个鞋业基地扩大发展的决定因素。因此宿州鞋业应该在贴牌生产的同时，加强鞋业集群的学习机制，这种整体的提高能够有效地促进集群的创新升级。在消费者方面要进行实地调查，以消费者为中心，从集群本身出发，摒弃原有品牌不被消费者接受的因素。不断地融入集群创新机制，以及全方位地提高技术投入，综合不同市场需求打出集群自己的品牌，从而在消费者心中建立起宿州鞋业集群的品牌效应。

（2）提高国际竞争力。国际市场较低品牌知名度的主要原因是产品同质化及较低的品牌档次。要想在国际市场获得认可，可以从两点出发：一是降低价格提高竞争力，随着劳动要素、土地要素成本的提高，以及完全竞争的市场环境，价格已经趋于稳定，显然这一点并不可行；二是增加高档产品生产投入，将部分品牌定位在较高层次，充分运用先进的科技，将客户的想法融入制鞋的理念中。通过中低档产品开拓市场，建立一定的品牌信誉，再针对高层消费者将高档品牌推广扩大，从而提高国际竞争力。

（3）提高研发设计能力。一方面将国际上优秀的知名设计师及团队请到国内，通过面对面的交流和教学，将先进的制鞋技术运用在实际产品上，并结合国外不同需求进行本地化产品与国际化产品的开发与设计。通过技术引进使国内产品与国际流行时尚一致化，将本国流行因素与国际相结合开创特色鞋文化，扩大市场需求。另一方面就是到国外建立自己的研发机构，调研当地时尚的信息，针对不同市场需求研发新产品。通过对新的市场需求重新定义，加大创新科技投入，从生产制造向价值链左端的研发设计环节升级。

（4）创新营销手段。好的营销手段不仅可以扩大市场份额，同时可以促进集群的进步发展。针对宿州鞋业发展初期的现状，首先，要加大宣传力度，让产品得到更多消费者的认知，了解并接受它，有效的促销和推广能不断地挖掘潜在的市场需求。其次，要有针对性地定义市场，企业在销售之初应该对不同的市场类型进行分类，根据不同的需要，有针对性地分销各类鞋产品，使消费者都能达到各自的满足，从而形成客户营销体系，使产品得到内部推广。最后，充分利用网络营销、借道推广等销售模式。在如今的信息时代网络是推广产品最有效的方式，企业销售网络的完善有助于业绩的提高，同时可以选择性地借鉴一些成功的品牌营销模式，如奥康的“双向借道”，借用其他品牌的销售渠道扩大市场份额。从价值链中附加值低的生产制造环节向右端附加值较高的品牌营销升级。

4.3.2 温州鞋业集群升级分析

4.3.2.1 温州鞋类产业集群的现状及地位

温州鞋业最先起步于家庭工业，以家族为个体经营单位，随着鞋业发展与壮大，到20世纪90年代后期，逐渐形成了分工协作的集群模式。温州市地处浙江省东南部，毗邻太平洋，属于中国华东地区，制鞋业主要集中于鹿城、永嘉和瑞安三地。据《温州市鞋业产业提升发展规划（2014～2020年）》显示，2013年温州市拥有制鞋企业2761家，其中规模以上企业732家，亿元以上企业80多家，超十亿元6家，高新技术企业13家，上市1家。2013年，全行业实现工业总产值约852亿元，占全市工业生产总值11.74%；全市鞋类出口总值为51.56亿美元，占全市外贸出口总值的28.41%；鞋类占全国市场的2.78%。产业链结构完整，鞋产业链结构完整，鞋机、鞋材、皮革、合成革、皮革化工等企业近2000家，从业人员近百万。此外，全行业拥有7个中国名牌产品、82枚中国驰名商标、3个中国出口名牌以及196家中国真皮标志企业。作为最早“中国鞋都”称号的温州，在长期的积累下，具有一定的品牌优势，鞋产品档次就国内而言，处于较高层次。销售市场遍布全国，产品销售额在国内也处于领先地位。

随着经济全球化的加速，鞋业集群的发展逐渐嵌入全球价值链模式。全球价值链上各环节的价值关系可以形象地描述为“微笑曲线”，曲线低端的生产制造和加工组装环节附加价值最低，沿着曲线向两头移动，附加值随之增加，上游的研发、设计和下游的营销、品牌附加值最高。近年来温州鞋业从生产制造环节嵌入全球价值链，位于价值链的中部位置，产品附加值不高，主要依靠廉价劳动力以及批量生产扩大市场，争取销售额和出口量，利润微薄，产品价值上升空间有限。目前温州鞋业集群正处于一个完全竞争的市场氛围中。就国内而言，等价劳动力优势以及同类产品的恶性竞争，都或多或少地限制集群的发展。就全球而言，同类档次鞋产品的生产基地，以高效的生产速率争夺产品销售订单；高档次鞋产品生产国，以买家的身份阻碍集群升级。在国内国外市场竞争压力下，温州鞋业集群陷入被动局面，急需以价值链升级的方式来获取竞争能力。

4.3.2.2 温州鞋类产业集群升级优势及困境

（1）升级优势。主要表现在产业基础、品牌、行业政策等方面。

第一，产业基础。相比国内其他鞋业产地，温州鞋业的产业基础十分深厚，主要体现在两个方面。首先，温州是我国鞋业起源地之一，发展历史悠久，鞋文化浓郁。资料显示温州的制鞋技艺最早出现在南宋时期，一直传承至今，并且在制作皮鞋的工艺上保持在国内领先位置。其次，在这种长期的发展积累下，温州鞋业集群内部产业链已经相当成熟，围绕鞋产品生产的相关产业如鞋材、鞋机等也逐渐形成产业集聚，大大降低了企业之间的运输成本，从而降低了制鞋成本。同时在这种高效的专业化分工环境中，鞋产品的生产效率也有了相应的提高。有着这种历史背景和完善的产业链做支撑，温州鞋业在国内市场上的竞争力随之上升，为产业升级奠定了稳定的基础。

第二，品牌优势。我国制鞋业主要以加工制造为主，缺少国际知名品牌，在这种大环境下，温州鞋产品在国内已经占据了一定的品牌优势。温州是皮鞋生产大市，在市场上也得到消费者的认可和信赖。温州是我国较早注重品牌的产地之一。鞋企有奥康集团、红蜻蜓集团、康奈鞋业公司、吉尔达鞋业公司等国内知名制鞋企业。著名品牌有康奈、奥康、森达、思加图、哈森、红蜻蜓等，在国内鞋业市场上属于高端品牌。随着品牌的知名度提高，相继被赋予中国鞋都、真皮鞋王等称号。目前，温州鞋业更加注重品牌战略，一些企业远赴国外进行实地学习，为打造领先鞋品牌奠定基础。

第三，行业政策。温州鞋革行业协会和其他相关行业协会，以及政府支持鼓励的引导政策，都为温州鞋业集群的发展提供了良好的制度保障。温州目前拥有100多家行业协会，温州鞋革行业协会、龙湾区鞋业协会、温州鹿城鞋业协会、永嘉县鞋革行业协会、瓯海区鞋革行业协会等行业协会，通过发挥协会的指导和调节功能，为温州鞋产品研发和销售价格做出了合理的定位，从而使其产品易于被消费者接受，拓展了销售市场、增加了销售数量。政府相关的促进政策为鞋业集群的发展提供了有利的资源要素和产业环境，在市场监督与激励方面也发挥了举足轻重的作用。在行业协会与政府政策的双重保护下，温州鞋行业和鞋产品的发展得以健康持续发展。

（2）升级困境。主要表现在产品质量、性别歧视、成本等方面。

第一，产品质量。随着温州鞋企数量的增加，鞋子年产量也十分可观，然而数量的上升却带来了质量上的不过关，这使温州鞋业遭受到销售瓶颈。2012 年国家质监部门抽查了福建、广东、浙江、四川和江苏等 7 个鞋业主要生产省份，抽样调查显示合格率仅有 84%。浙江不合格鞋制品最多，合格率只有 73.2%，其中温州抽样合格率为 75%，低于平均数近十个百分点。温州鞋业产地临近东海，产品出口占销售比例较大，严重的质量问题不仅导致鞋产品的市场份额下降，也制约了其出口数量。由于质量不达标鞋出口遭到国外一系列贸易管制和反倾销调查，增加了出口难度导致鞋产品滞销，损失严重，制约了集群的发展。

第二，性别歧视。温州鞋业主要以生产男士皮鞋为主，女鞋市场薄弱，长期以来形成了“重男轻女”的风气，导致市场不均衡。其实，现实生活中最大的购物群体是女性消费者，相对于日益饱和的男鞋市场，女鞋产品市场更为广阔。重男轻女的产业结构导致其女鞋的产量及品牌力度都不能满足日益增加的消费者需求，从而使女鞋消费市场成为其集群升级发展的一个障碍。

第三，成本上升。由于温州市人多地少以及大量占地过多的产业集群，工业用地出现了严重的供不应求，从而导致土地价格越发昂贵。随着劳动力要素的自由移动，致使东部沿海区域劳动力价格整体上升，温州地区鞋业集群发展迅速，带动劳动要素集聚，劳动力成本也随之一路走高。消费数量上涨趋势引发越来越多的新建鞋企，企业数量的扩大导致原材料紧缺，材料市场的供不应求致使其价格一再上升。综上而言，土地成本、劳动力要素以及原材料价格的逐渐上涨都大大削弱了鞋业集群的利润，利润的下降导致可投入的研发资金减少，企业更加保守于现状，导致新产品问世少，产业集群得不到升级。

4.3.2.3　温州鞋类产业集群升级对策

（1）注重产品质量。在鞋产品数量日益增长的前提下，也要保证其质量的合格，这样才能赢得更多的消费者。在此要求下，企业应该注重对工作人员的自身素质培养，在提高业务水平的同时，注重对产品质量的把关，减少不合格鞋产品的数量。政府和相关行业协会也应该做好质量监督和强制性措施，共同参与鞋成品的质量检测，对生产产品不达标的企业给予相应的惩罚，或者限制其产量，督促其将质量纳入生产第一准则，对质量高的企业给予一定的政策鼓励和支持，使其在保证质量的同时加大研发力度，实现集群升级。

（2）拓展女鞋市场。在男鞋销售市场日益饱和的局面下，女鞋的销售潜力是制鞋业的新市场、新机遇。温州鞋企应该顺应市场需求进行相应的结构调整，适当减少对男鞋生产上的投入，增加对女鞋产品上的研发。聘请在女鞋制作方面的专业技术人员进行面对面培训，提高本地工作人员的技能水平，在把握女鞋潮流的情况下，增加技术投入，提高产量和质量。当地政府可以制定相关政策如减免税收，给予女鞋生产企业一定的发展空间，促进男鞋女鞋生产平衡。如果温州的女鞋能与男鞋共同进步，市场面将更加宽广，其地位也会更加稳定，扎实的客户源和广泛的销售量才能为产业集群的升级打下坚实的基础。

（3）生产加工外包。随着工业用地成本、劳动力要素以及原材料价格的逐渐上涨，温州鞋业集群的利润空间也逐渐被压缩，甚至入不敷出。针对这种局面，温州鞋企应该将一部分价值增值较低、占地面积较大、消耗人力较多的生产加工环节外包给相邻要素成本较低的地区，加大本地企业对鞋产品的研发设计环节。适当的外包能够节省本地的土地资源和人力资源，从而有更多的资本可以投入到价值增值高的技术环节，掌握鞋产品的制作核心。这种经营模式不仅可以解决温州鞋业集群目前面临的困境，大大降低生产成本，还能够增加鞋成品价值，使产业的利润空间扩大，促进产业集群的升级。

4.3.3 意大利鞋业集群升级分析

4.3.3.1 意大利鞋类产业集群的现状及地位

意大利素有“皮鞋王国”之称，发展至今凭借其高端的设计和优美的造型享誉全球。意大利的制鞋产业分布较广，主要集中在马尔凯、威内托、托斯卡纳、坎帕尼亚、伦巴第和普里亚等地。意大利本地的消费者对鞋产品的质量要求十分严谨，一双优质鞋需要经过 50 ~ 60 人之手才能完成，每 1000 克的皮料经过加工生产，最后只有 450 克能用来制造皮革品。消费者的严谨要求大大提高了制鞋企业对鞋产品的质量注重程度，同时也提高了意大利鞋业在全球范围的知名度和认可度。据统计意大利制鞋产业链包括制皮、鞋类零部件、成品鞋制造三个部分。据中国皮革网报道，在意大利境内有 3037 家企业经营制皮生产，4778 家企业经营鞋类零部件生产，5660 家企业经营成品鞋生产。其中 90% 以上均为中小型企业，用工人数不超过 50 人，这种生产模式增加了企业的灵活性，也提高了鞋产品的多样性。从 2009 年至今，意大利制鞋行业年产值不断增加，2009 年产量为 1.98 亿双，总产值 64.7 亿欧元；2010 年产量 2.03 亿双，总产值 67.6 亿欧元；2011 年产量达 2.07 亿双，总产值达 70.1 亿欧元。

意大利制鞋产业主要针对于高档鞋产品的研发生产，具有众多国际知名品牌。随着发展中国家鞋产量的日益增长，意大利鞋业面对激烈的竞争环境，选择提高本地鞋产品的创新度和技术含量，注重提高鞋产品的附加值。因此，在众多制鞋大国沉溺于高产的氛围时，意大利鞋业已经率先突破阻碍，实现全球价值链的攀升，占据了价值链中增值的高端环节。

4.3.3.2　意大利鞋类产业集群发展的困境与经验

制鞋产业是典型的劳动密集型产业，生产制造对劳动力有较大的需求，相对于劳动力丰富且劳动成本较低的发展中国家而言，意大利在此方面具有明显的劣势。首先，劳动力的不足直接制约了鞋产量的增加，就全球范围内意大利的制鞋年产量并不是很高，导致其销售份额较小，市场占有率不高。其次，劳动力的供不应求使劳动报酬上涨，大大提高了制鞋的生产成本，从而鞋产品出售价格比发展中国家上调一个层次，也降低了一定的销售量。

面对这类困境，意大利鞋业仍然能够蓬勃发展，并在世界鞋业的前端站稳脚步，其成功经验在于以下几点：

（1）降低生产成本。针对较高的劳动成本，意大利加大对生产设备的研发和运用，将高科技带入生产中，使鞋产品的生产加工实现自动化，减少对人力的需求。这种自动化生产，一方面降低了用工成本，另一方面大大提高了生产效率，保证鞋成品的质量和精度，促进工艺升级的实现。此外，意大利采取加工外包的形式，将技术含量不高的生产环节外包给劳动力要素充裕的国家，为研发设计环节节省了人力资源，同时也达到了降低生产成本的要求。

（2）提升产品价值。由于制鞋大国控制中低档鞋产品市场的趋势日益明显，意大利开始转战鞋产品的附加值提升。从鞋材料到制鞋设备，都注重融入高新科技，使鞋成品无论从外观还是品质上都有大的飞跃。目前意大利拥有高新的剖皮机，可以提供超薄超轻的鞋面材料，同时还掌握世界上最精湛的印染技术，生产出的鞋产品外观令许多国家遥不可及。这些技术和设备都在一定程度上提升了鞋成品的附加值，促进了产业链上价值增值的升级。

（3）注重产品质量。意大利本地的消费者对鞋产品质量的要求十分苛刻，这种要求造就了意大利鞋产品质量上的辉煌成绩。意大利不惜重资聘请专业的技术人员，对不同人群的不同脚型进行调查，完全按照消费者的脚型进行裁剪加工生产，保证鞋产品的舒适度。在生产过程中，对各环节的质量严格把关，工人对各个环节进行专人专向负责，做到每一个环节的可追溯性，切实保证鞋成品的质量要求。

（4）重视设计研发。据意大利鞋业协会统计数据：2010 年意大利鞋产品的出口价格平均为 33. 37 欧元/双，领先全球市场。中国作为世界第一出口大国，出口单价仅为 2. 7 欧元/双。虽然近年来全球经济危机对产品价格指数有一定的影响，但意大利鞋制品的出口单价仍然只增不减，2006 ~ 2011 年，每双单价由 29. 5 欧元上升至 34. 15 欧元。意大利鞋制品之所以价格居高还能够畅销全球，是因为其生产团队重视对鞋产品的设计研发。意大利有专门鞋业设计的培训机构，培养设计者的创新思想，使之能够顺应潮流的需求设计不同的鞋产品，意大利保证每个鞋企都有一支自己的设计团队，从而确保自己的产品别具一格，拥有差异化优势。

（5）实行小批量快速生产。意大利鞋企数量虽多但主要以中小型企业为主，这种生产经营模式比较灵活，能够随着市场需求的变化快速改变产品种类。目前，意大利制鞋企业的批发成交量最少可低至 11 双，交货日期最短可低至 4 ~ 6 天，这种快速的生产交易模式是其他制鞋国家无可比拟的。实行小批量生产可以降低存货，减少产品积压带来的损失，同时能够快速地顺应消费者的需求变化，走在潮流时尚的前端。

（6）注重品牌宣传。意大利鞋企对品牌战略十分重视，注重宣传力度。意大利每年举办 600 多场产品博览会，80% 以上的中小型企业都会利用博览会宣传自己的产品，鞋产品也不例外。博览会邀请各国代表参展，从而深化他们对意大利产品的认知度。此外，广告的宣传力度也不可小觑，实体广告和互联网广告相结合，消费者无时无刻地接受产品宣传，使产品信息融入其生活中，并接受顾客的反馈，针对一系列问题做出相应的解答，让消费者更加了解产品，从而提高信赖度。

（7）专业分工明确。鞋业制造不仅包括生产加工，相应配套生产还包括鞋材、鞋机、模具、鞋配件、五金等。只有各个企业各司其职，分工明确具体，才能更快地完成一双高质量的鞋成品。意大利从事鞋业制造的各个企业专业化水平都相对较高，分工明确，有专门的厂家生产鞋机设备和相应用具，然后送至制鞋流水线上进行加工组装。不同的企业规模也有着不同的任务分配，较大规模的从事款式设计研发，中小规模的从事配件生产和组装，这种协作能够有效地避免产品的重复制造，也能够弥补中小型企业的信息闭塞和生产能力不足等问题。①

（8）拓展国外市场。意大利鞋企站在设计的最前端，拥有高新的鞋业设备和技术，在这些设备和技术更新换代的同时，他们向国外市场进行转让，不仅回笼了资金，也制约了其他制鞋国家的研发脚步。意大利厂商为了更好地拓展国外市场，在其他国家纷纷建立合资企业。但这种合资只是名义上的，实则是加工基地。合资企业能够有效地应对本地要素不足问题，同时意大利厂商将设计核心和产品营销牢牢抓在手中，占取价值增值最高的环节，获取最大的利益。②

4.3.4 三种治理模式下鞋业集群升级比较与启示

4.3.4.1 三种治理模式下鞋业集群升级比较

通过对三种模式下鞋业集群升级的研究比较，总结如表4－6所示。

表4－6 案例比较

国家/地区	治理模式	模式特征	价值链地位	优势	困境	升级建议
宿州	领导型	缺乏独立的研发机构，对领导型大型购买商具有依赖性	中部	生产要素充裕	研发设计欠缺，生产上被动，附加值较低	工艺升级和产品升级
温州	关系型	以家庭和家族企业为主，地理贴近，企业之间信任度高	中部	创新环境与产业基础优越	品牌培育不够，营销模式落后，附加值较低	工艺升级和功能升级
意大利	模块型	交易复杂程度高，设计研发与品牌地位高	两端	产品附加值高	处于鞋业全球价值链高端	功能升级和链条升级

① 张婧．中意制鞋业的国际竞争力比较研究［J］．浙江工业大学学报，2011（3）：91－95．
② 黄诚实．意大利鞋业的制胜法宝［J］．北京工商管理，2002（1）：42－44．

4.3.4.2 三种治理模式下鞋业集群升级启示

国内案例显示领导型和关系型鞋业集群在某种程度上也带有市场型的特点，如价格主导市场。其中领导型如宿州，是因产业转移形成的集聚现象而导致的产业集群，产业基础相对不够稳定，因此对于外部的大型购买商具有一定的依赖性，并没有独立的设计研发机构，从而导致生产相对被动，处于全球价值链中端地位，此类集群应该注重工艺升级和产品升级，通过升级提高产品的附加值从而争取向价值链高端迈进。

关系型模式对于中国鞋业集群而言等级相对较高，案例显示像温州这类鞋业集群最初以家庭作坊发展而来，集群以家庭和家族产业为主，彼此地理位置相互邻近，信任度较高，产业基础深厚，通过长期的发展在市场上建立良好的声誉和信用，但由于营销方式相对落后以及品牌力度欠缺，集群仍处于价值链中端位置，此类集群应该注重工艺升级和功能升级，一方面提升产品附加值，另一方面专注于设计环节和外包加工环节，提升价值链地位。

模块型治理模式层次最高，国内鞋业集群中尚未出现，案例中意大利鞋业集群多以模块型为主，生产商和客户彼此之间的交易复杂程度高，生产商掌握设计研发的核心内容，往往可以根据客户的需求有针对性地生产产品，在市场上占主导地位，此类集群处于价值链两端高附加值位置，价值增值上基本处于最大化，在发展基础上可以注重功能升级和链条升级，握住附加值的核心，将加工组装进行产业外包或转移，同时发展附加值更高的产业链。

4.4 GVC 下鞋类产业集群升级的价值判断与升级对策

4.4.1 GVC 下鞋类产业集群升级的价值判断

4.4.1.1 中国鞋业集群现状的判断

目前我国的鞋业集群主要分为三个大类：第一类是发展历史悠久集群品牌影响力较高的产地，如浙江、广东、福建等地；第二类是鞋业发展相对稳定产量居中以及产量较低的产地，如江苏、山东、重庆等地；第三类是承接鞋业转移近年来迅速发展起来的产地，如湖南、晋江、安徽等地。针对不同的产业集群特征，升级路径也大不相同。

针对第一类鞋业集群而言，历史的沉淀具有一定的品牌优势，在全国范围内的集群品牌力度较为深厚，相关产业链也比较完善，目前正处于关系型治理模式阶段。然而随着集群规模的扩大和人多地少的趋势，致使工业用地范围严重不足，劳动力价格也一路飙升，最终导致成本上涨，产业集群升级迫在眉睫。因此，这类鞋业集群应该注重对技术核心的掌握，减少加工制造这类附加值偏低的生产环节，将这些价值增值低的活动转向劳动力和土地资源丰富的地区。本地主要集中于专业技术人员的培养，加大对产品的设计研发，并将研究成果共享给各个生产基地，不仅可以带动地方经济的发展，还能共同促进产业的功能升级。

针对第二类鞋业集群而言，属于市场型治理模式，在第一类集群专注的基础上，侧重于对产品的加工组装和营销推广。通过新设计的共享以及高质高效的原料和设备，适时地运用人工使产品具有差异化特征，完成最终的鞋成品，并做好相关营销推广措施，使鞋产品能够迅速流入市场被消费者接受，同时及时接受消费者反馈的意见，并共享给各个产业集群，做好相应的生产调整措施。使鞋类产业形成一个完整的循环，实现中国的鞋业集群升级。

针对第三类鞋业集群而言，承接鞋业转移发展初期具有明显的人力和地理优势，但由于集群品牌力度不够，发展前景并不理想，属于领导型治理模式，为此应该适时走产业链升级之路。减少对鞋产品的生产，加大对制鞋原料以及制鞋设备的投入研究，这些必备因素是决定一双鞋是否合格的本质条件，高质量的原材料可以提升鞋成品的质量，先进的制鞋设备可以提高生产效率，实现高质高效生产，从而促进工艺流程的升级和产品的升级。

4.4.1.2 中国鞋业集群升级影响因素判断

关于全球价值链下鞋类产业集群升级的影响因素较多，主要以动力机制、治理模式以及产业集群内部外部多种因素为主。通过定位可知中国鞋类产业集群动力机制为购买者驱动型，其中工艺升级和产品升级在生产者的努力中尚可实现，但功能升级和链条升级由于市场阻碍，升级过程十分困难。中国鞋类产业集群治理模式从属于市场型、关系型及领导型三种治理模式，其升级道路中有动力也有阻力，升级方式主要以工艺流程和产品升级为主。集群中企业内部、外部诸多因素对鞋业集群的升级均有促进和阻碍作用，除了动力机制和治理模式外，企业自身的选择、政府的相关政策和行业协会的指导对于我国鞋业的发展都有着相适应的促进和相背离的阻碍作用。只有通过准确的价值链定位，将企业、政府和行业协会三者有效地结合起来，才能促进中国鞋业集群的快速发展和产业升级。

4.4.2 GVC 下中国鞋类产业集群升级的对策建议

4.4.2.1 企业层面

（1）加强学习效应。企业高层管理者应该将企业的目标定位在长远的利益最大化，提高企业内部人员的学习意识，拒绝模仿抄袭。只有通过学习新的知识技能才能在市场上进行长久的发展，提高企业自身的学习意愿和学习投入。为此经营管理者应该根据企业自身的规模大小以及欠缺不足，有针对性地组织成立数个学习小组，将小组成员分派到鞋业发展相对迅速的国内外地区，通过实地观摩学习，针对自身的特点有选择性地将有利的知识和技术引进到产业集群内部中来，企业因此就能够更加快速地积累和增加全球价值链中高端产业集群的新观念、新技术，争取有效地缩短企业彼此之间的差距，从而更快地向价值链高端迈进。

（2）提高工艺技术。鞋企要提高自身的工艺技术，不仅体现在加工制造方面，也包括鞋产品中的科技含量。我国鞋类产业集群内部的企业要不断引入世界先进的制鞋设备，这样不仅能有效提高产品的技术含量，同时能够快速并保质地完成产量，减少对劳动力的使用，从而降低用工成本。为了弥补中国制鞋工艺不足的局面，鞋业集群应该加大投入成本，积极培育相关技术人员，使其能够根据消费者的审美观生产相应产品，让产品更符合群众的需求，不仅可以增加销售量，在一定程度上也会促进产业的升级。掌握高新的技术可以增加鞋产品的科技含量，我国鞋类产业集群升级的关键在于集群内部工艺技术的研发提高，高超的工艺不仅能够促进工艺升级还能为新产品的研发提供保障。对于全国集群整体而言，应落实对各个产业基地的指导教学，提高其制鞋的工艺从而促进集群的升级。

（3）追求产品创新。通过与国内外优秀设计人员的交流，提高拓展中国鞋产品的设计理念。在学习交流的基础上，可以建立自身的创新研究基地，借用领导型鞋业集群优良的设计灵感，同时加入中国特色的文化元素，争取在鞋产品的款式、色彩、技术运用上有新的突破和创新。通过创新的理念和文化元素来促进新产品的研发设计，积极实现从购买者驱动链向生产者驱动链的过渡，同时促进鞋类产业集群由价值链低端的生产加工环节向左上端的设计研发环节进行升级。

因此，我国的鞋业企业应该将学习、工艺和创新切实地纳入产业的发展之中，做好三者之间的结合，切实抓住机遇扩大利润空间，促进鞋业集群在价值链中的升级。

4.4.2.2 政府层面

（1）建立研发教育机构。我国应该增加相关研发机构，类似于中国皮革和制鞋工业研究院、国家皮革及制品工程技术研究中心，主要集中于皮革及制鞋的研究，在制鞋方面专注于鞋材、楦材、鞋用胶黏剂的开发，鞋类运动生物力学应用实验测评，鞋类CAD/CAM信息技术，制鞋测试仪设备开发等多项研究，加强新的研究申请制鞋类专利技术，促进中国鞋业研发升级，为制鞋业发展奠定基础。在教育机构方面，应该开设相关专业院校，培育专业技术人员，并广泛提高经营者和生产者的整体素质，增加鞋业集群的内部创新，形成鞋业集群的竞争力。政府应该建立相应的鞋业生产基地和研发机构，引进相关企业入驻集群，一方面可以吸引外资投入，形成知识技术上的互补，弥补原先鞋业生产中的薄弱环节；另一方面新品牌和客户的引进可以形成品牌优势，创造商机，拓展销售渠道。

（2）实施鼓励政策。政府实施的政策体系对当地的产业集群发展升级有直接的引导和阻碍作用。为了确保我国鞋业集群的升级，政府应该做好相关鼓励措施，向鞋业集群提供研发资金和减免税收等优惠政策。同时可以颁布地方性的法律法规，针对鞋类产业进行保护和支持。这样，企业才会因地制宜地作出发展决策，产业集群才能有足够的财政基础，投入于新产品的研发和创新设计。各地政府对鞋业的支持性的政策能够给予鞋业集群经济补贴，提供经费保障，从而促进鞋类产品的研发创新，推动产品层次向高端迈进，实现生产制造向价值链左侧的研发设计升级；支持性的政策还能够给生产商提供稳定的客户和销路，保证鞋成品的流通和服务水平，实现向价值链右侧的营销售后升级。

（3）提供产业环境。地方政府应该为鞋业集群提供有利的产业环境。面对同类产业集群转移时，应该为具有产业转移趋势的地区营造符合其有利发展的环境，吸引和接收各地的鞋业集群转移，从而带动本地鞋业集群发展。研发教育机构、支持性的政策体系和有利的产业环境相结合能够促进鞋业集群的稳定发展，为升级道路打下坚实的基础。

4.4.2.3 行业协会层面

（1）给予正确的指导。鞋革行业协会正确的指导，对规范和促进国内鞋业的发展和升级有重要的引导作用。因此各地鞋业基地都应该建立自己的行业保护机制，加强对鞋企以及新技术新产品的保护，有效地提高鞋企的研发积极性，促进鞋产品技术含量的投入，实现鞋产品的价值增值。在开拓国际市场时，鞋革行业协会应该做好充分的市场调研，通过调研结果给予出口鞋产品合理的价格指导，限制以往以低价格打入国际市场的行为。

（2）规范鞋企业行为。当国内鞋业遭遇反倾销、反补贴贸易限制时，鞋革行业协会应及时利用行业规范协调企业行为，在鞋产品质量方面注重严格检测，从根源上改进鞋制品的原材料及配方，积极提高鞋成品的环保性能和安全标准，加强质量技术项目监测，保证鞋制作无论在原料还是成品上都符合质量安全要求，树立中国鞋业的绿色品牌意识，减少对鞋类产业造成的损失，保证其继续发展所需资金的充足，为后续产品生产制造提供保障。

（3）推动集群协调发展。鞋革行业协会应鼓励鞋类企业加强创新意识，增加高科技投入，开创国内品牌，提高鞋产品附加值，实现价值链升级。在技术知识上，鞋革行业协会应该做好集群之间的协调整合，从而促进相关知识在行业间的流动共享，使企业之间达到知识和能力互补，以此提高鞋业整体水平，同时也能够有效地实现资源配置，因地制宜，合理开发利用生产要素。因此，我国行业协会对鞋业集群外部、内部条件都有着不可或缺的作用，正确使用行业协会的职能，能够有效促进我国鞋类产业集群的升级。

第 5 章

全球价值链下中国家具产业集群升级

20 世纪末以来，我国家具产业集群发展迅速，日益凸显规模优势，对国民收入、就业、对外贸易等方面都做出了突出的贡献。目前，我国家具产量和出口量均位于世界第一的位置，但大多数家具产业处于全球价值链的低端位置。随着劳动力成本上升，原材料成本上升，人民币升值压力，对世贸组织各项承诺兑现，出口退税率下调，国际市场需求不旺，以及关税壁垒提高、功能相似产业区的恶性竞争等因素，我国家具产业集群的成本比较优势正在被严重的削弱。因此，从全球价值链的视角，推进产业集群向价值链的两端攀升，促进集群升级，将会是提升区域竞争力的有效方法。本章运用定性分析法和定量分析法，对我国五大家具产区进行了具体的分析，论证影响家具产业集群升级的因素，从政府、集群和协会三个角度给出对策建议。①

5.1 GVC 下中国家具产业集群的发展现状

5.1.1 中国家具行业发展概况

我国家具行业在近十年取得了较好的发展。2010 年，我国家具的国际市场占有率首次突破 30%，2015 年上升为 37.2%。2010 年家具行业的 RCA

① 朱媛．全球价值链下中国家具产业集群升级研究［D］．安徽财经大学，2014.

（显示性比较优势）指数达2.5以上，出口比重指数2.51%，出口增长率优势指数为15.71。2016年TSC（贸易竞争力指数）为0.86，表明家具行业的国际竞争力较强，外贸竞争力水平比世界平均水平高，家具产品在国际市场上的地位相对比较稳定，但利润率不高。近年来，我国家具行业在满足内需型、内资主导型、贸易顺差型以及就业支柱型四个方面的基本特征没有改变。

5.1.1.1 中国家具生产情况

从产量方面来说，工业化和城镇化的深入发展推动了我国家具行业的发展。伴随着技术水平的提高、国内需求的不断扩大和国际市场的开拓，我国家具的产量连年攀升。2004～2014年我国家具产量由25816万件增长到77785万件（见表5－1）。

表5－1　2004～2014年我国家具产量

年份	产量（万件）	其中：木制家具（万件）	金属家具（万件）	软体家具（万件）
2004	25816	8350	15249	919
2005	33990	11328	17248	1444
2006	41628	15064	22976	1924
2007	48480	17466	25668	2662
2008	51867	18946	26443	3252
2009	60814	20501	33366	3683
2010	77032	26072	42381	4730
2011	69896	24774	36484	4286
2012	65444	23897	31352	4215
2013	65161	23646	32271	4261
2014	77785	26345	37534	5298

资料来源：由2004～2014年《中国家具年鉴》整理得来。

从我国家具行业发展的状况来看，全国家具行业主要分为5种发展类型，如表5－2所示。

表5-2　全国31个地区家具行业发展状况分类

类型	代表地区	优势	困境
总量优势型	广东、山东、浙江、辽宁	产业基础雄厚，链条完整	成本不断上升，除辽宁外其他地区都面临结构调整和产业升级压力
快速上升型	四川、河南、湖南、河北、安徽	市场广阔，抓住了产业布局调整的机遇	缺乏集群优势
结构调整型	上海、江苏	技术先进，基础设施完善	传统成本较高且很难削减
发展潜力型	福建、江西、吉林、北京、贵州、天津、重庆、内蒙古、陕西、新江、湖北	有一定的工业基础；市场潜力巨大	创新意识薄弱，传统家具生产基地升级压力大
基础薄弱型	宁夏、贵州、山西、海南、甘肃	发展潜力大	家具行业基础薄弱，规模以上企业数量不多，对市场反应不敏感，市场竞争力小

5.1.1.2　中国家具出口情况

从出口方面来说，2008年的金融危机给国际家具行业带来了严重的影响。① 除了中国和印度以外，国际家具市场需求严重萎缩。2009年我国家具出口呈现出负增长态势，2010年以后我国家具出口又恢复了增长态势。2015年我国家具出口金额为528.03亿美元，主要出口市场有美国、日本、英国、马来西亚、德国、澳大利亚、新加坡、加拿大等，见表5-3。2015年我国家具对欧盟出口100.96亿美元，占我国家具出口总额的18.60%。

表5-3　2015年中国家具出口市场分布

国别	美国	日本	英国	马来西亚	德国	澳大利亚	新加坡	加拿大
出口金额（亿美元）	167.38	29.02	27.13	14.90	19.54	20.28	20.97	15.94
比重（%）	30.83	5.40	5.10	2.75	3.60	3.73	3.86	2.94

资料来源：《中国海关统计年鉴（2016）》。

① 钟振亚，张绍明．我国家具市场现状与行业发展分析［J］．林产工业，2012（2）：8-16.

一般贸易出口成为主要方式，进料加工贸易出口值占比持续收窄。2015年一般贸易出口达449.61亿美元，占我国家具出口总额的82.83%，加工贸易出口额59.73亿美元，占我国家具出口总额的11.00%。

从家具出口品种来看，木家具和金属家具仍是我国家具出口的主体，主要有木质、金属、框架、软体、塑料、玻璃、竹藤等家具类型，以及家具零件，见表5-4。

表5-4　2015年中国出口家具的种类结构

家具种类	出口额（亿美元）	占出口额的比重（%）
未列名木家具（税则号94036099）	72.79	13.41
其他金属家具（税则号94032000）	69.3	12.77
其他带软垫的金属框架坐具（税则号94017190）	38.95	7.18
其他带软垫的木框架坐具（税则号94016190）	44.27	8.16
其他卧室用木家具（税则号94035099）	45.08	8.31
其他金属框架坐具（税则号94017900）	32.11	5.92
家具的零件（税则号94039000）	33.62	6.19
皮革或再生皮革面的带软垫的木框架坐具（税则号94016110）	30.57	5.63

资料来源：《中国海关统计年鉴（2016）》。

我国家具主要出口省市是广东、浙江、江苏、福建和上海。2015年广东出口262.37亿美元，占出口总金额的48.33%；浙江出口104.41亿美元，占出口总额的19.24%；江苏出口37.2亿美元，占出口总额的6.85%；福建出口29.08亿美元，占出口总额的5.36%；上海出口28.41亿美元，占出口总额的5.23%。

5.1.1.3　中国家具进口情况

2015年我国进口家具25.05亿美元。进口来源国主要有德国、意大利、韩国、美国、日本等，见表5-5。

表5-5　2015年中国家具进口来源国分布

国　别	德国	意大利	韩国	美国	日本
进口金额（亿美元）	4.32	2.93	2.21	2.19	2.10
比重（%）	17.25	12.16	7.19	8.10	6.03

资料来源：《中国海关统计年鉴（2016）》。

家具进口品种主要有坐具零件、木家具、家具零件、医用家具等，见表5-6。

表5-6　　2015年中国进口家具的种类结构

家具种类	进口额（亿美元）	占进口额的比重（%）
其他机动车辆坐具零件（税则号94019019）	5.91	23.56
未列名木家具（税则号94036099）	3.40	13.56
家具的零件（税则号94039000）	1.61	6.42
其他坐具零件（税则号94019090）	1.49	5.94
其他卧室用木家具（税则号94035099）	1.54	6.14
其他医用家具及其零件（税则号94029000）	1.21	4.82
飞机用坐具（税则号94011000）	0.81	3.23
其他木框架坐具（税则号94016900）	0.85	3.39

资料来源：《中国海关统计年鉴（2016）》。

我国家具进口主要省市有上海、广东、北京、江苏和福建等。2015年上海进口金额为9.20亿美元，占进口总额的36.67%；广东进口金额为3.41亿美元，占进口总额的13.60%；北京进口金额为2.60亿美元，占进口总额的10.37%；江苏进口金额为1.93亿美元，占进口总额的7.69%；福建进口金额为0.84亿美元，占进口总额的3.35%。

5.1.2 GVC下中国家具产业集群发展现状

5.1.2.1 中国家具产业集群的区域分布

当今世界经济产业发展的一个重要现象便是产业集群。[①] 家具产业以集群为特征发展壮大的经济现象越来越被各国学者所关注，成为近年来家具产业研究的新领域。[②]

宋维明、程宝栋（2005）得出了中国家具产业只处于产业集聚初级阶段

① Scott, A. The Collective Order of Flexible Production Agglomerations Lessons for Local Economic Development Policy and Strategic Choice [J]. *Economic in Geography*, 1992, 68 (12): 219-233.

② 周志霞. 中国制造业集群的现状分析及发展展望 [J]. 林业经济问题, 2009 (3): 274.

的结论。许美琪（2004）深入分析了我国家具产业发展情况，将我国的家具集群分为4个工业区，区内形成了产业链构成的工业区现象。中国木材产业现实的区域布局已经实现了地理上的高度集中，但这种地理集中只是产业集聚最为初级的表现形式，对产业国际竞争力的提高影响有限。金晶（2007）运用市场集中度指标计算出我国家具市场销售收入前8位的企业在2003年、2004年和2005年的市场集中度分别为7.63、7.88、9.47，产业集中度不高，市场结构属于竞争型。综合学者们的研究结论，表明推动我国家具产业向前发展的有效途径之一就是产业集聚。

（1）珠三角家具产业集群。以深圳、东莞、中山、顺德等为中心的珠三角家具产业集群是我国最大的家具产业集群。该地区凭借丰富的劳动力资源和毗邻港澳地区的优势，家具业起步较早，产业链完整，品牌优势明显，销售市场发达，产品多销往欧美市场。根据《中国家具年鉴（2016）》统计，广东和福建2015年规模以上家具企业总产值为2152.20亿元，占全国家具总产值27.34%。两省出口总额292.1亿美元，占全国家具出口总额的53.9%，超过半壁江山。两省规模以上企业个数为1519个，占全国的28.71%。其中，深圳长江、佛山源田、雅兰、联邦、皇朝、芝华士、运时通、红苹果等知名品牌在区域内备受关注。

（2）陕川家具产业集群。该集群以四川成都为重点发展区域，以中西部二、三级市场为产品主要销售地。区域包含四川、陕西、云南三个省级行政区。2015年，三省规模以上家具企业生产总值为513亿元人民币，占全国家具生产总值的6.5%，出口额2.5亿美元。产品远销澳洲、欧美以及东南亚等地区。四川家具产业中民营企业是主力，全友、掌上明珠、南方等颇具规模和实力，品牌闻名全国蜚声海外，为西部家具产业的发展做出了突出的贡献。

（3）长三角家具产业集群。以江苏、上海、浙江为中心的长江三角洲家具产业凭借雄厚的产业基础和先进的技术、便利的交通位置，成为家具行业内增速最快的区域。集群内交通的通达性缓解了家具物流难，先进的技术和优秀的人才为高质量、精经营、优管理提供了保障。2015年，集群内规模以上家具企业生产总值为1429.7亿元，占全国的18.16%，出口总额169亿美元，占出口总份额的1/3，产品主要外销至欧美市场。其中，杭州、玉环、温州等区域家具企业成长迅速，块状格局明显，销售模式灵活，品牌意识增强。2015年末，浙江省共有家具企业4500家，从业人员超过40万人，规模以上家具企业数量有739家。代表性的家具集群有吉安桌椅、玉环欧式家具、杭州的办公家具等。近年来，江苏家具发展势头良好，江苏蠡口国际家具城立足打造东部地区最大的家具商贸之都和中国东部家具产品检验检测中心。代表性的品牌有博洋、城市之窗、圣奥、春光等。

（4）环渤海家具产业集群。环渤海家具产业集群以山东、河北、天津、北京四个地区为主，辐射山西。凭借悠久的工业基础、完善的产业链条、较高的消费水平且家具产业发展比较成熟，但面临转型的困境。产区中的河北胜芳、香河两个特色家具集群奠定了冀派家具在全国家具产业中的地位。2015年，集群内规模以上家具企业生产总值为1381.7亿元，占全国的17.55%。山东省家具产业发展势头强劲。省内家具企业4500余家，从业人数约60万人。其中宁津和阳信家具产业集群最为典型。以宁津桌椅为例，在全国20多个省市建立营销中心，餐桌餐椅占长江以北份额的50%以上，出口美国、韩国等十余个国家。该地区代表性企业有曲美、天坛、金田绿洲、万家园等。

（5）东北家具产业集群。沿着沈大线，辐射东北老工业基地，凭借大、小兴安岭丰富的林业资源以及邻近俄罗斯进口的木材发展实木家具产业，并处于全国领先的位置。2015年，集群内规模以上家具企业生产总值为481.9亿元，占全国的6.12%，出口为7.5亿美元，占全国出口总量的1.4%。由此可见，东北地区的家具销售量占全国的比重不小，但国际化程度偏低。

2015年我国家具产业集群地区产值及比重见表5-7。

表5-7　　2015年我国家具产业集群地区产值及比重

集群区域	产值（亿元）	比重（%）
珠三角地区	2152.20	27.34
长三角地区	1429.7	18.16
环渤海地区	1381.7	17.55
东北地区	481.9	6.12
西南地区	622.8	7.91

注：珠三角地区包括粤、闽；长三角地区包括苏、浙、沪；环渤海地区包括京、津、冀、鲁；东北地区包括黑、吉、辽；西南地区包括云、贵、川、渝。

资料来源：《中国家具年鉴（2016）》。

5.1.2.2 中国家具产业集群名单发布

为了促进中国家具产业集群的健康发展，学习贯彻国家相关产业政策，引导企业集聚发展，加快产业优化升级，中国家具协会于2014年12月4日，在北京召开了第四届中国家具产业集群工作会议和2014年中国家具行业年会暨中国家具协会第五届五次理事会。中国家具协会编发的《中国家具行业发展报告》，刊登了全国37家家具产业集群名单及基本信息（见表5-8）。

表5-8　全国37家家具产业集群分布

地区	数量	产业集群名称
福建	1	莆田市仙游县：中国仙作红木家具产业基地
广东	7	东莞市大岭山镇：中国家具出口第一镇；佛山市顺德乐从镇：中国家具商贸之都；顺德龙江镇：中国家具制造重镇；顺德龙江镇：中国家具材料之都；台山市大江镇：中国传统家具专业镇；中山市大涌镇：中国红木家具生产专业镇；中山市三乡镇：中国古典家具名镇
河北	3	保定市涞水县：中国京作古典家具产业基地；廊坊市胜芳镇：中国金属玻璃家具产业基地；廊坊市香河县：中国北方家具商贸之都
河南	2	洛阳市庞村镇：中国钢制家具产业基地；新乡市原阳县：中国中原家具产业园
湖北	2	黄冈市红安县：中国家具红安新兴产业园；潜江市：中国华中家具产业园
江苏	4	常熟市碧溪镇：中国苏作红木家具名镇-碧溪；常熟市海虞镇：中国苏作红木家具名镇-海虞；南通市海安县：中国东部家具产业基地；苏州相成区蠡口镇：中国东部家具贸易之都
江西	2	南康市：中国中部家具产业基地；江西省樟树市：中国金属家具产业基地
辽宁	2	阜新市彰武县：中国家具彰武新型产业园区；庄河市：中国实木家具产业基地
山东	3	滨州市阳信县：中国古典家具文化产业基地；德州市宁津县：中国桌椅之乡；胶州市杜村镇：中国北方家具出口产业基地
四川	3	成都市武侯区：中国西部家具商贸之都；成都市新都区：中国西南家具产业基地；崇州市：中国板式家具产业基地
云南	2	大理市剑川县：中国民族木雕家具产业基地；瑞丽市：中国（瑞丽）红木家具产业基地
浙江	6	东阳市：中国红木（雕刻）家具之都；海宁市：中国出口沙发产业基地；杭州市：中国办公家具产业基地；湖州市安吉县：中国椅业之乡；省萧山区党山镇：中国浴柜之乡；玉环县：中国欧式古典家具生产基地

5.1.2.3　中国家具产业集群现状的定量分析

选用区位商法对我国家具产业集群进行集聚度的分析。区位商法的基本算法是某一个地区的特定产业的产值（产量）占全国该行业的产值（产量）的比重与该地区全行业总产值占全国工业总产值的比重之比。数据来源于2008～2016 年《中国家具年鉴》、2008～2016 年《中国工业统计年鉴》，选取了 30 个省市规模以上的家具企业作为样本。同时，基于前文的理论分析，本节提出一个假设：产业集群现象在经济发达地区明显，经济不发达地区不显著。

2008～2016 年《中国家具年鉴》改用产值和产量并存的统计方法。通过计算结果的比较，进而进行家具产业的集群分析，见表 5－9。

表 5－9　　2009～2015 年我国 30 个地区家具产业区位商

地区	2009 年	2010 年	2011 年	2012 年	2013 年	2014 年	2015 年
北京	0.71	0.61	0.69	0.33	0.32	0.27	0.27
天津	0.48	0.46	0.42	0.53	0.60	0.56	0.64
河北	0.55	0.59	0.62	0.26	0.31	0.36	0.40
山西	0.02	0.01	0.02	0.02	0.03	0.01	0.01
内蒙古	0.20	0.19	0.19	0.10	0.11	0.13	0.11
辽宁	1.45	1.39	1.45	1.32	1.28	1.42	1.45
吉林	0.35	0.58	0.67	0.22	0.21	0.22	0.22
黑龙江	0.67	0.71	0.67	0.58	0.49	0.43	0.39
上海	1.22	1.36	1.22	0.95	0.94	0.94	0.82
江苏	0.34	0.38	0.31	0.20	0.20	0.20	0.21
浙江	1.65	1.66	1.65	4.32	4.56	4.43	4.44
安徽	0.46	0.54	0.72	0.27	0.33	0.44	0.47
福建	1.48	1.58	1.48	4.56	4.54	4.68	4.46
江西	0.71	0.68	0.75	0.89	0.76	0.77	0.76
山东	1.03	1.05	1.03	1.07	0.72	0.55	0.56
河南	1.15	1.22	1.15	1.10	1.32	1.90	1.32
湖北	0.64	0.24	0.28	0.12	0.15	0.18	0.20

续表

地区	2009 年	2010 年	2011 年	2012 年	2013 年	2014 年	2015 年
湖南	1.16	1.67	1.16	0.21	0.26	0.20	0.23
广东	2.11	2.04	2.11	1.84	1.80	2.09	1.93
广西	0.33	0.60	0.76	0.27	0.31	0.24	0.25
海南	0.30	0.15	0.11	0.02	0.02	0.02	0.00
重庆	0.25	0.72	0.66	0.42	0.49	0.52	0.58
四川	2.05	1.61	2.05	0.47	2.05	1.61	2.05
贵州	0.00	0.05	0.06	0.04	0.09	0.11	0.11
云南	0.03	0.06	0.04	0.01	0.00	0.01	0.01
陕西	0.09	0.11	0.12	0.04	0.04	0.04	0.04
甘肃	0.04	0.00	0.00	0.01	0.01	0.02	0.01
青海	0.00	0.00	0.00	0.01	0.00	0.04	0.01
宁夏	0.09	0.07	0.14	0.03	0.05	0.07	0.07
新疆	0.32	0.29	0.17	0.06	0.03	0.03	0.04

资料来源：根据历年《中国工业统计年鉴》和《中国家具年鉴》中的统计数据计算得来。

从表5-9可以直观地看出2009~2015年广东、浙江、福建三省的区位商均大于1，且福建省最高为4.56。浙江省的区位商由2009年的1.65上升到2015年的4.44，地区集群集聚逐渐增强。福建省2012~2015年区位商保持在4.4左右，基本上没有变化。广东省区位商由2.11下降到1.93，家具产业集聚度不增反降。海南省家具产业集群从具有明显优势转为不具有优势。从表5-9可以发现，2015年广东、四川、浙江、福建、辽宁、河南6个省的区位商大于1，存在着明显的家具产业集群优势。广东省凭借雄厚的产业集群基础和先进的生产技术、强大的区域品牌等优势连续两年保持着绝对的集群优势。其余的省市家具产业集群现象则不明显。珠三角、长三角、环渤海几大发达地区家具产业集群程度相对较高。四川省家具产业起步虽然晚于广东，但是其家具产品定位精准，主要目标市场为国内二三级市场，因此在国内家具业中获得了长足的发展。东北地区由于靠近天然林场小兴安岭，丰富的资源推动了其家具业的发展。此外，江苏省2010年和2012年家具总产值分别为17.32亿元和20.61亿元，家具总产值位列全国第8位。但是，由于江苏省的工业总产值在2010年和2012年均位列全国第一位，分别达9205.65亿元和10768.01亿元，这就使计算出来的区位商较小。

我国家具业在长三角一带、珠三角以及环渤海几大区域，特别是广东、福建、四川、辽宁、上海、河南、浙江、湖南、山东这9个地区已经形成了明显的产业集群带，产业集群内的家具企业经济效益持续增长。

5.1.3 中国家具产业集群存在的主要问题

5.1.3.1 集群内部存在的主要问题

（1）中国家具产业集群层次低，被锁定在全球价值体系低端。中国的家具产业集群基本上可以划入生产型集群[①]，群内缺乏创新型企业，没有形成良好的创新氛围。这种现象的产生，主要有两个原因：一是缺乏创新所需的财力、人力，企业无力创新；二是缺乏创新动力，企业往往追求短期利益，创新意识薄弱。创新能力缺乏，使集群只能停留在价值链低端，靠“低价跑量”赚取微薄利润。经济全球化改变了生产方式以及贸易形式，同时，实现了全球价值创造体系的垂直分离和重构。一方面，发达国家通过离岸外包和FDI，将生产制造等低附加值环节转移到发展中国家，而自身专注于研发、设计、营销网络和品牌等高附加值环节；另一方面发展中国家通过承接生产制造环节嵌入了全球价值体系的低端。一项研究表明[②]，产业链前端，即研发创新中心，大致获取全部利润的40%，加工环节只能获取剩余的10%利润[③]。也就是说产业链前端和后端是高附加值环节而中间是低附加值环节，其形状如同一个微笑曲线。

（2）集群内缺乏大企业和知名品牌。从产业组织上看，有能力进行持续技术创新的企业往往是那些具有规模经济的大企业。缺乏核心大企业的集群往往缺乏“主心骨”，集群的整体组织结构不合理，进一步的发展受限。而且中小企业由于规模限制，很难具备打造知名品牌的能力，家具集群要想创建知名品牌，尤其是国际上的知名品牌，一定的企业规模是必须的。如果企

---

① 王缉慈．超越集群——中国产业集群的理论探索［M］．科学出版社，2010：56－59.

② 赵红岩．全球价值链下长三角嵌链式升级模式［M］．科学出版社，2009：178－179.

③ 陈荣耀．进口替代Ⅲ期与中国产业升级［J］．社会科学，2009（4）：42－49.

业都靠加工过活，生产规模都是那么小，机械化程度都是那么低，大家都不去创新，只对国外的产品一味地进行简单模仿和复制，不去打造自己的特色产品，不去创建或强化自有品牌，那么这个集群永远只能停留在价值链低端，甚至被踢出全球价值链。截至2011年我国家具企业共有6万多家，规模以上（年主营业务收入2000万元以上的全部工业企业法人）的企业只有4125家。目前家具企业的软肋之一就是国际一流品牌极少，具有自主知识产权的家具知名品牌更是凤毛麟角。伴随着房地产调控政策的出台和实施以及各种传统成本的上升，2011~2013年，我国一些家具经销商和企业的市场销售增幅收窄，盈利水平下降。

（3）集群内企业竞争激烈，产品同质化严重，缺乏创新能力。入世以来，我国家具行业的发展迅猛，增速甚至一度超过了30%。由于东部沿海地区的家具产业有出口导向型的性质，在2008年金融危机的席卷下受创，国际市场需求缩减，订单骤减，家具企业被迫控制产量。2010年，随着市场回暖，经济出现利好消息，家具行业也逐渐复苏起来，但是家具市场也出现了转型的阵痛。由于我国家具企业长期以来坚持短、平、快的经营策略，行业内缺乏长远的规划，盲目跟风的现象在中低端市场上屡见不鲜。

（4）集群内企业生产成本不断上升。近年来我国人口红利逐渐消失，生活成本不断提高，劳动力供给价格连年攀升，家具行业出现了民工荒的情况。在深圳很多家具企业门口都贴着“招工启事”，岗位几乎囊括了家具生产过程中的所有工种。虽然劳动报酬和福利有所改善，但是对于工人来说家具生产过程中不可避免地将吸入大量木屑、粉尘以及强烈刺激气味的物质。工作环境的恶劣使新一代的年轻劳动力不愿从事这一行业。据统计，目前一线工人中40~55岁劳动力占总人数的80%以上。① 据《2011中国薪酬白皮书》统计显示，中国企业2010年人均薪酬增长率为12.34%，都高于2008年的增长率11.65%和2009年的7.8%。根据工资—价格曲线，劳动力成本作为产品价格的组成部分，其价格上涨势必推动产品涨价，企业竞争力下降、销售量减少、库存增加，最终的结果是集群发展失去动力，集群内企业出现经营困境。

① 陈宝栋，王琪．广东家具产业集群发展及升级分析［J］．现代商贸工业，2013（13）：47.

5.1.3.2　集群外部存在的主要问题

（1）与国外家具产业在高、中、低端市场存在激烈竞争。在高端市场上，欧美家具企业凭借精良的制造设备、广阔的销售渠道、前卫且人性化的设计、深入人心的百年品牌以及丰富的参与国际竞争的经验，在高档和中档家具市场占据主要份额。相比之下，我国有少数家具企业已经具备了欧美发达国家家具企业所具有的优势，但部分企业在产品质量、设计方面问题突出。依靠少数大企业在高档家具市场里战斗显然势单力薄，必将遭遇残酷的竞争。在中低档家具消费市场上我国家具又被迫与越南、马来西亚、印度尼西亚、墨西哥、波兰等发展中国家竞争。这些国家的林业资源、成本远远低于我国。随着发达国家家具产业的转移，外资不断注入、技术外溢效应凸显，这些国家的家具产业有了长足的发展，成为中国在国际中低档家具市场上的劲敌。

（2）木材的国际价格急剧上涨。越来越多的国家注重对森林资源的保护，降低甚至禁止木材的出口。澳大利亚在2012年颁布了《禁止非法伐木法案》，欧盟2013年实施了《欧盟木材条例》，东盟国家也相应采取限制和控制采伐量的措施，从源头上制约原木的市场供应。木材供应紧缺，价格上涨是不容置疑的。以红木进口为例，“南洋地区”、中美洲地区和非洲地区是我国三大红木进口地区，截至2014年6月，我国红木原木的进口数量为103.66万立方米，同比增加314.36%，进口额达88.53亿元人民币。红木锯木进口量为12.16万立方米，进口额达13.67亿元人民币（按美元对人民币汇率为6.15折算）。其中从南洋地区的进口份额达66%。因此国内市场需求巨大，家具进口地区单一且进口地实施限制措施，导致近年来红木价格暴涨。

（3）遭遇到的贸易壁垒日益增多。2011年1月3日，美国正式实施《复合木制甲醛标准法案》，该法案提高了硬木胶合板、刨花板等木制品的甲醛释放要求。[①] 该法案的出台使家具出口企业必须为出口美国的产品单独订购材料，由于板材企业有最低定量要求，这给企业带来了较大的备货压力。2011年，欧盟也通过了《原产国标签法》，法案对进口品的环保性能、原材料产地、进口产品产地都做了详细的规定。作为我国家具两大出口市场，这样的法案的实施无疑使我国家具企业面临更大的威胁。

---

① 晨夕．《复合木制品甲醛标准法案》已在美国全境实施［J］．中国人造板，2011（2）：41－42.

5.2 GVC 下中国家具产业集群升级的影响因素

5.2.1 GVC 动力机制

家具行业作为劳动密集型产业的典型代表，学者们在研究家具产业的价值链动力模式时，不约而同地将其规划到购买者驱动型价值链。曾杰杰（2008）通过实证研究得出，家具产业内贸易理论。家具产业凭借其家具研发和设计为核心优势形成寡头垄断，并根据全球不同区域劳动力成本比较优势选择生产地的模式，属于垂直型的产业内贸易。中国家具产业的贸易依存度较高，基本上是通过产业集聚来获取外部经济和规模经济。[①] 根据中国家具产业的现实状况来看，中国家具产业基本嵌入国际采购商价值链中。由于家具产业对不同地区劳动力的需求弹性较大，使家具产业具有很强的全球移动的特征，导致家具产业的购买商价值链驱动有很弱的根植性。家具产业集群具有空间不可转移性，因为它是以空间集聚为特征的，这对家具产业集群水平的提升和产业集群升级都是非常不利的。

只有正确地判断出中国家具产业集群的动力机制的类型，才能准确、深入地研究集群升级的具体路径，两者的关系密不可分。我国家具产业集群处于购买者驱动链条之上，依照理论，产业集群升级应该按照工艺升级—产品升级—功能升级—链条升级的路径，由易到难，由简单到复杂来依次进行升级。从全球家具价值链中的各个环节的价值流向来看，产业的高价值、高利润部分都流向了海外研发和品牌营销环节，广大发展中国家被迫分配到价值量低的环节。这与几十年前意大利、芬兰、南非等国家纳入全球家具价值链的情况是类似的。在中国家具产业集群处于链条低端的同时，意大利、芬兰稳稳地盘踞在生产服务和营销两个方向的价值链高端位置。由于购买者驱动链条的竞争力源于流通领域，因而，我国家具产业集群升级的出路应该通过拓宽销售渠道，打造密集的销售网络来实现。例如，广东中山市大岭镇以“中国红木家具生产专业镇”闻名于世，虽然该集群的装备水平和家具质量

① 聂影．中国林产品：流通、市场与贸易［M］．中国林业出版社，2007：59－62.

都达到世界一流的水平，但是，其高档产品仍然需要通过意大利、中国香港等中介商才能进入欧盟、北美等市场。通过对苏州蠡口和浙江玉环家具集群中企业的走访，也发现了一些地方家具企业正在通过并购或者入股一些初具规模的香港贸易公司，以控制产品销售渠道。

5.2.2 GVC治理模式

5.2.2.1 中国家具产业集群按GVC治理模式的划分

同样是作为劳动密集型产业集群的典型代表，学者们对家具产业集群治理模式的研究相对于纺织服装产业治理的研究相对较少，且观点差异较大。Kolinsky（2008）对木质家具价值链给出了一个粗略的轮廓。他认为：首先，把种子、农药、设备、水等原材料供应到林业部门。其次，木材流向锯材厂，锯材和中间木制产品流到家具制造商那里，家具制造商又从机械、胶黏剂、涂料行业获得投入品。再次，家具在多个中介买家（批发商、零售商、独立买家）中流通，直到它到达最终客户手中。最后，由客户回收或处置家具。"

市场型模式下，买卖双方不需要进行深入的交流，交易由市场自然促成，协调成本较低。该种治理模式在中国家具产业集群产生的初期较为明显。一类是集群内的企业，例如，成都新区家具产业集群，集群内以全友、掌上明珠、双虎、南方为核心大企业，1600多家中小型配套企业环绕周围。大企业在集群内拥有雄厚的资金、前卫的设计理念、良好的工艺等，更带动了周边五金、木材、涂料等小企业的发展。另一类来自集群外的企业，在中国表现为代工生产。由领导企业负责设计、研发和营销，被领导企业负责生产与配送。

结合中国家具产业集群的现状来看，中国家具产业集群还有一部分处于领导型治理模式之中。领导企业和被领导企业在地理位置上相互临近，在生产活动上被领导企业依附于领导企业，可归入"中卫型产业集群"一类。例如，温州家具产业集群。目前，温州家具集群已经出现了当年温州灯饰集群相似的情景，某些优秀的企业外迁至广东或者上海等地。如果不改变该集群的治理模式，温州家具可能像温州灯饰一样消失不见。①

① 秦政强．全球价值链下温州家具产业集群治理结构演变［J］．经济论坛，2008（9）：22－25.

近几年，中国家具出口量一直位列世界第一。而出口在一定程度上存在“出口中学”，集群通过在国际市场的竞争中获得管理技术和生产技术的提升，强化了供应商的能力。某些发展较好的集群，正处于一个向模块型治理模式过渡的阶段。例如，广东东莞家具产业集群。它是目前亚太地区最大的家具出口地，也是全球家具价值链的重要环节。① 东莞家具已经形成了以领导企业为核心、运用先进的生产技术、产业结构完整的生产网络。② 制造商将成品供给Sears、沃尔玛等大型零售商。有些标准零部件生产商还将生产的家具模块出售给国际品牌零售商（如宜家）。

5.2.2.2 GVC治理模式对中国家具产业集群升级的影响

市场型治理模式下，买卖双方的关系平等，产品可以通过公开的市场自由获得。大型的采购商没有必要控制欠发达国家的供应商，同时，供应商也不存在完全依附于采购商的情形。此种模式下，采取出口的策略嵌入到全球价值链条的过程中存在的阻碍较少。这里的出口分为两种类型，即直接出口和间接出口。更值得注意的是，只有直接出口才真正有利于集群的升级。对于处于市场型模式下的中国家具产业集群而言，集群要向高价值链方向攀升就必须逐渐摆脱“代工生产”的帽子，壮大自身的实力和品牌影响力。

中国大多数的家具企业都处于领导型的治理模式下，作为发展中国家的典型代表，中国家具企业没能摆脱国外大型购买者对自身的牵制。凭借跨国公司的帮助，我国的家具集群在生产设备、产品品质方面得到明显的提升，但是像设计理念、品牌培育不是一朝一夕就能成功的。不少集群甚至连享誉国内的品牌也没有，更别说是国际品牌了。在全球经济形势好的时期，供应商忙于数量庞大、规格严格、交货迅速的订单，无暇顾及除了生产之外的能力，此时集群在进行功能升级时便会受到阻碍；在全球经济不景气的时期，企业订单减少、企业生存面临困境，只好通过培育国内市场以消化产品。此外，领导企业为了保持自身的绝对优势来攫取高额利润往往想尽办法限制供应企业进行一系列升级活动。

---

① 秦政强. FDI作用下的产业集群与网络治理模式——理论分析与基于中国现实的检验［D］. 浙江大学，2006.

② 秦政强，赵顺龙. 全球价值链下东莞家具产业集群治理结构演变［J］. 现代管理科学，2010（2）：76－79.

5.2.3　全球家具产业转移

在知识经济盛行的背景下，发达国家（地区）的劳动密集型产业转移势在必行。中国的家具业作为最传统的劳动密集型产业之一，抓住了此次机遇。进入80年代，改革开放政策为国际家具产业转移到中国创造了条件。当时，中国凭借劳动力成本不到美国劳动力成本的10%、建厂成本不到美国的60%、减免税和出口退税等优势，积极承接了欧美国家的家具产业转移。经过30多年的发展，中国家具企业的集聚已经从民间自发转向政府有意识引导建群，并形成了五大产区。

金融危机爆发以来，国际直接投资的规模呈大幅下降趋势。在后金融危机时代，国际产业转移出现新的趋势，这些趋势对于中国家具产业集群来说是一把“双刃剑”。第一，国际产业转移更加注重东道国的市场。中等收入国家和经济转型国家由于城市化进程不断深化，市场潜力巨大，成为各国扩大出口的目标市场。国外家具品牌挤占国内市场，对中国家具企业来说这是挑战。第二，我国中西部在承接国际产业转移过程中的重要性日益突出。这对于中国东部地区的家具企业来说是挑战，对于中西部家具企业来说是机遇。第三，为了充分利用东道国的技术资源以及适应全球市场需求的需要，研发中心开始随着国际产业向外转移。这对中国家具企业来说是机遇，可以学习、消化国外家具企业的技术和经验。总之，国际产业转移对于不同地区的家具产业集群的正、负影响是不同的，我们必须区别对待。

5.2.4　知识系统的创新

产业集群是一个由大量本地企业构成的技术和管理共同体，产业集群的优势是集群技术和管理存量的外在表现。评判产业集群能力主要是依据技术和管理等要素的交流和积累程度。产业集群的升级受到来自技术创新和管理行为的影响。技术系统的量变和质变两个方面的螺旋式上升促进由技术系统创新驱动的产业集群升级。前者决定集群升级的技术基础和升级能力，后者由知识结构和知识形态优化构成。基于价值链的升级都是技术创新升级的结果。价值链上的不同环节是相互衔接的，但是价值分配在不同环节甚至是同一环节的不同集群之间是不均衡的。先进的企业或者集群凭借其技术垄断行为控制了价值链条上核心技术环节，具有更强层次的知识创新，发挥了更强大的技术效用。[①]

张辉（2006）以中国和国外鞋业集群为研究对象，研究了价值链的空间等级体系。鉴于家具产业集群和鞋业产业集群的高度相似性，提出家具产业集群价值层面、空间分离度和知识质量图，如图 5－1 所示。

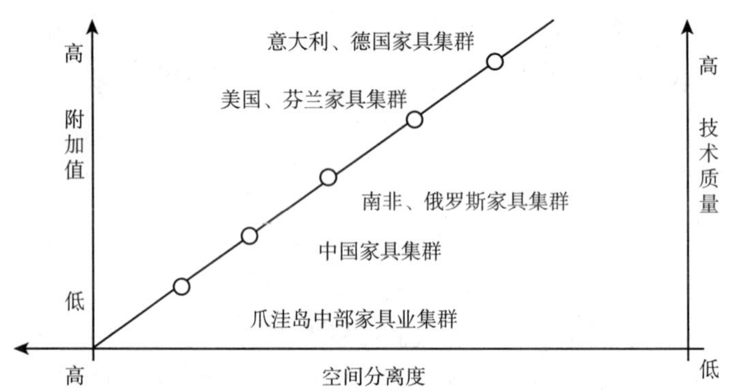

图 5－1　家具业集群附加值层面、空间分离度和技术质量

由图 5－1 可以看出，我国家具产业集群和集群内企业多停留在以零部件知识为主的阶段，能够掌握产业架构知识的集群和企业实在是风毛麟角。2013 年我国家具业的产量和出口量均位于世界第一，但获取的价值量却与之不匹配，家具集群处于“国际打工者”环节的地位，集群升级任重道远。

5.2.5　行业协会和政府

作为代表中国家具行业的专业协会——中国家具协会以及 34 个地方家具行业协会。协会内部设置 14 个专业委员会，这些专门委员会的设置对家具业在设计、工艺、技术、市场、流通等方面给予了极大的帮助。截至 2014 年 3 月，中国家具行业协会拥有 7950 多个会员单位，基本囊括了中国最优秀的家具企业。行业协会作为连接政府和企业的纽带，主要从事资料收集、提供信息（仅限于提供给会员单位）、调查研究、出版刊物等活动。

虽然产业集群产生的主导力量是市场因素而不是政府因素，但是随着时

① 刘闲月，孙锐，林峰. 知识系统创新对产业集群升级的影响研究［J］. 宏观经济研究，2012（1）：54－61.

间的推移和竞争的日益激烈，由于集群自身特性和集群发展的刚性，集群发展中的战略雷同、区域锁定等可能导致的风险，都会使产业集群的发展出现一些问题。政府在集群产生和向前发展的过程中的角色作用不断凸显①，政府是区域发展的组织者，身负培育区域竞争力和发展潜力的职责。正如迈克尔·波特所说，政府是集群发展的发动机。② 现有条件下，我国家具产业集群内的中小企业在自我升级的能力上还是比较欠缺的，此时政府适当的介入可以为集群的升级提供有力的支撑。政府可以通过补贴、制定产品标准和消费政策、对外贸易政策的调整、颁布公平竞争法等举措来促进家具集群的升级。

5.3 GVC下浙江玉环和意大利家具产业集群升级的案例分析

5.3.1 浙江玉环家具产业集群升级分析

5.3.1.1 玉环家具产业集群在全球价值链中的地位

玉环家具产业③起源于楚门镇，20世纪七八十年代楚门为解决农村实行的家庭联产承包责任制导致的剩余劳动力出路，利用传统手工工艺创办了以家庭小作坊为形式的家具生产模式。随着销量的扩大和玉环县政府积极引导，企业逐渐形成了商品生产意识，在企业发展初期挖到第一桶金的同时，添置了一批常规生产设备，并高薪请来一批工艺大师。从此，产品销路一路飙升，并销往中东、欧美等地区。2011年1月12日，玉环县“中国欧式古典家具生产基地”通过中国家具协会的复评工作。2016年，当地家具注册企业55家，出口2109批次，出口额10526万美元。目前，玉环县家具企业拥有的主要品牌有：大风范、港源、飞龙、天源、诺贝、国森、欧宜风、星威、临亚、新云丰等二十多个品牌。其中3个中国驰名商标，5个省名牌产品，3个省著

① 卢巧玲．产业集群升级中的地方政府行为研究［J］．学术交流，2009（2）：44－48.

② 迈克尔·波特．国家竞争优势［M］．华夏出版社，2002：34－36.

③ 朱媛．全球价值链下玉环县家具产业集群升级研究［J］．铜陵学院学报，2004（1）：17－20.

名商标，15 个市名牌产品，3 个市著名商标。产品销往上海、北京、天津等 20 多个国内大中城市以及埃及、美国等 80 几个国家。玉环县以产品出口为主，逐渐以加工制造的方式嵌入 GVC 中附加值较低的环节，“这种以相对较低的附加值嵌入到全球价值链中去的方式使制造产业在向价值链的上方攀升时威胁到链主的利益，因而遭遇链主的打压”（黄永春，郑江淮，2012）。

家具业由于其产业性质，经常以集群的方式来发展壮大。因此，全球家具竞争不仅是产品的竞争更是家具产业集群的竞争。Arndt 和 Kierzowski（2001）把经济全球化背景下的全球经济比作是“一串串珍珠”，并将产业集群形象喻为价值珍贵的“珍珠”，将全球价值链比作是“一条金线”。这一说法形象地解释了产业集群、全球价值链以及全球经济体系之间的关系：全球价值链把分布在世界不同区域的集群产业“串”连成一个整体，构成世界经济体系的一部分。玉环家具产业是典型的内生型产业集群，该地区产业的形成和发展与当地悠久的传统工艺、市场需求的不断扩张密不可分。近年来由于国内房地产业的繁荣以及新农村建设的带动，家具的需求不断攀升。然而，玉环家具产业集群企业只承担制造环节，产品在生产过程中鲜有自己的研发和设计。根据玉环县家具协会提供的数据，该地区研发、设计成本只占总成本的3%左右。该地区家具企业生产的多少、款式并不是由企业自身决定的，而是由中东、欧洲等采购商给出订单而定。虽然玉环家具产业集群内诞生了一批以外销为主，同时扩大内销的优秀的家具企业。但是，玉环家具仍然处于全球价值链的生产制造环节，附加值较低。虽然集群内产生了以天源、大风范、欧宜风为代表的著名品牌，但是这些品牌在国际上的影响力十分有限，并且还缺乏走向国际高端消费市场的网络渠道。

5.3.1.2 GVC 动力机制对玉环家具产业集群升级的影响

由于资源导向型和劳动密集型的特性，家具产业给发展中国家和当地企业有效地参与到全球经济提供了一个机会。当今，在以跨国公司为主导的家具全球价值链中，拥有不同集群优势的家具产业嵌入到了不同价值环节。家具的价值链日益全球化，从买方角度看主要有 4 种不同的方式嵌入到全球价值链。第一类涉及不直接参与生产制造的家具销售商。它们是直接从生产商或专门的购买公司购进产品，服务于当地市场的中小企业。此类企业由于市场较狭小，在价值链形成过程中缺乏话语权，往往嵌入到全球价值链的终端位置。第二类是规模更大的国际企业。这一类型的企业直接从供应商那里采购，然后反过来向供应商提供产品升级和资源投入的帮助，并且广泛利用自己的营销渠道和品牌嵌入家具产业价值链的高端，获得丰厚的附加值。此类企业控制着家具行业的命脉，占据家具全球价值链中的标准制定、样式设计、全球营销、品牌运作，往往盘踞在价值链的高端，获取了丰厚的利润。第三类是家具进口国制造企业购买半成品进行再加工。例如，英国一个制造商从菲律宾进口椅子靠背，菲律宾家具企业可以提供比英国当地或欧盟地区供应商价更低质更优的产品。这被称作“产品共享”。并且它也是泰国和日本间日益蓬勃的橡胶家具贸易的重要组成部分。此类企业通过深加工获得高附加值。第四类是进口国制造企业通过在低收入经济体设立子公司或与当地企业建立合作，通过订单和贴牌的方式使合作的双方都嵌入到全球价值链中。例如，德国的施泰因霍夫公司将他的生产扩大到波兰、乌克兰和南非。玉环家具集群以外贸为主线，动力根源是商业资本符合购买者驱动模式，并以上述第三种类型中的卖方嵌入到全球价值链的低端中去。

在购买者驱动模式下，玉环家具集群在严格要求质量的同时，开始注重设计理念，努力打造集群品牌和企业自身的品牌。集群内出现了大风范、港源、飞龙、天源、诺贝等一系列著名品牌，产品也销往欧美、南非等国家的中低端市场以及国内的高端市场。尽管集群内优秀企业家具的制造水平基本达到了欧洲的中档水平甚至可以说达到了高档水平，但是品牌却没有被认可，经常出现“货真价不实”的情况。一方面，家具的工艺水平和材料质量比较先进；另一方面，家具企业品牌意识不够强，导致售价较低，与产品质量不成正比。在这样的情况之下，选择与国际一流的家具生产企业、家具销售企业合作，通过溢出效应的学习和吸收，加强与国家购买者的联系。

5.3.1.3　GVC治理模式对玉环家具集群升级的影响

由于玉环县特殊的地理位置和悠久的家具制造历史，家具集群内的外贸企业较多。据台州海关统计，2014年1~7月份，台州家具出口额为7.6亿美元。其中以贸易方式出口的家具贸易额7.4亿美元。其中民营企业是出口的主要力量，占同期家具出口份额的86.8%。集群内一类企业多从事贴牌或者家具半成品生产。由于信息的识别能力较强、产品交易的复杂程度也较高，供应商的供应能力依赖于国外领导企业，所以将玉环家具产业集群归为领导者治理模式下。以企业自主品牌进军国际市场的企业仅限于为数不多的几家大企业，像大风范、港源等。此外，这些大企业同时存在反向 OEM 的现象。虽然大企业发展状态良好，但是，他们仍然愿意重回贴牌。原因在于：一方面，这些大企业虽然在国内的名声显著，但在国际市场上不突显，通过借助国际一流家具产品的名声和营销渠道，可以提升家具产品在国际市场上的占有率；另一方面，这些大企业的生产设备、技术水平、设计理念、生产成本较低等因素在一定程度上受国际企业的青睐。在贴牌的同时，标明原产地和制造商，也为玉环家具企业进军国际市场打下坚实的基础。另一类中小型企业，由于自身实力较弱，缺乏资金和技术，产品质量不足以走出国门，该类企业的市场重点在国内的二三级市场。

5.3.1.4　全球产业转移对玉环家具产业集群升级的影响

伴随 2008 年的经济危机而来的是，国际市场锐减、反倾销事件频发、原材料上涨、人民币升值，使珠三角和温州地区的家具产业逐渐失去存在的空间，不得不向外转移。玉环家具产业向外转移主要存在两种趋向：第一，转向越南、菲律宾等东盟国家。这些国家具备一定的工业基础，劳动力、土地相对低廉，地处热带或者亚热带地区，木材资源丰富。2012 年，越南工人工资折合人民币每月 600 多元，而东莞一个普通工人工资约 2000 元人民币。内地省市如河南省最低工资标准为每月 1080 元。显而易见越南劳动力成本优势明显。此外，中国产品在世界市场上被认为存在倾销现象，通过在越南设厂，内地厂商将家具的半成品或者零部件运输至越南，在当地进行进一步的生产和加工，获取当地的原产地证明，并利用美国和越南签署的双边贸易协定，产品在出口至美国时一定程度上避免遭到反倾销调查。中国家具产业转移到其他东盟国家时，也存在这样的情况。第二，将家具产业的市场扩大至内陆地区或者临近资源的东北地区。内陆地区（像四川、湖南、湖北、安徽）近年来房地产业发展迅速，伴随着房地产业的兴盛，新建住户对家具的需求大幅提升，再加上内陆地区的农村市场越来越有活力，已经成为二三级家具市场的主要客户。两种不同的转移趋向表明，玉环家具面临着严峻的外部压力和内部挑战。玉环家具产业集群必须重新定位，培育集群自身的竞争力，争取在制造上过渡到发达国家的水平上。

5.3.1.5 家具协会和政府对玉环家具产业集群升级的影响

玉环县家具协会创建于1997年9月，其作为政府和企业之间的纽带，热忱为行业和企业服务，促进家具企业的持续稳定发展。玉环县家具行业协会致力于行业标准、规划的制定，制止同业间的不正当竞争；组织会员单位参与国际国内知名的家具博览会、组织企业骨干外出考察，借鉴先进的生产经营之道；举办家具论坛、家具设计大赛等活动激发集群内的创新思维；为会员单位提供法律咨询和技术信息、市场环境评估；承办中国家具协会和省家具协会以及玉环县经济贸易委员会委托的其他工作。协会还不定期地组织专门的业务知识培训、举办探讨会、与院校合作培养专门的家具人才，促进集群创新。

玉环家具产业集群是在自发形成的基础上，加上政府积极规划和引导，形成了充满活力健康有序的发展局面。为了进一步促进玉环县家具产业集群的发展，玉环县政府、县委积极搭建平台，规划了玉环县家具工业园区，将全县80%以上的家具企业纳入到园区内，以便享受政府提供的基础设施服务。玉环县政府积极做好产业联动，鼓励和引导民营资本和商业资本等优质资产向集群内的龙头企业和规模优势企业集中，通过收购、兼并、上市等手段培育一批国内知名国际有名的企业。与此同时，政府还鼓励企业通过投保出口信用险、境外注册商标、境外参展等方式扩宽出口市场、增加出口量、优化出口结构。

5.3.2 意大利家具产业集群升级分析

5.3.2.1 意大利家具产业集群概况

提及意大利，人们不禁想到兰博基尼、法拉利、古琦、阿玛尼等世界顶尖品牌。“意大利制造”成了顶级品质的代名词。意大利家具的艺术气息和工艺水平同样让世人叹为观止，Dorelan就是其中的优秀代表。在木材资源并不丰裕的意大利，木质家具凭借前卫的设计、精良的制作、优雅的气质长期垄断着世界市场中的高端部分。

意大利家具产业集群有长达200多年的发展历史，Driade、Cassina、Doimo、Provasi、Savio等是主要品牌。第二次世界大战之后，佩扎罗地区出现家具制造作坊。这些小作坊以家庭为单位，分布分散，专业化水平极低。20 世纪 50 年代，伴随本国和周边国家经济逐渐复苏，拉动家具需求，带动了一批专业的家具从业者离开原来的家具企业，白手起家创建并不断壮大新的家具制造企业，也可以说这是其技术外溢的开端。随着集群的不断扩大和家具企业的竞争加剧，具有独到眼光的企业家将家具某一个生产阶段独立出去形成新的集群区域，专业化分工与协作应运而生。专业化分工不断深化，中间产品生产行业和售后服务机构也呈现专业化趋势，逐渐形成了相互交叉分工协作的集群模式。①家具产业集群主要集中在东北部地区，但在其他地区也零散地分布，且每个集群都有自己的特色。表 5－10 是意大利典型家具集群的介绍。

表 5－10　　意大利主要家具产业集群区介绍

家具集群区	集群特色	发展方向
佛利	集群内以软体家具为主，产量占全国的 9%，带有明显的手工工艺特色，主要为中高档，款式具有现代风格	手工特色，强化质量
佩扎罗	该集群内共有 14000 家具从业者，且半数以上就职于当地最大的 140 家家具制造企业，近年也开始涉足装饰行业	扩大出口贸易，谋求市场多元
波吉庞丝	集群内企业约为 300 个，以手工艺作坊为主，产品以厨房家具为代表。出口占总收入的比重为 6%	通过出口扩大海外市场
菲留利	集群内座椅产量占意大利的 86%，企业总数 1200 个	集群企业抱团扩张
特雷维索威内托	意大利最大的家具制造区。营业收入 180000 亿里拉，出口比重 45% 左右，产值占意大利家具的 36% 就业 10 万人以上	积极扩大出口，灵活生产策略
普利亚和巴西卡达	以制造皮质家具的大企业为主，营业收入 20000 亿里拉	增加对新技术和基础设施的投资

资料来源：卢杰．意大利家具产业集群发展的经验对我国区域产业发展的启示［J］．企业活力，2011（2）：10－14.

5.3.2.2　意大利家具产业集群成功的经验

（1）集群内家具企业普遍的创新意识。在资源禀赋并不丰裕的意大利，家具产业同制鞋业一样在半个世纪内取得巨大的成功，与家具产业本身的特

① 罗忠明．集群——国外家具产业发展的经验与启示［J］．中国林业经济，2006（11）：53－56.

点以及当地的产业集群优势高度相关。一方面是在设计上的创新。相较于经济落后的地区，对发达国家和地区的消费者来说，家具不仅是件生活耐用品，更是文化和艺术的载体。家具的款式和图纹体现着特定时期人们的消费水平和消费偏好。经济日新月异的发展也带动家具从款式到图案再到用料的变迁。例如，在意大利椅子和沙发的面料每月更新五分之二，质量不断提高，品种也更新快。[①] 根据这一特点，家具企业必须了解市场的变化动态，摸清市场对产品时尚的要求。意大利现代家具设计师秉承“我们不跟随时尚，而是制造时尚”的理念，家具企业重视设计创新，领导世界家具设计与消费潮流，从而使意大利这个地中海边缘的小国成为全球家具强国。另一方面是科技创新的运用。意大利的机器人、电子计算机等新技术已经广泛用于自动化生产和计算机数控中心，在实现智能化的同时，也代替工人去做一些有危险、不利于健康的作业和质量检验。[②] 此外，科技应用也在家具的储运和物流方面发挥了积极的作用。

（2）家具产业集群的企业结构由小型向中型发展。最初的意大利家具产业集群内多以家族式的小企业为主。在经历了40多年的辉煌之后，到20世纪80年代，意大利家具产业集群面临着来自后发国家和地区（如中国大陆、中国台湾、巴西、印度尼西亚等）低成本制造的冲击。以家族式、低成本管理为特征的意大利家具产业集群逐渐失去原有的优势。为了转变这种衰退的现象，集群内的企业结构向中型规模发展，不能顺应改造潮流的小企业外迁至意大利中部、南部地区。Roberta（2007）的研究发现，发展较好的产业集群规模多由小型企业向中型企业演化。伴随着小企业外迁和集群内家具企业股权式以及非股权式整合，家具企业的规模日益壮大，企业间的地理位置上仍然相互临近。这样的集群状态不但适应了小企业集群即时和柔性的生产模式，而且增强了集群抗风险的能力。

（3）高度精准的产品定位与市场定位。Paniccia（2002）研究表明，意大利中部和北部传统的家具产业集群在产品质量上与低成本国家不存在竞争关系，原因之一就是该集群倾向于高端产品的生产。1990年以后，集群内外

① 罗忠明．广东家具出口的限制因素及其突破［J］．林业经济问题，2006（1）：22－28.

② 王兆君，张占贞．芬兰、意大利林业产业集群演进对山东省林业产业集群成长的启示［J］．经济问题探索，2013（3）：97－100.

商直接投资企业增多，集群企业逐渐将非核心的环节外包到其他地区。凭借完美的设计、超高的工艺，意大利家具声名远扬，专注于全球的家具高端市场。意大利家具中的营销主要有三类模式，第一类是像“达芬奇”这样的品牌综合店，第二类是品牌专卖店，第三类是 Puccini 艺术馆为代表的品牌订购店。

（4）政府和行业协会的支持。《意大利宪法》明确规定了国家对中小企业的支持。从 1956 年颁布的《手工业法》到《民法典》《反垄断法》《破产法》等相关法律都做了大量有利于小企业生存和发展的条文。1999 年，威尼托委员会确立了 19 个产业集群区。政府还出资设立了不同专业程度的技能培训机构，为家具类就业对象提供免费培训，以提高就业能力。政府还鼓励地方行政机构加入小企业联合会中去，帮助中小家具企业获取贷款。政府对家具企业的支持通常以财政补贴、低息贷款、税收减免、贷款担保等方式存在。[①] 协会在集群发展的过程中起到了不可替代的作用。协会利用国际和国内网络为集群内企业招商引资，在企业开拓国际市场方面功不可没。

5.3.2.3 意大利家具产业集群的国际转移

2012 年我国家具企业出口交货值为 1028 亿人民币（只包含年主营业收入超过 2000 万元的企业），占行业总收入的 24.8%。其中，美国和欧盟市场位居出口市场的前两位，而这两大市场曾经是意大利家具重要出口市场。从 2004 年开始，欧盟和美国对意大利家具的采购额分别缩减了 6.4% 和 12.7%，且类似的情况持续了好几年。由于意大利本土市场增长乏力；同时，美元和欧元升值，出口面临压力；再加上来自波兰、柬埔寨、墨西哥、中国、老挝等国的激烈竞争，意大利家具制造业的竞争力逐步削弱。面对严酷的外部局势，意大利家具企业将家具制造、设计和营销转移到新兴国家以寻找出路，当然，这也包括中国。意大利家具的第一、第二大沙发制造商分别在上海和深圳建立工厂，销售收入分别超过 8.34 亿美元和 5 亿美元。家具零售业通过三种方式进驻中国市场，第一种是中国家具销售商原装进口意大利家具，第二种是凭借代理商进入中国市场，第三种是家具厂商直接在中国市场设立专营店。

① 林叶青．意大利中小企业发展的成功经验对中国民营经济发展的启示［J］．商场现代化，2006（12）：59－60.

5.3.3 玉环与意大利家具产业集群成功经验的启示

5.3.3.1 工艺、产品、功能、链条升级相结合

由于我国家具产业集群难以克服实现跨越式升级的困难，因此，必须从一般式升级开始，进行工艺升级、产品升级、功能升级到链条升级的过程。

第一，工艺升级阶段。我国家具产业集群正处在一个发明创造实力弱、消化吸收实力强的阶段，可以通过技术吸收再创新、引入高效生产设备来重新组织生产流程，提升集群内企业工艺创新实力。第二，产品升级阶段。家具集群内企业可以通过研发新产品或者改进原有产品以提高单位产品价值量和国际国内市场份额。我国家具企业可以以集群内的大企业为龙头，并与高校、研究院联合进行家具新材料的研发、款式的设计，以“绿色、健康、环保”的家具概念开发绿色家具产品以规避国外日益苛刻的绿色贸易壁垒。第三，功能升级阶段。我国家具产业集群内企业可通过专注于价值量较高的环节，并将低价值的活动外包出去，以提升企业活动在价值链中的地位。企业可通过向上下游的家具创意设计、家具物流与家具展销延伸，增加研发投资，实现外销与内销相互补充的格局。第四，链条升级阶段。企业转向新的价值更高的链条主要通过品牌创新和营销获取高附加值。

5.3.3.2 借鉴奥康和GEOX合作方式

奥康与意大利鞋业的龙头品牌GEOX公司实行“双向借道”战略（曾咏梅，2012），在品牌的最初代理、产品的设计和生产、品牌在世界范围内的巩固等方面展开合作，巧妙地化解了变革带来的疼痛，引进、消化、吸收、创新管理，借助GEOX公司的分销网络，将自己的产品呈现在世界商品市场上。这一成功的范例，难道不应该应用在十分类似的家具产业集群升级中吗？答案是肯定的。一方面，两者都是劳动密集型的且以出口为导向的产业集群；另一方面，两者都处在全球价值链的低端位置，治理模式和动力机制也十分相似。

5.3.3.3 企业精准定位产品

目前，我国家具行业存在相互模仿、抄袭的主要原因之一就是企业缺乏

精准的定位。盲目跟风生产出来的家具产品并不是以市场为导向生产出来的，而是闭门造车，在推向市场之后又存在价格定位不准、客户不买的困境。这严重制约了企业的阶段性发展。纵观意大利家具产业集群的成功经验，无论在哪个阶段企业都准确定位产品和市场，积极探索适合自身发展的路线，不盲从不随流。因此，我国的家具企业必须认清自身的优劣势，在保证产品质量过硬的基础上，集聚品牌力量。

5.4　GVC 下中国家具产业集群升级的价值判断和对策

5.4.1　GVC 下中国家具产业集群升级的价值判断

5.4.1.1　中国家具产业的“大离散小聚集”特征

我国家具产业历史悠久分布广泛，呈现“大离散、小聚集”的特点。除了西藏、内蒙古、青海、甘肃等几个西部地区外，其余地区家具产业发展比较成熟，产业链条相对完整，集群特点明显。我国家具产业集群在经历了集群程度低的形成期、高速发展的成长期、走向正轨的成熟期，形成五大集群地。以广东和福建为代表的珠三角家具集群，凭借优越的地理位置和开放的对外贸易政策，发展历史悠久，质量上乘，产品出口为主，由于成本急剧上升，目前面临着向中西部地区和东南亚地区转移的趋势。以浙江、江苏为代表的长三角家具产业集群区，是后起之秀，产品质量良好，产品主要销往华东地区和国外地区，也面临产业转移的趋势。以成都为首的西南家具产业区，2000 年之后发展迅猛、产品以中低档为主，销往国内二三级市场的家具产区。以山东、河北、北京为代表的环渤海家具产业集群底蕴深厚，档次较高。凭借大小兴安岭丰裕的木材资源，东北家具产业集群发展状况良好。总体来说，我国家具产业集群总体呈现产品质量欠缺、附加值不高、缺乏国际知名品牌，处于全球价值链条的低端位置，并面临集群外的各种压力，集群升级迫在眉睫。

5.4.1.2　中国家具产业集群的影响因素复杂

（1）全球价值链的动力机制影响我国家具产业集群升级。我国家具产业集群处在购买者驱动链条之上，集群企业一方面要克服自身从流程升级—产品升级—功能升级—链条升级的种种技术上的困境，同时还要防止价值链条上链主为了维护自身垄断利益实施的打击行为。对于中国五大家具集群区，升级时的具体路径也不是固定不变的，应积极寻找适合本集群的升级路径。

（2）全球价值链的领导型、市场型两种治理模式对我国家具产业集群升级有深刻的影响。结合中国家具产业集群的现状来看，中国家具产业集群在全球价值链治理模式中，采购商起着绝对的主导作用。第一类是集群外的采购商，这一模式下企业可以通过与国际购买商的合作学习生产过程中的技术和流程以达到产品升级和流程升级。第二类是集群内部的采购商，也就是集群内的龙头企业。这种情况下，集群内小企业在升级的过程中不会受到大企业的阻碍，升级过程比较顺利，但没有“干中学”的知识外溢，全凭自身能力，在短时期内完成升级比较困难。市场型治理模式下，以家具出口方式作为基石嵌入价值链在产品升级和功能升级方面较为简单。

（3）全球产业转移对我国家具产业集群来说既是机遇也是挑战。首先，国际产业转移越来越注重东道国市场。中等收入国家和经济转型国家由于城市化进程不断深化，市场潜力巨大成为各国扩大出口的目标市场。国外家具品牌挤占国内市场，对中国家具企业来说这是挑战。其次，中国中西部在承接国际产业转移过程中的重要性开始凸显。国际产业转移由加工型向消费型转移，承接地区也由东部地区转向中西部地区。这对于中国东部地区的家具企业来说是挑战，对于中西部家具企业来说是机遇。最后，研发中心开始随着国际产业向外转移。将研发中心设在海外是充分利用东道国的技术资源也是适应全球市场需求的需要。这对中国家具企业来说是机遇，可以学习、消化国外家具企业的技术和经验。总之，国际产业转移对于不同地区的家具产业集群的正、负影响是不同的，我们必须区别对待。①

（4）知识系统的创新对我国家具产业集群升级存在深远影响。创新是一个行业不断发展下去的原动力。先进的企业或者集群凭借其知识垄断行为控制了价值链条上核心知识环节，具有更强层次的知识创新，发挥了更强大的知识效用。而我国家具产业集群和集群内企业多停留在以零部件知识为主的阶段，能够掌握产业架构知识的集群和企业实在是凤毛麟角。2013 年，我国

① 朱媛．全球价值链下玉环县家具产业集群升级［J］．铜陵学院学报，2014（1）：17－20.

家具业的产量和出口量均位于世界第一，但获取的价值量却与之不匹配，家具集群处于“国际打工者”的环节，集群升级任重道远。

（5）政府为家具产业集群升级保驾护航，家具协会为集群升级提供平台。政府是区域经济发展的组织者和助推器。政府通过制定积极的政策方针促进集群升级。行业协会在国际交流，组织培训等方面推动集群升级。

5.4.2 GVC下中国家具产业集群升级的对策建议

5.4.2.1 地方政府加强宏观引导

（1）创造良好的家具产业集群环境。在我国，由于中央政府对产业集群的形成和发展保持默认态度，因此，有关集群政策的制定主体主要是省、市、县级的地方政府。

政府在推进产业集群升级的过程应至少做到以下两点：一是地方政府通过建立集群内企业的协作配套，积极促成集群内企业与全球价值链核心企业的合作关系，借此推进集群嵌入全球价值链。二是地方政府通过制定集群升级战略规划，增大创新和人力资本等高级要素投入，培育创业文化、完善家具企业技术改造贷款项目的贴息工作等。例如，2011年，深圳市政府对华源轩、兴利等企业所给予的“uv漆项目、水性漆”的政府补贴发挥了项目资金的激励作用，发挥性有机化合物（volatile organic compounds，VOC）排放降低，企业竞争力得到提升。

（2）完善集群公共服务，促进产业集群创新能力提升。政府可以用资金作为杠杆，牵头设立适当的协调机构，通过组织和实施一系列产学研合作计划，设立专项基金，引导和激励各方之间的合作。2011年广东大涌镇政府与南京林业大学筹建了“中山市红木家具研究开发院”以此展开合作项目。这一合作促使大涌镇的家具行业在原材料、产品设计上的创新性增强，产业性的技术难题不断攻克（如首创红木软体家具），木材干燥技术日益高效，这些都推动了当地家具行业的发展。类似有效的举措可以在其他家具产业集群地区推行。政府还应该在国家质监总局标准化管理委员会的协同下积极参与制定家具行业的国家标准。

（3）提供资金支持，强化产业宣传。在家具产业集群中，中、小、微家具企业较多，同时他们也是家具产业集群升级过程中的“困难户”。为中、小、微家具企业解决资金的后顾之忧，必将促进企业各项活动的顺利进行。政府应该在企业融资方面给予优惠政策，实行减免利息、提供担保质押等。利用政府财政补贴有潜力的家具企业在国内外大型参会上的展位费用，强化企业的宣传力度以提高集群的知名度和信誉度。

同时地方政府应该意识到，政府职能越位、该管的没有管好、不肯放权、盲目偏信市场的作用等行为，对地方产业集群的雏形放任自流等不作为行为会阻碍集群的升级发展，应坚决抵制。

5.4.2.2 提升集群内企业国际竞争力

（1）企业以开放姿态融入全球价值链。为了谋求家具产业的升级和持续发展，这就要求集群产业逐渐融入到全球价值链中去。即使是以嵌入到较低的价值链中，也可通过获得较多的学习、创新机会，慢慢向高价值环节攀升。对于外生型的产业集群，应积极开拓国内外市场。积极探索新的市场领域和销售渠道。我国家具出口地区主要集中在美、日以及欧盟国家，出口地区过于集中使我国家具产品在国际市场上面临较多的不安定因素。这就要求企业制定多元化的市场战略，积极拓展与周边邻国以及其他非主要家具出口地区进行往来贸易，以在世界经济出现波动、出口受到剧烈冲击时，降低“一篮子市场”的风险。处在互联网经济时代，家具企业除了采取传统意义上的贸易方式展开贸易，更应该积极建立和优化电子商务平台，以电子商务平台集聚市场信息，引发价格形成，辐射上下游产业，带动行业转型和发展。乐百购作为我国家居全球批发网积累了数千家全球优质买家资源，在乐从家具市场推行BTM（business to marketing）的电商模式。截至2011年，共有会员1532位，国外经销商450位实现国外经销与本地供应的无缝连接。销售渠道的创新无疑会拓展新的市场，其他家具产业集群应该“学习经验、因地制宜、为我所用”。对于内生型家具产业集群内的企业应注重FDI的示范效应、竞争效应、管理经验、技术溢出等优势的利用。此外，农村家具市场的潜力也不容小觑，家具企业应高度关注。几乎没有任何一个家具品牌明确将市场定位于农村，农村市场一直被家具企业所忽略。现在农村家具市场实力凸显，厨房家具、陪嫁家具成为消费热点，且名牌家具不见得买不起。

（2）提高企业创新能力，避免嵌入俘获型全球价值链。开放的网络创新会促进集群内企业的知识溢出和良性互动，要强化集群的创新意识可充分利用产学研机制、研发外包、技术联盟等合作方式。有偿技术服务和管理服务应该受到保护和鼓励。一方面，在产业集群内部建立有偿服务机制，鼓励有偿技术外溢。有偿技术服务激发了技术的创新，是一种有效的集群学习机制。另一方面，我国的家具产业集群内的中小企业，甚至是大企业，普遍存在缺乏现代管理的思维和经验，集群内没有专门的管理服务机构，管理知识主要通过企业家和管理人员的相互交流。有偿管理服务的实行，可以促进集群内资源共享。

（3）因地制宜地推行家具企业转移。面对国际市场的激烈竞争和东部沿海地区各类成本的不断上升，东部沿海地区的家具集群可以适当地向外迁出，以节约成本，增强竞争力。对于外贸型企业来说，到邻近市场的地区或者工业基础良好，劳动力、土地、原材料成本较国内低廉的东南亚国家进行绿地投资或者兼并当地家具企业，以此更加靠近家具市场，节约运输成本和生产成本。对于主打内贸的家具企业来说，可通过将企业迁往中西部地区，来实现资源更高效的配置。东莞家具企业中台资企业较多，最大特点是主打外销。由于反倾销原因导致出口受阻，已经有 30 多家企业转移到了越南，代表的企业有台升、亚历山卓。2010 年 8 月 31 日，国务院出台了《关于中西部地区承接产业转移的指导意见》，东部沿海地区的家具企业逐步向中西部转移。例如，基于产品销往中西部市场的运输成本的考虑，兴利家具集团在武汉和成都两地建立了家具生产基地。中西部地区也做好了承接家具产业转移的准备。中国金鼓城——中部家具产业集群发展区位于武荆高速出口汉川出口处，占地约 1.5 万亩，投资总额达 276 亿元，年产值达 476 亿元。园区内采用全产业链承接产业转移，不仅转移而且在转移中实现集群升级。①

5.4.2.3 发挥中介组织的重要作用

行业协会是企业和政府的纽带，身负发布行业最新资讯、对内协调会员单位之间的矛盾，对外帮助解决贸易摩擦的责任。行业协会应该积极协调企业之间的关系并通过创办相关平台、网站、杂志，积极为会员企业提供家具产业的发展动态；各地协会应积极承办国内外家具展会，打响中国家具的集群品牌；通过组织企业骨干赴海外考察，学习优秀管理经验、先进技术；加

① 叶青．承接沿海家具产业转移打造“环武汉产业圈”［N］．中国信息报，2011－03－28.

强行业保护机制，保护新技术的开发、应用及吸收，以提高家具企业的科研水平。我国中低端家具市场普遍存在产品同质化严重、低价竞争、相互诋毁等不利于行业发展的因素，这都降低了企业间的相互信任。因此，在政府的牵引下由行业协会贯彻实施，制定行业间自律机制。

在全球经济复苏不均衡、不同步及国际市场需求增长动力不足的大背景下，各国争夺国际市场的竞争更为激烈，贸易保护主义再度升温。2011 年虽然贸易救济的案件数量减少，但是发达国家技术性贸易保护措施已经传导到发展中国家，法规不断增多，与健康、环保相关的绿色壁垒愈加苛刻。因此，行业协会应该成立专门工作组解决相关问题。在美国发起反倾销调查后，我国家具协会成立了反倾销办公室，联合各地协会召开“中美家具反倾销对策研讨会”，组建“中国家具业反倾销应对委员会”，完成应诉准备工作。

第 6 章

全球价值链下安徽省产业集群专业镇升级

近年来，随着安徽省各地区工业强县（市）战略的实施，产业集群专业镇依托当地区位优势，在地方政府的产业、金融、税收、人才等优惠政策的引导下，得到了一定的发展。安徽省产业集群专业镇已成为推动地方经济发展的重要力量。[①] 全球价值链动力机制和治理模式对产业集群专业镇升级有着重要影响。在全球价值链下，安徽省产业集群专业镇如何升级？这是一个政府和学术界关心和困惑的问题。[②] 本章主要研究安徽省产业集群专业镇的现状、问题，以及升级的影响因素与升级策略。[③]

6.1 安徽省产业集群专业镇发展的现状与存在的问题

安徽省政府于2008 年、2009 年、2013 年、2015 年和2016 年共认定了213个产业集群专业镇，其产业有汽车及汽车零部件、家用电器、纺织服装、机械制造、电子信息、电线电缆、玩具、鞋类、农副产品加工等，且逐步呈现出“一镇一品”的基地化生产格局。由于原材料资源、工业基础、自然环境、地

---

① 徐军，冯德连．全球价值链下皖江城市带专业镇产业集群升级研究［J］．湖南商学院学报，2014（5）：16－22.

② 冯德连．全球价值链与安徽劳动密集型工业集群发展研究［J］．铜陵学院学报，2015（6）：9－12.

③ 周维芸．全球价值链下安徽产业集群专业镇研究现状与趋势［J］．铜陵学院学报，2016（1）：21－26.

理区位、地域文化等因素的作用，安徽省产业集群专业镇的产业特征鲜明，如合肥、芜湖、滁州等地的家电产业集群、芜湖、马鞍山等地的汽车及零部件产业集群、以沿江石化和精细化工、以皖北地区为主的农副产品加工等。安徽省产业集群专业镇已经成为推动地方经济发展的重要力量。安徽省经济和信息化委员会《2016年安徽省产业集群专业镇发展报告》显示，2016年全省213个产业集群专业镇规模以上企业业绩喜人，实现增加值1909.27亿元，实现营业收入7741.95亿元，上缴税金272.89亿元，实现利润634.05亿元，分别占全省规模以上企业的18.9%、18.6%、7.9%、30.5%。

6.1.1 安徽省第一、二、三批产业集群专业镇试点情况

安徽省第一、二、三批产业集群专业镇试点共149个，产业集群专业镇基本情况见表6-1。

表6-1　安徽省第一、二、三批产业集群专业镇整体基本情况

城市	专业镇数量	营业总收入（亿元）	超过100亿元数量	50亿~100亿元数量	50亿元以下数量
六安	16	477.88	0	3	13
安庆	15	416.66	0	2	13
宣城	15	292.73	0	1	14
滁州	13	588.04	2	2	9
合肥	12	777.67	2	3	7
阜阳	11	305.02	1	0	10
宿州	11	254.78	0	2	9
黄山	11	184.20	0	1	10
芜湖	8	714.01	3	1	4
马鞍山	8	483.20	2	0	6
淮南	7	237.12	0	2	5
亳州	7	52.03	0	2	5
蚌埠	6	126.78	0	1	5
池州	5	128.79	0	1	4
淮北	2	254.07	2	0	0
铜陵	2	12.27	0	0	2
合计	149	5305.25	12	21	116

资料来源：根据安徽省经济与信息化委员会（http://www.aheic.gov.cn）统计资料整理。

6.1.2 安徽省第四批专业镇试点情况

根据《关于组织开展产业集群专业镇认定工作的通知》要求，安徽省开展了第四批安徽省产业集群专业镇认定工作，认定庐江县泥河镇等40个乡镇为第四批安徽省产业集群专业镇，见表6－2。要求各市县政府要统筹推进产业集群专业镇建设，做到科学规划、突出主业、配套服务和优化环境，把专业镇建成创新创业高地，建成引商、引资、引智的重要平台，促进专业镇经济可持续发展。

表6－2　　第四批安徽省产业集群专业镇名单

市	乡镇	特色产业	市	乡镇	特色产业
合肥	庐江县泥河镇	食品加工	滁州	天长市仁和集镇	实验器材
	长丰县下塘镇	铝深加工		明光市涧溪镇	凹凸棒粘土深加工
淮北	杜集区朔里镇	矿山机械		凤阳县临淮关镇	粮油食品加工
	濉溪县百善镇	农副产品加工	六安	寿县众兴镇	羽毛羽绒及其制品
亳州	利辛县刘家集乡	机械加工产业		霍邱县长集镇	农产品精深加工
	涡阳县义门镇	中药材加工		霍山县黑石渡镇	石斛加工
宿州	埇桥区顺河乡	板材加工		裕安区独山镇	六安瓜片加工
	埇桥区曹村镇	机械加工	马鞍山	和县西埠镇	芝麻油加工
	萧县永堌镇	防腐化工		含山县清溪镇	绿色陶瓷
蚌埠	五河县头铺镇	纺织服装		花山区霍里镇	软件及服务外包
	固镇县连城镇	食品加工	铜陵	铜陵县顺安镇	中药材加工
	蚌山区燕山乡	电子信息	池州	贵池区梅村镇	霄坑茶叶加工
阜阳	界首市邴集乡	农产品加工		贵池区梅街镇	非金属矿及精深加工
	阜南县会龙镇	农产品加工		东至县大渡口镇	农副产品深加工
	太和县马集乡	毛发制品		石台县仁里镇	绿色食品加工
	太和县李兴镇	中药材加工	安庆	潜山县梅城镇	机械机电
	临泉县杨桥镇	植物油加工		怀宁县平山镇	农产品精深加工
	临泉县牛庄乡	脱水蔬菜加工		岳西县姚河乡	岳西翠兰加工
淮南	凤台县朱马店镇	食品加工	黄山	歙县北岸镇	黄山贡菊加工
滁州	天长市万寿镇	农机装备及配件		祁门县金字牌镇	祁门红茶加工

资料来源：根据安徽省经济与信息化委员会（http：//www.aheic.gov.cn）统计资料整理。

6.1.3　安徽省第五批专业镇试点情况

根据《关于组织申报第五批产业集群专业镇的通知》要求，安徽省组织开展了第五批安徽省产业集群专业镇认定工作，认定合肥市蜀山区南岗镇等24个乡镇为第五批安徽省产业集群专业镇，见表6－3。

表6－3　　第五批安徽省产业集群专业镇名单

市	乡镇	特色产业	市	乡镇	特色产业
合肥	蜀山区南岗镇	家电制造	滁州	全椒县十字镇	新型建材
	庐江县冶父山镇	新型建材	六安	霍山县太平畈乡	石斛加工
淮北	杜集区段园镇	装备制造		舒城县杭埠镇	电子产品制造
宿州	泗县泗城镇	纺织服装		金安区孙岗镇	汽车零配件
	埇桥区桃园镇	农副产品加工	芜湖	无为县无城镇	羽毛羽绒加工
蚌埠	怀远县榴城镇	农副产品加工	宣城	郎溪县十字镇	绿色食品
阜阳	颍州区王店镇	花卉苗木产业		泾县茂林镇	泵阀制造
淮南	毛集实验区毛集镇	农副产品加工	铜陵	枞阳县项铺镇	雨具
安庆	桐城市青草镇	安全健康防护用品	池州	贵池区棠溪镇	焦枣加工
	望江县鸦滩镇	童装及挑花产业		青阳县新河镇	流体设备制造
	太湖县北中镇	茶叶加工	黄山	屯溪区黎阳镇	徽文化传统旅游产品
广德	东亭乡	竹加工		休宁县商山镇	茶叶加工

资料来源：根据《关于公布第五批安徽省产业集群专业镇名单的通知》整理。

6.1.4　安徽省产业集群专业镇建设示范点

根据《关于组织推荐省级产业集群专业镇示范点的通知》要求，对照产业集聚度高、产业成长性好、产业创新力强、产业带动力强、公共服务好和发展环境好等六项标准，确定肥西县桃花镇等30个镇为安徽省产业集群专业镇建设示范点，通过《关于公布安徽省产业集群专业镇建设示范点名单的通知》公布，见表6－4。要求各产业集群专业镇建设示范点要主动适应经济社会发展新常态，树立标杆，更加注重规划引领，更加注重创新驱动发展，更加注重低碳绿色发展，更加注重发展配套经济，更加注重新兴产业培育，更加注重发挥龙头企业牵引作用，更加注重品牌建设，更加注重新型商业模式应用，更加注重服务体系建设，更加注重发挥企业家才能，加快培育融合新型工业化、城镇化、信息化和农业现代化的增长点、创新点和爆发点，为地方经济发展做出新的更大的贡献。

表6-4　安徽省产业集群专业镇建设示范点名单

市	镇	特色产业	市	镇	特色产业
合肥	肥西县桃花镇	家电制造	六安	叶集镇	木材家具加工
	肥东县撮镇镇	机械加工	马鞍山	博望区博望镇	机械制造
	长丰县岗集镇	汽车零部件		当涂县黄池镇	食品加工
	巢湖市槐林镇	渔网渔具	芜湖	无为县高沟镇	电线电缆
淮北	相山区渠沟镇	农副食品		繁昌县孙村镇	纺织服装
亳州	谯城区十八里镇	中药材种植加工	宣城	泾县丁家桥镇	宣纸生产加工
蚌埠	淮上区小蚌埠镇	机械加工		宁国市中溪镇	橡塑及汽车零部件
阜阳	阜南县黄岗镇	柳编工艺品	铜陵	铜陵县钟鸣镇	电子元器件
	界首市光武镇	再生塑料生产加工	池州	东至县香隅镇	精细化工
淮南	凤台县桂集镇	农产品加工	安庆	桐城市新渡镇	包装印刷
滁州	天长市秦栏镇	电子电器		潜山县源潭镇	制刷
	天长市铜城镇	仪器仪表、电线电缆		桐城市金神镇	机械加工
	天长市冶山镇	玩具		望江县华阳镇	纺织服装
	来安县汊河镇	轨道车辆配件	黄山	歙县徽城镇	电器机械及器材
六安	霍山县衡山镇	冶金铸造、包装制品		休宁县溪口镇	汽车零部件

资料来源：根据《关于公布安徽省产业集群专业镇建设示范点名单的通知》整理。

目前，安徽省产业集群专业镇以民营经济为主，发展速度不断加快，中小企业集聚程度不断提高，块状经济与特色经济鲜明，逐步形成了具有地域产业特色的专业化产业分布格局。如无为县高沟镇是“全国四大电缆产业基地”之一，芜湖县湾沚镇是“国家汽车零部件出口加工基地”，巢湖市槐林镇被誉为“中国渔网第一镇”。部分产业集群已形成较大的生产规模，其市场份额也能在国内位居前列，与国内其他地区产业集群相比，具备了一定的竞争优势，已在国内形成了较大的影响，见表6-5。

表6-5 安徽省部分产业集群专业镇发展情况

专业镇	特色产业	营业收入（亿元）	核心企业与社会影响
无为县高沟镇	电线电缆	311.66	华菱公司、华星公司。全国四大电缆产业基地之一，位列第二。产品出口中亚、南美、非洲等20多个国家和地区
肥西县桃花镇	家电制造	234.70	美的电器、格力电器。中国轻工业联合会和中国家用电器协会授予“中国家电产业基地”荣誉称号
界首市田营镇	再生铅冶炼	211.23	全国最大的再生铅回收加工集散地。华鑫集团再生铅项目已被纳入省“861”行动计划和阜阳市“6611”工程
天长市铜城镇	仪表仪器、电线电缆	220.00	天康集团、安徽蓝德集团股份有限公司、安徽徽宁电气仪表集团有限公司。规模以上仪表光电缆企业45家，其中超50亿元的企业集团3家，中国驰名商标5个、专利126项。从业人员32500人。安徽省新型工业化产业示范基地
相山区渠沟镇	食品	171.77	食品工业企业达55家，年工业总产值达120.2亿元，占全镇规模工业总产值的70.6%，带动就业人员2万人
天长县金集镇	汽车零配件	143.22	金集镇汽车配件产业园
当涂县太白镇	黑色金属冶炼压延及加工业	135.89	鑫龙特钢、龙山桥冶金、恒毅机械、长江精细硅粉、冶宇建材等。太白工业集中区完成企业总产值220.15亿元，规模工业总产值136.37亿元，外贸进出口总额530万美元
濉溪县濉溪镇	纺织服装	124.89	2014年全镇规模以上企业实现总产值81.7亿元，规模工业增加值达到19.7亿元

续表

专业镇	特色产业	营业收入（亿元）	核心企业与社会影响
天长市秦栏镇	电子	122.80	天长市嘉业电子有限公司、天长市黎明电子有限公司。出口市场涉及美国、日本、欧盟、中东、印度等100多个国家和地区。秦栏镇回扫变压器国际维修市场占有率80%以上，遥控器国际市场占有率50%以上
和县乌江镇	精细化工	119.07	安徽华星化工股份有限公司等。安徽省精细化工产业基地
芜湖县湾址镇	汽车零部件	118.52	芜湖禾田汽车零部件公司、芜湖县永裕汽车有限公司等。“国家汽车零部件出口加工基地”，产品批量出口20多个国家或地区
霍邱县叶集镇	木材家具加工	115.00	丽人木业、森美源家具等。“中国第四大人造板生产基地”
繁昌县孙村镇	纺织服装	110.72	安徽省泽乾服饰、繁昌县瑞丰服饰。“安徽服装第一镇”年产服装超过1亿件。出口日本、欧美、南非、澳大利亚等国家和地区
长丰县岗集镇	汽车零部件	107.79	集镇境内江淮汽车配件工业园区是合肥市政府批准、安徽江汽集团重要的汽车零部件配套工业园
博望区博望镇	机械制造	104.44	中德机床制造、华菱西厨装备集团。“中国剪板折机床第一镇”“中国刃模具第一镇”，产品出口欧美、中东、澳大利亚、东南亚、中南美及非洲等80多个国家和地区。有各类工业企业832家，其中规上工业企业98家、上市公司1家，从业人员逾3万人
广德县新杭镇	新型材料	100.52	有水泥类、新型墙体材料、陶瓷类、石材加工类、轻质碳酸钙、防水建材、建筑用岩棉、家居涂料、特钢等建材生产企业100多家
舒城县城关镇	羽绒、羽绒制品	99.30	华强羽绒、达胜羽绒、喜田家纺、琦绒羽绒等。有羽绒、羽毛、羽绒制品加工企业近百家，其中规模工业企业18家
霍山县衡山镇	铸造	95.30	中国县域产业经济集群竞争力100强、全国和全省铸造产业集群专业镇

续表

专业镇	特色产业	营业收入（亿元）	核心企业与社会影响
繁昌县荻港镇	建材	91.22	荻港镇新型建材工业园。有海螺水泥、南方水泥等主导企业
肥东县撮镇镇	机械、建材、农副产品	83.43	丰华集团、瑞宏铸造公司为龙头的机械加工；SK 集团、省路桥公司沥青拌和站、鹏巢水泥为代表建材；鸿汇食品、贵格食品、金正米业为龙头的农副产品加工。撮镇镇机械加工产业集群有机械加工制造企业 266 家，其中年销售收入超 10 亿元的企业 5 家、超亿元企业 48 家
瑶海区大兴镇	造纸及制品、建材（精细）	79.74	菱湖家具集团有限公司、金钟纸业、马钢嘉华混凝土、宝业混凝土等。有造纸、家具、化工、建材等企业 80 多家
田家庵区安成镇	玻璃器皿、玻璃模具、化工	72.34	有景峰玻璃、淮化集团、化三建等主导企业
桐城市新渡镇	塑料、包装印刷	71.71	安徽万通塑业有限公司、安徽顺彤包装材料有限公司。“安徽省印刷包装产业示范园区”。已形成以塑料包装、纸塑包装、金属包装为主体的包装印刷产业集群，主导产品全国市场占有率达 25% 以上
桐城市金神镇	机械	69.23	建华机械、欧特重工、华盛机械、安徽正同、安庆同博、盛运集团、丹凤集团等
祁门县祁山镇	电子电器	66.82	安徽省新型电子元器件高新技术产业基地
涡阳县高炉镇	白酒酿造	65.99	涡阳县高炉酿酒总厂、皖家酒业有限公司、安徽人家酒业、创新玻璃厂等
东至县香隅镇	精细化工	60.91	安徽华尔泰化工股份有限公司、安徽中山化工有限公司等。安徽东至经济开发区、安徽省新型化工“365”工程重点发展园区、安徽省新型化工基地等
居巢区槐林镇	渔网、渔具	58.54	巢湖亚塑网具制造有限公司、巢湖市华泰渔具有限公司等。“中国渔网第一镇”产品主要出口东南亚、欧洲、北美、非洲、俄罗斯等 60 个国家及地区

资料来源：根据安徽省经济与信息化委员会（http：//www. aheic. gov. cn）统计资料整理。

6.1.5 安徽省产业集群专业镇的类型

从产业发展的规律看，产业集群是以经济利益为枢纽的块状经济，是产业组织高级形态，有利于地方经济的规模化和经济效益的有效提升。产业集群作为区域经济快速发展的重要途径，作为产业组织的一种形式，其形成过程都有着一定内在机理。结合安徽省产业集群专业镇形成与发展的现实情况，可以将其归纳为五种类型：一是市场需求驱动型。市场需求力量发挥主导作用，例如天长的电子产业集群、桐城的制刷产业集群、繁昌孙村镇的服装纺织产业集群等。二是地方政府推动型。地方政府发挥了主导作用，多为经济开发区、高新区推动型产业集群，例如繁昌县荻港镇建材产业集群发展过程中，荻港镇新型建材工业园功不可没。三是龙头企业带动型。集群中大型主导企业发挥核心作用，例如芜湖县湾址镇汽车零部件集群发展过程中，奇瑞汽车公司的带动作用不可低估。四是营销人员带动型。营销人员带动了集群发展，例如无为高沟镇电缆产业集群有4000余人的专业销售队伍，达到集群就业人员的30%以上。不可复制的人员营销能力和营销网络，为集群发展提供了市场、信息和客户对产品的需求。五是自然资源导向型。依托当地特有的自然资源，就地取材发展产业集群，例如霍邱县叶集镇木材家具加工集群就是依托六安地区丰富的木材资源发展而成。

6.1.6 安徽省产业集群专业镇升级存在的问题

6.1.6.1 区域差距较大，专业镇发展不平衡

安徽省经济和信息化委员会《2016年安徽省产业集群专业镇发展报告》显示，从地区分布看，全省213个产业集群专业镇中，合肥市产业集群专业镇规模以上企业数最多，是542个。安庆市产业集群专业镇从业人员最多，是25.3万人。滁州市实现营业收入最多，是1103.5亿元；实现工业增加值最多，是301.2亿元；上缴税金最多，是52.06亿元；实现利润最多，是92.12亿元。

从单个专业镇来看，2016年，全省213个产业集群专业镇中，桐城市范岗镇企业数最多，是1455家。霍邱县叶集镇从业人员最多，是40000人。天

长市秦栏镇规模以上企业数最多，是195个。无为县高沟镇实现营业收入最多，是334.52亿元；实现利润最多，是34.25亿元。界首市田营镇实现增加值最多，是116.96亿元。天长市金集镇上缴税金最多，是27.37亿元。

6.1.6.2 产业集群发展处于成长阶段，发展水平低于发达地区

安徽省专业镇整体仍处于成长阶段，与广东、江苏、浙江、山东等发达地区相比差距不小。主要表现为产业聚集度不高、产业集群规模小、产业集群数量少。

2016年安徽省超200亿元以上的产业集群专业镇有4个，超100亿元以上的产业集群专业镇有22个，超50亿元以上的产业集群专业镇有47个，超10亿元以上的产业集群专业镇有135个。而浙江省超100亿元以上块状经济有72个，超10亿元以上块状经济达312个，块状经济占浙江省经济总量的50%左右。安徽省专业镇产业集群虽然不断发展，但形成百亿元规模的集群不到30个，绝大部分产业集群总体规模不大，对地方经济发展的贡献有待加强。

6.1.6.3 龙头企业规模普遍偏小，对集群带动和支撑能力偏弱

多数产业集群缺乏龙头骨干企业，中小企业缺少专精特色。产业集群龙头企业规模偏小，大品牌不多，具有核心专利的关键技术和拳头产品不多。大多数产业集群专业镇缺少营业收入亿元以上的龙头企业，营业收入达到5亿元以上的龙头企业凤毛麟角。龙头企业对产业集群专业镇的支撑作用不够，带动与示范作用更小。例如，机械制造产业集群专业镇博望镇，两大龙头企业，安徽华菱西厨与中德机床制造，2013年营业收入都不到2亿元，合计营业收入占集群营业收入的比重不到3%。

6.1.6.4 企业产品多集中GVC中低端，协作配套与自主创新能力不强

产业集群专业镇大多数以低工资的廉价劳动力和低价格的工业土地形成的比较优势嵌入全球价值链，在研究开发、产品创新、品牌推广、营销渠道等链节的升级能力较弱。产品规格与档次不高，处于全球价值链的中低端，同质化现象严重，近乎完全竞争市场。目标市场集中，集群内企业之间竞争激烈。具有核心知识产权的关键技术和拳头产品不多，产学研用的合作与关

联不够紧密。产业链条不长，产业链上下游协作互动不紧密，集群内部各个主体之间的有机联系尚未形成。产业关联程度较低，协作配套能力不强，集群内部企业竞争偏多而相互联系配合的较少。

在产业集群专业镇群内，中小企业居多，相当一部分企业的技术和装备水平不高，专新特精的企业不多，资本实力较弱，融资能力不强，自主创新能力有待提高。以高沟镇电缆产业集群为例，宏源特种电缆、华宇海洋工程电缆、华荣公司轨道交通电缆、复兴集团海洋电缆、华通集团超高导体材料等有一定的知名度，但是总体看来，集群内企业虽然有一定的科研投入，但企业科研机构与科技人员数量总体偏少，具有自主知识产权的企业不多。

6.1.6.5 社会化中介机构不完善，服务体系不健全

产业集群专业镇集群内部公共服务供给明显不足，专业性生产服务业发展滞后，基础配套设施发展不能满足集群升级的需求，制约了集群的发展。安徽省产业集群专业镇普遍缺少融资担保、共性技术研发、产品检测、营销策划等服务平台支持，现有中介机构服务能力和服务质量难以满足产业集群升级的需要。

6.1.6.6 区域国际品牌的培育明显不足，品牌国际影响力弱

安徽产业集群专业镇的发展尽管已取得了一些成绩，产品也拥有了一定的品牌效应，如桐城市新渡镇作为包装印刷产业集群专业镇，被誉为“中国包装印刷产业基地”；阜南县黄岗镇形成了以柳编为主体的产业集群专业镇，其柳编技艺为国家级“非物质文化遗产”，而且享有“地理标志保护产品认证”，黄岗镇也被称为“中国杞柳之乡”以及“中国柳编之都”，亦是农业部确定的“一村一品”示范镇。但是这些也仅仅是在安徽省内乃至国内享有知名度，区域国际品牌的培育明显不足，品牌的国际影响力弱；众多产品仅是大品牌的加工生产，获得只是加工环节的附加值。在实地调研中，走访不少专业镇企业发现这些企业都不同程度地认识到品牌建设的重要性，并有意识地打造属于自己的品牌，但是大多数的企业家仍表示，对于中小企业而言，培育有区域影响力甚至有国际影响力的品牌耗时过长，需要投入大量的人力资本、品牌建设费用和时间，只有少数的龙头企业才能承担这种费用，然而

安徽产业集群专业镇内龙头企业较少，这也导致了安徽产业集群专业镇的区域国际品牌培育不足，未能打造出具有国际影响力的大品牌。

6.2 GVC下安徽省产业集群专业镇升级的影响因素

6.2.1 GVC动力机制

我们把渠沟镇的食品、黄岗镇的柳编工艺品等以商业资本为动力根源，以贸易为主线，不断通过设计、市场营销等获取经济效益的安徽产业集群专业镇归为购买商驱动型的专业镇；把高沟电缆、博望机床刀模具制造等以产业资本为动力根源，注重生产能力、研发能力，以外商直接投资为主要形式，形成产业的垂直一体化并在GVC中不断进行工艺流程的升级、产品的更新换代的安徽产业集群专业镇归为生产者驱动类型的专业镇；鉴于家电制造产业的GVC动力机制既包括技术因素，也包括品牌、市场营销等因素，故把肥西桃花镇家电制造产业判定为混合驱动型专业镇。这里选取30个安徽产业集群专业镇示范点来进行GVC动力机制比较，具体分析见表6-6。

表6-6 安徽省产业集群专业镇示范点GVC动力机制比较

市	集聚地	特色产业	动力机制	价值链核心环节
合肥	肥西县桃花镇	家电制造	混合驱动	品牌、产品设计、核心元件研发
	肥东县撮镇镇	机械加工	生产者驱动	研发设计、模具、成套装备设计制造
	长丰县岗集镇	汽车零部件	生产者驱动	研发设计、模具、成套装备制造
	巢湖市槐林镇	渔网渔具	购买者驱动	品牌、营销渠道
淮北	相山区渠沟镇	农副食品	购买者驱动	品牌、营销渠道
亳州	谯城区十八里	中药材种植加工	购买者驱动	品牌、营销技巧
蚌埠	淮上区小蚌埠	机械加工	生产者驱动	研发设计、模具与成套装备设计制造
阜阳	阜南县黄岗镇	柳编工艺品	购买者驱动	品牌、研发设计、营销渠道
	界首市光武镇	再生塑料生产加工	生产者驱动	研发设计、材料研发

续表

市	集聚地	特色产业	动力机制	价值链核心环节
淮南	凤台县桂集镇	农产品加工	购买者驱动	品牌、营销渠道
滁州	天长市秦栏镇	电子电路	生产者驱动	产品设计、技术创新
	天长市铜城镇	仪器仪表、电线电缆	生产者驱动	材料与技术研发、装备设计制造
	天长市冶山镇	玩具	购买者驱动	研发设计、品牌、营销渠道
	来安县汊河镇	轨道车辆配件	生产者驱动	研发设计
六安	霍邱县叶集镇	木材家具加工	生产者驱动	成套家具设计、生产加工
	霍山县衡山镇	冶金铸造、包装制品	生产者驱动	研发设计、材料
马鞍山	博望区博望镇	机械制造	生产者驱动	研发设计、模具与成套装备设计制造
	当涂县黄池镇	食品加工	购买者驱动	品牌、营销渠道
芜湖	无为县高沟镇	电线电缆	生产者驱动	研发设计、成套装备设计制造
	繁昌县孙村镇	纺织服装	购买者驱动	研发设计、品牌推广、营销和面料
宣城	泾县丁家桥镇	宣纸生产加工	购买者驱动	品牌、核心技术研发
	宁国市中溪镇	橡胶及汽车零部件	生产者驱动	研发设计、模具与成套装备制造
铜陵	铜陵县钟鸣镇	电子元器件	生产者驱动	研发设计
池州	东至县香隅镇	精细化工	生产者驱动	研发设计
安庆	桐城市新渡镇	包装印刷	生产者驱动	设计设计、材料
	潜山县源潭镇	制刷	购买者驱动	品牌推广、营销渠道
	桐城市金神镇	机械加工	生产者驱动	研发设计、模具与成套装备设计制造
	望江县华阳镇	纺织服装	购买者驱动	研发设计、品牌、营销
黄山	歙县徽城镇	电器机械及器材	生产者驱动	研发设计、制造
	休宁县溪口镇	汽车零部件	生产者驱动	研发设计、模具、成套装备制造

资料来源：根据实地调研整理所得。

6.2.2 GVC 治理模式

市场型、模块型和关系型治理模式要求供应商具有较强的供应能力，而俘获型、层级型模式则对供应商能力的要求不高。俘获型治理模式下俘获企业与被俘获企业之间的空间转移能力与市场适应能力是非常不均衡的，而层级型主要指 GVC 主导企业的集群内部生产体系。安徽产业集群专业镇主要处于 GVC 分工中生产、加工等低端环节，大多数企业都是缺乏技术、资本等高级要素，仅具有低成本基础上的比较优势，对国外厂商依赖性大，有着较高的转换成本，因此目前看来，俘获型是安徽产业集群专业镇普遍存在的 GVC 治理模式。

产业集群的升级与其所嵌入的 GVC 治理模式有关，不同的 GVC 治理模式对产业集群升级产生着不同的影响，学术界普遍认为处于俘获型 GVC 的产业集群有助于实现工艺流程升级和产品升级，而是否有助于实现功能升级目前还未有定论。一种观点（Basan & Navas，2003）是，嵌入俘获型 GVC 有利于发展中国家或地区产业集群的工艺升级和产品升级，但不利于功能升级。并认为，在嵌入俘获型 GVC 中，产业集群的功能升级受到来自两方面的阻碍：一是实力强大的购买商。产品的技术研发、品牌、营销等非生产环节越来越成为 GVC 的核心环节，GVC 的治理者会运用制定产品技术标准、知识产权保护、专利等措施将 GVC 核心环节牢牢抓住，保持自身 GVC 竞争优势，阻碍 OEM 厂商向 OBM 厂商实现转变的功能升级。二是较高的资源要求。对于以劳动密集型产业为主的发展中国家而言，产业集群下功能升级的成功实现，不仅要投入大规模资金到产品研发、技术创新、品牌营销等领域，也需要集群自身能够承受较大的失败风险，这对于发展中国家的地方产业集群升级是不小的困难。另一种观点（Humphrey & Schmitz，2002）认为，一定条件下俘获型 GVC 下功能升级的可能性能够提高。

安徽产业集群专业镇多为俘获型 GVC 治理模式。这里重点研究俘获型 GVC 下安徽产业集群专业镇的升级问题，对于促进其实现功能升级，向 GVC 核心环节延伸，具有重要的现实意义。

以濉溪县濉溪镇纺织服装产业集群为例，2013 年营业收入达到 124.89 亿元，濉溪纺织服装产业集群主要以 OEM 方式嵌入 GVC，由于外国厂商出于产品质量保证而在资金、技术、管理上给濉溪以帮助，相对而言工艺升级与产品升级较为容易，升级速度较快。但是，进入功能升级阶段，由于集群内部中小企业较多、缺乏核心大企业，同时缺乏技术研发、品牌运营等核心能力的支撑，濉溪服装对国外大型厂商依赖性大，受制于大厂商的核心能力，GVC 下濉溪产业集群专业镇功能升级难度较大。

6.2.3 国际产业转移

2002年以来我国进入承接国际产业转移的高速增长期，安徽产业集群专业镇也在这一时期大规模承接国际产业转移以及东部沿海发达地区的国内产业转移。GVC下安徽产业集群专业镇大规模承接国际产业转移及国内产业转移，对作为承接地的专业镇产生了深刻影响，其影响有利有弊，可能推进专业镇的转型升级，提高专业镇整体实力，也可能带来GVC低端锁定等问题，阻碍专业镇转型升级。GVC下国际产业转移如何影响安徽产业集群专业镇的升级发展，本文从国际产业转移对专业镇的积极和消极两方面来说明。

6.2.3.1 国际产业转移对安徽产业集群专业镇的积极作用

（1）提升专业镇产业机构和技术能力，增强专业镇的竞争力。安徽产业集群专业镇通过承接国际及国内沿海地区产业转移，必然会引进先进的技术、充足的资本、完善的管理方法、高素质人才等先进生产要素。一方面，引进这些先进要素，专业镇可以通过学习效应、知识溢出效应等提升自身的技术水平、管理方法等，提高产品品质等。另一方面，资本、人才、技术、管理等生产要素的流动也会提高专业镇内部的生产效率与资源配置效率，促进产业结构优化升级，推进专业镇由劳动、资源密集型产业为主向资本、技术等密集型为主转变，增强整个专业镇的竞争力，推进GVC下安徽产业集群专业镇的升级发展。

（2）促进企业分工协作能力，提升专业镇自主创新能力。安徽产业集群专业镇通过承接国际、国内产业转移，大量的新企业进驻给专业镇原有的分工协作方式带来了巨大的冲击，也促进了专业镇内部新的、有助于提高生产效率的企业分工协作方式的产生，企业分工协作能力提高。同时，分工协作能力的提高带来了专业镇内部知识溢出效应，促进知识扩散与应用，带来专业镇自主创新能力的提高，有助于推进专业镇的升级发展。

（3）推进专业镇基础设施建设，进一步完善制度建设。安徽产业集群专业镇在承接国际产业转移、实现产业集群转型升级的过程中，政府在专业镇发展中必然会进行各项基础设施建设，为专业镇升级发展创造便利的条件和营造良好的硬件环境。而且承接国际产业转移过程中，专业镇的发展必然会受到过去不适宜的制度、规则等制约，这就要求专业镇进一步完善内部制度建设，专业镇升级发展的实现有赖于专业镇制度建设，承接国际产业转移会推进安徽产业集群专业镇不断做出选择，不断完善制度建设。

6.2.3.2 国际产业转移对安徽产业集群专业镇的消极作用

（1）致使专业镇产业长期处于 GVC 的低端锁定。国际产业转移背景下，安徽产业集群专业镇承接国际、国内东部沿海产业转移，虽然在一定程度上促进区域经济发展，但是，承接的产业以劳动密集型和资源密集型产业为主，多处于 GVC 的低端环节，使专业镇被定格在低端环节。而且专业镇政府在引进这些相对低端的产业过程中会投入大量的资金到基础设施建设、完善相关服务配套设施上，相对而言，就会投入较少的资金到产品研发与设计、品牌营销等方面，长此以往就会形成恶性循环，造成专业镇的技术水平、营销能力等长此处于 GVC 的低端，易陷入低端锁定的困境。

（2）制约专业镇的技术创新与进步。国际产业转移过程中，国外发达国家与地区以及国内沿海地区主要出于资源要素成本上升等原因将产业转移至欠发达国家与地区，转移的是以生产制造为主的 GVC 非核心环节产业，而 GVC 核心环节如技术研发、工艺流程等仍未转移。由于安徽产业集群专业镇原有产业处于 GVC 低端环节，依赖于模仿、引进国外先进技术，忽略专业镇企业自身的自主研发能力，缺乏对新技术、新工艺、新产品的追逐，弱化技术创新的重要性，制约了整个专业镇的技术创新与进步。

（3）带来环境污染问题，恶化专业镇生态环境。安徽产业集群专业镇在大规模承接国际产业过程中，可能会对当地生态环境产生较大的压力，恶化专业镇生态环境。其原因在于：一是大规模的承接产业转移，导致其产业规模超过专业镇的环境承载力，造成了环境污染问题；二是承接的产业主要是劳动力、资源密集型产业，粗放型增长方式，能源消耗大，易恶化生态环境。因而安徽产业集群专业镇在承接产业时必须有针对性地对产业结构进行选择以及提高产业进入门槛，否则会给专业镇带来严重的环境污染问题。

6.2.4 区位因素

在地区经济发展过程中，地理区位是一个十分重要的影响因素。产业集群在升级发展的时候，首要考虑的因素就是区位因素，而交通因素则是我们所考虑的所有区位因素中的重中之重，交通的便利与否直接关系着产业集群专业镇升级发展的成功与否，对集群升级发展起决定作用。另外，产业集群内区域经济的影响力或者说是产业集群经济发展辐射影响了周边多大的范围、能否覆盖周边地区也是另一个需要考虑的重要方面。

区位因素的分析可以从这两个方面进行说明。首先，从区位上来看，安徽省是个内陆省份，位于我国中部地区的核心地带，紧靠着长江，承东启西、连南贯北，坐落在淮河之滨，是中国最重要的运输枢纽。马鞍山、芜湖、安庆、铜陵等城市紧邻着长江沿岸，近年来凭借独特的区位优势、依靠货物运输这种物流产业迅速崛起并实现迅猛发展，其中安徽省的芜湖港、铜陵港、马鞍山港、池州港均被国家批准为可对外轮船开放港口。京沪、京九、宁西、宣杭铁路线均穿过这些城市，并拥有众多高速铁路干线如合肥至北京、合肥至武汉、合肥至南京等地，具备四通八达的省内外高速公路，共同构建了一个完善的立体交通体系。其次，从区域经济的影响力来看，安徽省毗邻长三角，位于长三角经济圈辐射范围内。发展之初安徽省凭借其丰富的劳动力资源、廉价的运营成本和得天独厚的区位优势大力承接长三角地区的制造业转移，同时也吸引了大批外国资本来此投资设厂，形成了具有一定规模的产业集群专业镇。现今安徽省更需要与长三角地区建立更高层次的合作平台，探索更广范围的合作途径，进一步引进长三角的资金、人才、先进技术、高端机器设备、管理方法、服务理念和营销手段等来支撑安徽产业集群专业镇转型升级，并逐步实现与长三角地区的先进技术、高端产业、现代服务的全面对接。安徽产业集群专业镇由于便利的交通条件、得天独厚的地理位置以及区域经济的辐射能力这些区位因素均为将来安徽产业集群专业镇的成功转型升级打下了坚实的基础。

6.2.5 硬环境与软环境

6.2.5.1 硬环境

硬环境对安徽产业集群专业镇发展的影响主要体现基础设施的完备程度和生产要素条件。

（1）基础设施。专业镇的发展离不开基础设施的建设，完备的基础设施能够使专业镇企业获得外部经济、规模经济等。基础设施大多具有公共物品的属性，主要由政府提供，为产业集群专业镇中的各个行为主体服务。这些基础设施能够为集群企业方便快捷地接触到外界的创新思想、先进技术和最新信息。经济性是企业在区域选择时首要考虑的。健全而完善的基础设施，能够使企业成本实现最大程度的降低，确保企业低成本运行。

（2）生产要素。劳动力因素对安徽产业集群专业镇的影响可以从劳动力使用成本和劳动力可获得性分析。当前安徽产业集群专业镇内部劳动力资源丰富、劳动人口众多，从而劳动力的使用成本比较低廉。大量劳动人口面临就业问题，专业镇可以实现就近就业，劳动力具有可获得性。专业镇具有的劳动力优势对企业有一定的吸引力。

资本可获得性与产业集群形成的可能性呈正相关性。即资本越容易获得，产业集群形成的可能性越大。产业集群的形成发展需要大规模的投资以及由此积累的资本，安徽省处于全国金融业最繁荣的长三角腹地，若能充分获取长三角地区丰富的资本就能对安徽产业集群专业镇的升级发展起促进作用。然而目前来看，由于专业镇企业资金来源途径单一且较少，造成了安徽产业集群专业镇企业在资金投入上普遍不足。大多数专业镇企业属于中小型企业，规模较小、银行贷款困难、资金来源匮乏。企业同行以及上下游企业之间缺乏在资金方面的合作，企业间信任不足、相互借款较少，这些限制了安徽产业集群专业镇的发展。

土地因素影响企业选址。昂贵的土地价格与企业成本密切相关。安徽省相对较低的土地价格有利于吸引大批企业集聚于此进行投资设厂，从而促进安徽产业集群专业镇的发展。

6.2.5.2 软环境

（1）企业主体作用。企业是产业集群专业镇内最重要的组成主体，在产业集群专业镇升级发展过程中扮演着重要的角色。能否充分发挥企业主体作用，关乎整个产业集群专业镇能否实现成功转型升级。根据复杂适应性理论，将企业对产业集群专业镇的影响归纳为两点。

第一，企业主体的自组织性与自适应性影响着产业集群专业镇的升级发展。对于产业集群专业镇而言，其进化与升级的基本动因来自企业主体自身的自组织性、自适应性。企业演进发展过程中的推动力和行为惯性都是基于追逐利益的最大化，这亦是产业集群专业镇转型升级的关键，整个专业镇升级的状况取决于专业镇内企业主体适应性的主动与否以及主动程度。虽然目前并没有衡量最适应性或最佳优化模式的统一标准，但是遵循刺激与反应模式是企业主体自适应性所必须要做的，同时根据所处市场环境变化能动地进行把握与抉择，相应改变企业自身的组织结构、管理模式、生产经营策略来应对变化，进而实现企业的不断发展，推动企业向更高层次分化，有助于整个产业集群的系统结构升级优化。在安徽产业集群专业镇的转型升级过程中，需要充分发挥企业主体的自组织性和自适应性，让其实现由低层次向高层次的层次结构和功能结构的提高，使产业集群专业镇朝着合理结构性方向发展。

第二，企业自身的动态性发展对产业集群专业镇发展也产生着重要作用。首先，企业主体唯有拥有动态性的发展才能不断地涌现出新的行为方式、新的组织方式等各种新的层次性，所以作为产业集群专业镇的主体企业，必须根据不断变化着的市场环境动态地调整自身生产经营过程中的策略与行为。其次，企业自身动态性发展也突出体现了创新的持续，在动态性的发展中，环境适应者获取了更多的变化，企业主体运用动态性的创新使企业的适应能力和生存能力在增强之后，随后又面临新的、更多的变化，这种相互交织的变化过程亦要求进行创新的持续。最后，在竞争日益加剧和市场需求越发多样化的环境下，创新和市场环境的需求处于动态的关系，企业主体动态性发展的关键就是增强自主创新能力。安徽产业集群专业镇要想在激烈的市场竞争中立足发展，专业镇企业尤其是龙头企业必须要更加积极地进行研发、利用新技术，以提高企业整体的市场竞争能力和经济效益。

（2）地方政府作用。安徽产业集群专业镇经济是安徽省县域经济的重要支柱，专业镇经济的发展水平直接影响到安徽省县域经济乃至全省经济发展的总体水平。在安徽产业集群专业镇升级发展的关键时期，政府对专业镇出具的相关政策以及提供的相关服务都会对专业镇顺利转型升级起着重要的推动作用，政府的这种推动作用主要体现在以下几方面。

第一，政府宏观调控作用。安徽省产业集群专业镇发展是一项经济活动，其发展必然需要依靠市场机制来进行调节，但经济学理论表明，市场机制调节会存在市场失灵的情况，这种情况下会对专业镇主导产业的健康成长造成不利影响，而且我国市场经济还不够成熟、市场机制不够健全。这就要求安徽省政府在专业镇发展过程中履行其引导经济发展的职责，适当运用政府宏观调控手段来解决市场失灵情况带来的问题，促进产业集群专业镇健康有序地发展。

第二，政府服务作用。产业集群专业镇主导产业的成长条件要求政府发挥其服务作用。GVC 下安徽产业集群专业镇主导产业的成长离不开很多方面的条件，如政策支持、市场需求、各种生产要素供给、相关配套产业等。专业镇政府只有通过提供相应的基础设施、公共服务、政策优惠等帮助产业集群专业镇企业满足其发展条件，方能更好地促进安徽产业集群专业镇升级发展。

（3）中介组织作用。中介服务组织不仅能够为专业镇各行为主体提供中介服务，而且能够加强专业镇各行为主体的沟通交流、促使其进行合作，增强专业镇组织内部稳定性，是提高产业集群专业镇竞争力的至关重要的因素之一。

目前来看，由于安徽省乃至我国各种要素市场与国外先进的要素市场相比，存在发展欠缺、发育极不成熟问题，经理人市场初步形成、但尚未发育成熟，社会中介评价机构（如律师事务所、资产信用评价机构、会计师事务所等中介组织）普遍数量较少，各行为主体对中介组织认识不足，现有中介组织的运行环境存在欠缺、不够完善等，都影响了安徽产业集群专业镇的运作效率。例如，各类金融机构的不足和民间风险投资机构的不完善共同导致安徽产业集群专业镇企业融资困难。中间商的缺乏降低了安徽产业集群专业镇的生产、销售效率。律师事务所和会计事务所的缺乏以及其水平较低的业务能力等都影响着安徽产业集群生产市场的正常秩序，一定程度上阻碍了产业集群专业镇的升级发展。

6.3　GVC 下安徽省产业集群专业镇升级的典型案例分析

通过检索发现，对产业集群专业镇研究的文献不计其数，但对安徽产业集群专业镇进行研究的文献较少，结合全球价值链视角对安徽产业集群专业镇进行研究的文献则更少。综观安徽省孙村镇产业集群专业镇、桃花镇产业集群专业镇和博望镇产业集群专业镇，历经多次冲击，包括在此次经济下行压力面前，仍然能够经受住考验，保持良好发展态势。究其原因，在于这些产业集群专业镇能够不断克服困难，持续转型升级并取得一定发展成效。本文结合全球价值链视角下地方产业集群的升级机理，对安徽产业集群专业镇升级案例进行实证研究，以期用理论指导实践，进而丰富集群升级理论，进一步完善全球价值链视角下产业集群专业镇的升级机理，努力找出 GVC 下我国（尤其是安徽）产业集群专业镇升级的对策，通过不断完善和拓展 GVC 下产业集群升级理论，从而达到更好为实践、为安徽省经济发展服务的目的。

6.3.1 全球价值链下孙村镇产业集群专业镇发展案例分析

6.3.1.1 全球价值链下孙村镇产业集群专业镇基本现状

（1）孙村镇产业集群专业镇的历史与现状。孙村镇位于安徽省芜湖市繁昌县，是一个纺织服装产业集群专业镇。1988 年，孙村镇成立了繁昌县针织服装厂，这是当时第一家专业性的以生产针织服装为主的工厂，其在当时外贸形势、纺织服装国际市场需求旺盛条件下获得了快速的发展。到了 2000 年左右，孙村镇众多老的服装企业发展面临困境，孙村镇才开始对其众多集体企业全面改制为股份制企业，股份制让众多老企业获得成长的动力，也让服装产业迅速地聚集了大量的民间资本，至此，孙村镇形成了以外贸为导向的纺织服装产业，各类服装企业发展势如破竹。

随着国家不断加大对民营企业的政策优惠以及鼓励、扶持民营企业发展，孙村镇经过 20 多年的发展，已基本形成了一条集研发、织造、印染、成衣加工、包装、运输等为一体的服装产业链。2015 年，孙村镇实现营业收入达 106.54 亿元，形成了以 36 家规模以上企业为龙头、200 多家服装及配套企业、主营业务各有侧重的差异化布局，其年产服装超过 1 亿件，被誉为“安徽省服装第一镇”，生产的服装出口日本、欧美、南非、澳大利亚等国家和地区。

（2）孙村镇产业集群专业镇在全球价值链的地位。孙村镇产业集群专业镇的特色产业是纺织服装产业，而纺织服装产业属于劳动密集型产业，行业进入壁垒较低，其全球价值链条主要由原材料供应（天然纤维、合成纤维）、技术研发、生产制造（织造、印染、整理）、市场营销四个部分组成。

全球纺织价值链具有片段化特点，即欧美日等发达国家凭借品牌、技术、资金优势等处于全球纺织价值链最高端，主要从事产品的研究开发和品牌营销，掌握着 GVC 附加值高端环节；中国、东南亚一些地区处于 GVC 末端，主要凭借其劳动力的比较优势从事最基础的成衣制造，占据的是附加值最低的部分。孙村镇的纺织服装产业集群可归类最基础的成衣制造、OEM 生产，在微笑曲线底部附近，从事生产加工环节，处于全球纺织价值链的低端。

6.3.1.2　全球价值链下孙村镇产业集群专业镇发展过程中存在的问题

与大多纺织服装产业集群一样，孙村镇作为纺织产业集群专业镇发展之初并没有自己的产品研发设计和品牌，采用的是以 OEM 贴牌生产的这种低风险嵌入方式嵌入 GVC，完全按照国外购买商的意愿和订单要求来进行生产制造，以此进行全球化业务。这种 OEM 贴牌生产可以实现集群企业的短期发展，但是从长期看，存在的弊端非常明显，主要表现在以下几点。

（1）利润空间逐步缩小。孙村镇在 2008 年东部沿海受金融危机影响资金紧缺、订单减少以及劳动力成本不断上涨的情况下，凭借其较低的土地成本、低廉的劳动力价格以及较为完善的纺织服装产业链吸引了不少新企业入驻此地，也吸引了大批国外厂商的订单。伴随着全球经济下行、人民币升值、劳动力成本增加，东南亚国家比我国纺织服装企业更具有劳动力的比较优势，孙村镇的订单受其影响也逐渐减少，利润降低，而且孙村镇所参与的是纺织服装产业链中附加值最低的贴牌生产环节，这种代工生产的利润不断被压缩，带来了利润空间的逐步缩小。

（2）主导企业实力有待加强。专业镇中的主导企业实力影响整个专业镇配套企业发展。若是创新型主导企业，它将会带动整个专业镇的创新氛围，推动整个专业镇创新意识的崛起、企业家阶层的成长和创新创业能力的提升。孙村镇纺织服装产业集群专业镇内部企业数目虽多，但都是中小企业为主，小企业居多，缺乏核心大企业，企业规模较小，专业镇内外来入驻企业居多，缺乏本土根植性，不利于培育和发展孙村镇自己的核心企业。

（3）缺少自主品牌。孙村镇纺织服装产业集群处于俘获型 GVC 治理模式，这决定了其工艺流程升级和产品升级速率较快，然而实现进一步功能升级时，困难较大，受到国外大厂商阻碍。俘获型 GVC 治理模式决定了孙村镇在发展自主设计或自主品牌时，一方面，需要巨大资本投入，但是小企业资金有限，根本无法顾及品牌建设，而大企业仅会专注自身利益所得无暇顾及培育自主品牌，就会阻碍孙村镇纺织服装集群升级；另一方面，创建品牌可能会触犯国外大型购买商的利益，与它们形成竞争关系，分割它们的市场份额，使其不悦直至取消订单，损害了孙村镇利益。目前孙村镇品牌建设实力偏弱，虽已逐步培育出区域品牌，但专业镇内仍缺乏具有核心竞争力的国内、国际品牌。

6.3.1.3 全球价值链下孙村镇产业集群专业镇升级发展的影响因素

（1）全球价值链动力机制对孙村镇升级发展的影响。纺织服装价值链的核心能力是设计、营销和品牌。欧美日等发达国家凭借技术、品牌、资金优势等处于全球纺织价值链最高端，主要从事产品的设计研发，掌握着 GVC 附加值最高的环节。孙村镇纺织服装产业集群专业镇是在商业资本推动下形成的，属于购买者驱动型 GVC，它以承接国际外包的方式参与 GVC，位于 GVC 的低端环节，从事的是最基本的成衣制造，完全根据买方要求和订单进行生产加工，涉及的是附加值低端部分，像研发设计、品牌营销等高附加值部分基本不涉及，孙村镇作为成衣制造商，获取的利润很低。在购买者驱动型价值链中，孙村镇要努力实现以高附加值环节嵌入 GVC，向价值链两端攀升，注重产品的研发与设计，品牌的建设与推广以及营销渠道的拓广与创新，只有这样才能实现孙村镇纺织服装产业升级发展。

（2）全球价值链治理模式对孙村镇升级发展的影响。孙村镇纺织服装产业集群是以 OEM 方式或间接出口方式嵌入 GVC，缺乏研发设计及市场营销能力，完全按照买方的订单要求进行生产，产品的设计、标准、规则等都受到购买商的严格控制，完全依赖于国外购买商，在 GVC 下处于“被俘获”的关系，是典型的俘获型 GVC 治理模式。这种俘获型 GVC 治理模式下，孙村镇在与国外购买商的合作中完全处于劣势地位，没有话语权，依赖于国外购买商，自身能力较低，其升级发展受到国外厂商制约，孙村镇必须在发展中改变这种关系，提高自身实力，以此推进专业镇升级，否则这种俘获型 GVC 治理模式将阻碍其进一步发展，孙村镇的利润空间也会进一步缩小。

（3）国际产业转移对孙村镇升级发展的影响。安徽省产业集群专业镇发展离不开国际产业转移，我国从 2002 年开始进入承接国际产业转移新阶段，这一时期大批国外产业落户中国东部沿海地区，经济也获得了高速增长。安徽产业集群专业镇也在这一阶段开始大规模承接国际产业转移以及沿海发达地区的国内产业转移，孙村镇也就在这一时期通过不断地承接国际产业转移与国内东部沿海地区的产业转移实现了快速的发展，集聚了大量企业在此投资设厂。纺织服装产业的集聚越来越多，由此催生了孙村镇产业集群专业镇的产生与发展。当然孙村镇从国际产业转移中得到了集群发展好处，但仍有弊端，孙村镇要想在这股国际产业转移的浪潮中激流勇进，必须要抓住机遇，迎接挑战，不断完善专业镇纺织服装产业链条，努力实现向 GVC 高端环节攀升。

（4）区位因素对孙村镇升级发展的影响。在产业集群升级发展过程中，地理区位是一个十分重要的也是首要考虑的因素。而交通因素则是所考虑的所有区位因素中的重中之重，交通的便利与否直接关系着产业集群专业镇升级发展的成功与否，对集群升级发展起决定作用。另外，产业集群内区域经济的影响力或者说是产业集群经济发展辐射影响了周边多大的范围、能否覆盖周边地区也是另一个需要考虑的重要方面。孙村镇位于皖江城市带中心城市芜湖市，紧靠长江，水运、陆运便利，交通运输条件好，且芜湖市经济发展位于安徽省经济前列，区域经济带动作用大。良好的区位因素促进了孙村镇纺织服装产业集群发展，孙村镇在升级过程中也应进一步完善专业镇内交通运输网，以便进一步促进专业镇内外交流。

（5）硬环境与软环境对孙村镇升级发展的影响。

第一，硬环境对孙村镇升级发展的影响。从基础设施方面来看，孙村镇政府不断投入大量资金进行城镇化建设，大力实施绿化工程、治污工程，不断美化环境，提高环境承载力和营造良好的外部环境。加快推进镇域内九连路、西环路、犁长路、龙华南路、孙荻路等主干道建设，完善镇域内交通运输网，加快基础设施建设，完善功能配套设施建设。孙村镇还专门委托中国建筑设计院为其进行集镇 10 平方公里城市设计和控制性详规的编制，确定了孙村镇“东衔南延、西北拓展”的发展方向，构建了“一心、三轴、三区、多组团”的城镇化建设布局。基础设施的不断完善和城镇化的不断推进，促进了孙村镇纺织服装产业集群的升级发展。

从生产要素方面来看，当地大量的劳动力外出打工，这造成了当地劳动力短缺。并且随着物价水平上涨带来当地工资水平的上涨，劳动力成本增加。国家对土地的宏观调控带来地价上涨等一定程度上阻碍了专业镇升级发展，但是，芜湖作为皖江城市带的重要城市，在承接产业转移过程中具有利用外资的各种资金优势也对集群升级起到了推动作用。

第二，软环境对孙村镇升级发展的影响。首先，本地政府角度来看，孙村镇政府积极牵头搭建网络交易平台，探索“互联网＋”模式，创建了繁昌孙村服装基地网络平台，大力发展电子商务，专注于阿里巴巴等联网方式的孙村镇服装批发与零售。孙村镇政府也积极引导更多的专业镇企业线上线下齐头并进发展纺织服装产业，鼓励企业开设淘宝体验店和天猫旗舰店，拓宽服装销售渠道，在实体经营基础上大力发展电子商务。政府围绕孙村镇服装业发展，出台了相关的优惠政策，扶持中小企业发展，为其解决融资难问题，协助企业实施“走出去”战略，提高企业品牌知名度。不断整合企业资源，促进其引进高素质人才与先进技术，推进企业的强强联合和兼并重组，打造具有行业领导力的龙头企业。

其次，中介组织作为专业镇内中小企业发展的重要商会，其所起的作用还是非常有限的。专业镇内缺少联系各类中小企业的行业协会，中介组织的桥梁作用还未发挥。在其进一步升级过程中，需要充分发挥商会、行业协会等中介组织的作用，给企业提供一个合作交流的平台，唯有这样才能实现孙村镇的升级发展。

最后，企业对孙村镇产业集群升级发展起到了核心推进作用。当前专业镇内企业开始重视引进高技术人才和先进设备，注重技术创新，努力提升生产工艺，完善生产设备，越来越注重生产、管理的规范化，不断培育自主知识产权和自主核心技术，提高核心竞争力。同时探索“互联网＋”模式，大力推进纺织服装业线上线下共同发展，提高企业整体实力，这种变化将有助于推进孙村镇的升级发展。

6.3.1.4 全球价值链下孙村镇产业集群专业镇升级路径研究

必须改变孙村镇 OEM（贴牌生产）这个“国际代工”的生产方式，改变专业镇企业多为 OEM 厂商这种现状，依托自身优势，突破 GVC 低端环节，实现孙村镇纺织服装产业集群由 OEM 向 ODM（原创设计生产）和 OBM（自有品牌生产）的生产方式转变。孙村镇纺织产业集群属于典型的购买者驱动型 GVC，纺织服装产业链按其重要性大小依次是品牌度、设计水平、制造工艺水平，但是孙村纺织产业集群专业镇应该按照先易后难的升级路径进行升级，即工艺升级—产品升级—功能升级—链条升级。

（1）工艺升级。孙村纺织服装产业集群专业镇可以设立专门技术学院，培育具有纺织技术的专门人才，改进生产工艺，提高纺织技术水平，同时还需加大对新产品研发，不断推出新面料、新材料，实现纺织材料的高级化。还可以引进国外先进纺织服装技术与生产设备，对生产设备进行更新换代，加大研发创新，促使生产效率获得大幅提升。孙村镇企业在服装产业研发中可以学习日本先进经验，注重技术引进与运用，实现孙村镇产业集群的工艺升级。

（2）产品升级。孙村镇作为纺织服装专业镇，形成了以出口为导向的产业链条，产品大规模出口至欧洲、美洲等地，但是企业普遍利润率较低，究其原因在于其主要是 OEM 方式进行生产，处于 GVC 低端环节，产品附加值低，主要是以低成本产品占据国际市场。孙村镇进行产品升级需要注重提升产品品质，可以从最简单的 T 恤生产升级到样式复杂的各类礼服、西装产品，进行专业化产品生产，培育附加值高的新产品，推出款式新颖、质量上乘、工艺先进的新产品，发展适合国外市场需求的高品质产品以此占领国际市场。

（3）功能升级。当孙村镇纺织服装产业完成了工艺流程和产品升级就需要进行功能升级，这一过程所需时间较长、困难也较大。孙村镇内要想实现功能升级，必须不断进行学习各类先进技术、引进先进生产要素，不断地积累资金、技术、创新能力等，唯有产品品质上去了以及企业具备了较强的研发、营销能力，才能实现向 GVC 高端攀升，才能成功实现功能升级。同时，孙村镇在功能升级过程中，需要加强自主品牌建设，培育、打造国际品牌，实施品牌“走出去”战略，创新营销渠道和高端技术等，提高产品附加值，在国际分工过程中获取有利地位，突破微笑曲线的低端。孙村镇功能升级能否成功的关键在于专业镇是否具备充分的产品研发能力，能否打造出自主品牌并推向国际市场，以及能否实现向 GVC 高端攀升。目前来看，功能升级对于孙村镇而言，具有较大的挑战。

（4）链条升级。链条升级是整个产业集群升级的最后一步，也是最困难的一个阶段。当孙村镇完成了纺织服装产业集群的功能升级后，在具备整合国内外各项生产要素能力时，可以通过资源的优化配置实现利润最大化，将一种链条的各种能力转移到新的链条上，进行链条升级，领导和控制全球价值链。当然，这种链条升级相较于工艺流程和产品升级而言，难度大大提高，这不是对企业人力、物力、财力以及供应链条的简单整合，链条升级对它们提出了更高的要求，亦面临着巨大的市场风险，升级过程中必将困难重重，但这种 GVC 下链条升级也是孙村镇未来升级发展的最终目标，是大势所趋。

6.3.2 全球价值链下桃花镇产业集群专业镇发展案例分析

6.3.2.1 全球价值链下桃花镇产业集群专业镇基本现状

（1）桃花镇产业集群专业镇的历史与现状。作为安徽省重要的家电产业集群专业镇，桃花镇积极引导以家电产业为主导的企业进行自主创新，同时不断加强调度与跟踪服务，着力打造安全、节能、环保和智能化家电产业，努力培育家电品牌，实现家电主导产业健康有序发展。目前桃花镇已形成了以家电为主导的产业集聚现象，发展态势良好。2014 年已实现镇域内规模以上企业总数共计 86 家，新增 6 家规模以上工业企业，其中家电企业达到 47 家，实现家电规模以上企业年产值达 199.75 亿元，占规模以上企业总产值 58.15%。[①] 2015 年，桃花镇实现营业收入达 234.70 亿元，支撑作用明显，发展势头良好。[②] 桃花镇内部组织结构主要是以大企业为核心，众多中小企业为其提供配套服务，并进行长期合作，目前主要核心家电生产企业有美的电器、格力电器，包括 TCL、长虹、美菱、合肥海尔、华凌等大型家电企业，主要生产冰箱、空调、彩电整机产品，并以此为基础引进冰箱、空调“两器”、空压机、家电用彩色钢板等配套项目。桃花镇在从家电配套到整机生产，从贴牌到自主创牌的过程中，已逐渐拥有了一条完整的家电上游产业链，形成了特色鲜明的桃花家电制造产业集群专业镇。

（2）桃花镇产业集群专业镇在全球价值链的地位。20 世纪七八十年代，随着家电制造环节的利润逐渐下降，欧美本土家电企业大都退出该环节，并将其以 OEM 方式或品牌租赁方式将其转向给中国、东南亚等地区进行家电产品定制。中国凭借其优越的地理位置、廉价的劳动力、较低的土地成本成为世界最大的家电制造基地。但由于国内家电企业长期处于“价格战”，产

① 周沿线，董世一．超高对接主城区　争创全省第一镇［N］．合肥日报，2015－10－16.

② 安徽省经济和信息化委员会．2016 年安徽省产业集群专业镇发展报告［EB/OL］．http：//www.aheic.gov.cn/info_ view.jsp？strId＝14939432670866763，2017－05－05.

品核心竞争力匮乏，仍处于家电业全球价值链的低端环节，获取的附加值较低，企业普遍走的是低成本增长路线，利润率偏低。家电产业全球价值链设计的环节较多，桃花家电产业集群专业镇嵌入 GVC 的家电企业仍面临着如何在 GVC 下实现从低附加值环节向高附加值环节转移、突破低端锁定等问题。

总的来说，GVC 下家电产业价值链的家电企业主要有美系、欧系、日系和韩系。目前美、欧、日系家电企业通过设定严格的技术标准、研发专利与品牌等技术壁垒，掌握着家电产业的关键技术储备和核心技术等，牢牢抓住家电产业价值链的高端环节。韩系家电企业则牢牢掌握了家电产业的高端产品与核心零部件的生产，也处于家电产业价值链的高端。中国家电企业，包括桃花镇家电产业，缺乏必要的技术支持，家电产业竞争力水平低下，仅占据附加值较低的制造领域，仅依赖于长期的“价格战”来维持竞争力，这让本来就狭窄的家电业利润空间更狭窄，更加无力推进家电产业的研发投入与技术创新，使家电产业集群陷入“路径锁定”，长期处于家电产业全球价值链的低端，难以实现从价值链的低附加值环节向高附加值环节攀升。

6.3.2.2 全球价值链下桃花镇产业集群专业镇发展存在的问题

桃花镇作为家电产业集群专业镇，其发展有目共睹。GVC 下桃花镇家电产业主要生产模式是生产制造、加工为主，通过劳动分工，实现产业链条纵向分解以此提高产业集群专业镇的竞争力，但是简单的生产加工模式难以维系其进一步的升级发展，主要存在以下几个问题。

（1）处于全球价值链低端。桃花镇是家电制造的特色产业集群专业镇，其家电制造业主要以 OEM 嵌入全球价值链，虽然大量的生产加工助推了桃花镇经济的发展，但 OEM 企业这种以家电生产制造、贴牌生产为主的生产模式，产品的附加值较低，处于 GVC 低端环节。随着日益激烈的国际化竞争以及复杂的内外部环境变化，桃花镇长期被俘获在 GVC 低端，转型升级面临困境，发展遭遇瓶颈。

（2）利润空间较小。企业技术水平的高低与品牌知名度的大小直接决定了其在 GVC 下获取利润水平的高低。桃花镇是以家电制造为特色的产业集群专业镇，而桃花镇家电制造是以 OEM 模式为主，处于 GVC 最低端环节，这一环节大部分的 OEM 都是劳动密集型，生产附加值低，竞争异常激烈。全国来说，宁波、佛山、青岛的家电产业发展前景较好，拥有较高的市场占有率，桃花镇相较这些地区家电产业并不具有优势。而且桃花镇家电制造企业由于长期依赖于缩减生产成本、降低产品价格来维系生存，缺乏较强的新产品研发能力，自主创新能力较低，自主核心技术和自主知识产权匮乏，品牌意识薄弱，高额的利润被拥有核心技术的企业所掌握，自身所拥有的利润空间较小。

（3）要素优势丧失。桃花镇作为一个建制镇，家电产业发展的主要竞争优势来源主要有低廉的劳动力价格、较低的土地成本和丰富的资源。然而近年来，随着新《劳动合同法》的实施，工人工资上涨，物价的普遍上涨带来原材料价格上涨以及土地成本的提高，桃花镇家电产业集群的要素优势逐渐丧失。

（4）企业众多且散乱，整理竞争力不强。桃花镇家电产业集群是专业镇的支柱产业，为桃花产业集群专业镇创造了较高的工业产值和财政收入。全镇规模以上工业产值由 2011 年的 16 亿元增长到 2016 年的 41 亿元，财政收入由 2011 年的 4. 8 亿元增长到 10. 1 亿元。[①] 然而专业镇中多为中小企业，龙头企业并不多，主要以美的、格力为龙头家电产业，合肥本地品牌美菱、荣事达与众多家电企业共同发展，专业镇企业发展缺乏统一管理，中小企业众多且较分散，龙头企业带动作用明显不足，专业镇整体竞争力较弱。

6. 3. 2. 3　全球价值链下桃花镇产业集群专业镇升级发展的影响因素

（1）全球价值链动力机制对桃花镇升级发展的影响。混合驱动的 GVC 动力根源既有产业资本又有商业资本，核心能力既包含技术开发、研究设计能力，又包含品牌、营销能力。桃花镇产业集群专业镇的家电制造业发展既有技术因素也有品牌、市场营销的因素，因此可判定为混合驱动型的 GVC 动力机制。桃花镇家电产业集群是以低廉的劳动力成本和较低的土地价格嵌入 GVC，大量承接外商直接投资，使大量的资本流向生产环节，大大改善了生产环节。桃花镇隶属合肥市。合肥市作为 21 个服务外包示范城市之一，大量

---

① 桃花镇. 今日桃花别样红——快速发展的安徽肥西县桃花镇经济社会［J］. 党史纵览，2017（12）：58.

承接以贴牌生产或代工生产为主的服务外包，使用国外大厂商的品牌和营销策略，专业镇普遍存在生产设计、技术研发、市场运营和品牌营销方面能力不足等问题。

混合驱动型 GVC 下，桃花镇家电产业集群专业镇如何升级发展，必须根据自身所处 GVC 动力机制、实际情况以及家电产业的市场竞争规则来具体应对。桃花镇应注重培育自己的大企业，如壮大荣事达、美菱等企业，鼓励企业进行原始创新和技术研发。此外，随着家电产业发展，家电产业价值链上关键、核心技术的竞争优势会随着家电行业的技术和知识的不断扩散而减弱，家电品牌和营销的重要性会不断上升，因而桃花镇有必要加强品牌建设，培育自主品牌，同时加大市场营销策略研究以及营销渠道的创新，审时度势，促进桃花镇家电产业集群的升级发展。

（2）全球价值链治理模式对桃花镇升级发展的影响。桃花镇家电产业集群专业镇虽说有些企业的技术研发能力还是可以的，但仅是个别，专业镇内多为中小企业，竞争实力普遍较弱，内部缺少具有行业领导力的龙头企业。专业镇内产品同质化现象严重，产品规格不高，缺少差异性，目标市场驱动，只是简单根据购买商的订单和要求进行生产。专业镇企业是以低成本优势嵌入 GVC，国际分工中处于 GVC 的生产、制造和加工环节，由于转换国际采购商成本较高，专业镇企业对国际采购商具有较强的依赖性，在 GVC 中处于被俘获的关系，因此桃花镇家电产业集群专业镇属于俘获型的 GVC 治理模式。处于俘获型治理模式下，桃花镇家电产业集群专业镇实现升级，必须在研究开发、营销品牌等方面有所突破，但这一过程不仅会受到俘获型大企业的阻挠，而且需承担进行大量投入后仍存在的极高的失败风险。这对于属于劳动密集型的桃花镇家电产业集群来说，有着极大的挑战。

（3）国际产业转移对桃花镇升级发展的影响。桃花镇家电产业集群更多的是通过承接产业转移形成的，在桃花镇家电产业集群专业镇内部，只有美菱和荣事达两家本土企业，而像格力、长虹、美的、海尔、华凌等更多的企业则是通过产业转移的形式在桃花镇投资设厂。众多企业选择落户桃花镇，看中的是其属于省会合肥所拥有的地理位置优势、基础设施优势、交通条件、人才优势和环境优势。不可否认，桃花镇通过大量承接国内外产业转移，集聚了大量家电企业，壮大了桃花镇家电产业，使其发展成为安徽省唯一的家电产业集群专业镇，促进了桃花镇经济实力的增加，但是一定程度上也给环境带来不小的压力。

（4）区位因素对桃花镇升级发展的影响。桃花镇位于合肥市肥西县东部，位于合肥市与肥西县上派镇之间，北倚大蜀山，毗邻着合肥大学城和合肥政务文化新区，在合肥高新技术产业开发区与合肥经济技术开发区之间，合肥经济发展水平较高，在安徽省位于前列，桃花镇深受区域经济辐射带动作用。与此同时，合九铁路穿过桃花镇乡境西部，312 国道横越桃花镇北部，桃花镇中部被合安公路斜穿过去，交通运输网便捷高效，交通运输条件良好，物流运输方便等都促进了桃花镇家电制造产业集群的升级发展。

（5）硬环境与软环境对桃花镇升级发展的影响。

第一，硬环境对桃花镇升级发展的影响。从基础设施方面来看，桃花镇当地政府投入了大量的资金到修路、给排水、通信设施建设、污水整治、燃气管道建设等公共设施上，使专业镇内基础设施不断完善，加之地处合肥市的主干道，交通较为便利，镇域内交通也比较便捷。然而由于专业镇内部水力、电力、网络的有限供应能力无法支撑专业镇进一步升级发展，所以还需政府进一步完善基础设施建设。基础设施的完备与否很大程度上决定了专业镇的升级发展水平高低，在桃花镇转型升级过程中必须重视专业镇内基础设施建设，为招商引资提供完备的硬件设施，创造良好的外部环境。

从生产要素方面来看，其一，合肥地区工资水平较东部沿海发达地区低，当地大量的劳动力外出打工，这造成了桃花镇当地劳动力短缺，并且随着物价水平上涨带来当地工资水平的上涨，劳动力成本增加，专业镇发展的劳动力优势在丧失。其二，近年来随着国家加强了对土地的宏观调控，土地价格不断上涨，专业镇发展的用地成本不断增加，不利于桃花镇家电产业升级发展。其三，桃花镇充分抓住承接产业转移这个机遇不断利用外来资本，对专业镇升级发展起着促进作用。

第二，软环境对桃花镇升级发展的影响。首先，桃花镇家电产业集群专业镇实现升级发展，离不开本地政府的支持与引导。在资本积累方面，桃花镇政府在企业原始资本积累初期，通过为企业向银行贷款的方式使家电制造业获得了迅速发展。在产品研发方面，桃花镇政府借助地处合肥市的优势，大力增加科技投入，创建职业技术学院、家电研究院等公共创新平台，不断增强专业镇企业创新意识，提高创新能力。在营销方面，桃花镇政府也力图为家电企业创建一个交流与合作的平台，不断进行营销渠道创新，充分发挥政府引导专业镇发展的作用。

其次，中介组织是产业集群发展的重要商业组织，但桃花镇家电产业集群发展过程中，中介组织所起的作用还是很微弱的。像意大利等发达国家的产业集群都是由一群组织协调能力强、专业化分工合作的中介组织和中小企业组成的有机整体，而桃花镇显然缺少这种高效的地域有机体，其发展过程中需要建立一支高素质、高效率的中介组织队伍。

最后，企业是产业集群专业镇发展的核心力量，是专业镇主体，但桃花镇内企业普遍缺乏创新意识，创新能力不足，产品研发投入较少，家电产业发展缺乏核心和关键技术支撑，桃花镇在升级发展过程中要着重培育企业创新能力，否则企业创新能力的不足将会对其升级发展起阻碍作用。

6.3.2.4　全球价值链下桃花镇产业集群专业镇升级路径研究

根据桃花镇家电产业集群嵌入 GVC 后的发展现状、在全球价值链中地位及影响因素分析，得出桃花镇家电产业集群专业镇属于混合驱动型价值链，所以实现桃花镇家电产业集群在家电产业全球价值链中的升级路径可以遵循 OEA→OEM→ODM→OBM 的顺序。

（1）进行工艺流程升级、产品升级。工艺流程升级和产品升级对桃花镇家电产业集群来说难度较小，相对而言升级成功的可能性更大。桃花镇可以通过加大对生产设备的更新、进一步扩大对人力资源的投资、完善企业内部的组织安排、改善经营管理模式等方面来实现家电产品质量提升和新产品研发种类的增加。在贴牌生产的家电中，桃花镇企业要主动向国外厂商学习如何提高产品品质、优化生产流程、完善生产链条以及提高生产连续性等知识。通过推进工艺流程升级和产品升级，改进桃花镇家电产业的生产工艺，提高企业生产效率，降低生产成本，并研发更多的新产品，拥有属于专业镇的自有品牌，创新营销渠道，将之推向市场，促进桃花镇家电产业升级发展，增强其核心竞争力和国际化水平。

（2）选择功能升级与链条升级。集群在完成了工艺流程升级和产品升级后，需要努力完成由生产环节向研发环节和品牌营销环节的功能升级，以及链条升级的转变。但是实现功能升级和链条升级的难度相当大，所需时间也非常长，只有集群已实现工艺流程升级、产品升级后并经过长期发展巩固才能达到。

从桃花镇家电产业集群的现实情况分析，家电企业主要是以 OEM 和 ODM 为主，主要集中于 GVC 的生产环节，企业难以掌握核心技术，研发能力较弱，整体技术实力不足，而且缺乏品牌支撑，没有自主知识产权与专利，很难实现向研发环节的升级，桃花镇必须加大研发投入、注重品牌建设，否则相当长时间内难以实现向销售、服务环节攀升，更不可能实现功能升级。链条升级则是最高层次的产业集群升级方式，它是指由一条产业链条转换到另一条产业链条的升级，这不是简单地改变价值链的形式，而是要求产业集群必须创造出新的产品市场，或者在技术层面上实现质的飞跃。从实际情况来看，桃花镇家电产业在资金、技术、人才、营销、市场等方面实力都落后发达国家家电产业，短期内链条升级难度非常大，难以实现。

综上所述，桃花镇家电产业集群嵌入全球价值链后，一方面，要加强生产工艺创新，改进新产品设计，增加产品品种，提高产品质量，早日实现工艺流程升级和产品升级，为进一步升级打下坚实基础；另一方面，在实现工艺流程、产品升级后，努力储备人才、积累资本、改进技术、提升品牌、提高市场占有率，加强研究开发、营销品牌和核心技术提升，逐步向功能升级和链条升级发展，避免出现 GVC 的“低端锁定”，滞留在 GVC 生产环节，获取较低的产品附加值。

6.3.3 全球价值链下博望镇产业集群专业镇发展案例分析

6.3.3.1 全球价值链下博望镇产业集群专业镇基本现状

（1）博望镇产业集群专业镇的历史与现状。博望镇历史悠久，素有“刃具之乡”美称，刀剪生产的历史最早可追溯到明朝万历年间。博望铁业早在清乾隆年间就已享有盛名，有“芜湖的剪子，博望的刀”之说。在 20 世纪 70 年代，为解决生产设备问题，博望镇一些简易的机械配件厂应运而生，而其机床产业的发展最初源于 20 世纪 90 年代初，当时博望的企业家发现当液压摆式剪板机和机械液压板料折弯机在应用了金属板料加工成型后，市场需求量就大幅提升，因而开始大规模地开发利用。

经历 20 多年发展，博望镇机械制造企业数量日渐增多，经济规模不断扩大，企业间竞争与合作共存，机床产业发展迅速，已形成了日渐鲜明的产业特色以及良好的发展集群态势，显示出独具特色的“博望制造”现象，一跃成为中国剪折机床第一镇，也被安徽省政府认定为“产业集群专业镇”。博望镇机械制造产业发展势头强劲，产业特色明显，产品约占国内市场份额的1/5，更是远销亚洲、非洲、欧洲、美洲等几十个国家和地区。2016年，博望镇固定资产投资218亿元，实现规模以上工业增加值35亿元，招商引资实际利用内资72亿元，外资6619万美元，经济社会继续保持平稳较快发展的良好态势。①

（2）博望镇产业集群专业镇在全球价值链中的地位。博望镇作为机械制造产业集群专业镇，博望机械制造业属于重工业范畴，重工业的发展立足于资本、技术的投入，在国际分工过程中像研发设计、品牌建设等核心环节被突出，而生产、组装、物流等非核心环节则被剥离出去，伴随着国际产业转移过程转移到发展中国家，而博望镇机械制造产业集群主要承担的是生产、组装、物流等附加值低的环节，处于全球价值链低端。

博望镇机械制造业企业大部分属于中小企业，龙头企业数量少，企业规模较小，技术创新能力偏低，融资能力低，缺乏核心技术和自主知识产权等这些都无法与跨国公司相抗衡。这类机械制造业企业只有通过依靠跨国公司的生产、营销体系融入GVC，以代工生产的方式为其提供个性化产品，凭借其营销体系来开拓市场，从而博望镇机械制造业处于俘获型的GVC治理模式，与跨国公司形成了不对等的、附属的俘获与被俘获的关系。

6.3.3.2 全球价值链下博望镇产业集群专业镇发展过程中存在问题

（1）集中于GVC低端环节，缺乏名牌产品。机械制造、机床等作为一种技术密集型产业，市场按照技术含量的高低被分割得非常明显，产品同质化现象在不同层面上也表现出不一样。中低端产品市场，产品竞争比较激烈，产品同质化情况严重。在高端市场，部分厂家或机构具有绝对的垄断性，它们掌握着技术，产品的同质化现象较少发生。博望镇机械制造产业集群专业镇企业产品多为传统机床和普通数控机床，其产品研发水平、品质、设计精度及性能等方面均要落后国外先进水平5~10年。这些产品处于GVC低端环节，价格低，产品档次不高，获取的附加值较低。且博望产业集群专业镇中

① 博望区发展改革和经济信息化委员会．关于博望区2016年国民经济和社会发展计划执行情况及2017年国民经济和社会发展计划草案的报告．

要加强技术创新，提高产品的科技含量和附加值，培育自主核心能力。

（3）国际产业转移对博望镇升级发展的影响。博望镇的机械制造产业集群主要是由传统产业升级而形成的产业集群，其发展最早源于明清时期的剪刀、菜刀生产，而后借助民营经济发展形成了如今的机械制造业。在国际产业转移背景下，国内产业转移也如火如荼地进行，博望镇是皖江城市带承接产业转移示范区的重镇之一，正在吸引国内外厂商来此进行投资设厂。国际产业转移对博望机械制造产业集群专业镇的升级发展带来的既是机遇又是挑战，博望镇承接的产业是以劳动密集型产业和高污染、高耗能产业为主，处于 GVC 的低端环节，产品附加值较低，易陷入价值链的低端锁定，而且也会给当地生态环境带来较大的压力，这些都阻碍了博望镇的转型升级。

（4）区位因素对博望镇升级发展的影响。博望镇位于马鞍山市最东端，地缘优势明显，位于长三角经济圈辐射范围内，地处南京一小时都市圈、马芜铜经济圈内，与 3 区 1 县（南京市江宁区、溧水区、高淳区、马鞍山市当涂县）接壤，受区域经济辐射带动作用大，经济发展的外部环境良好。加之有着四通八达的公路、便利的交通运输网络，这些都对博望产业集群专业镇的升级发展起着推进作用。

（5）硬环境与软环境对博望镇升级发展的影响。

第一，硬环境对博望镇升级发展的影响。从基础设施方面来看，首先，博望镇地处马鞍山市的边缘地区，尽管有着便利的主干道，但是镇内仍有许多羊肠小道，交通条件较差。随着经济的发展，当地政府也投入了大量的资金在修路、给排水、通信设施建设、污水整治、燃气管道建设等公共设施上，但是专业镇内基础设施仍然不够完善。其次，随着工业的不断发展，对水、电、网的要求越来越高，目前专业镇内水、电、网的供应能力不足，无法满足博望镇工业发展的需要。最后，由于博望镇的城镇化建设较为缓慢，专业镇内部还未有星级宾馆，不能满足往来商人衣、食、住、行等基本生活需求，难以留住本地的生产要素，更无法吸引外部要素入驻此地。因此，博望镇要想实现升级发展，必须加大地方交通、水力、电力和网络等公共设施建设，为专业镇的招商引资营造良好的外部环境，否则，落后的基础设施建设必然会限制专业镇的发展。

从生产要素方面来看，首先，博望镇相对落后的基础设施建设、不够完善的服务体系以及存在的城乡差距，难以吸引外来人口融入本地，一定程度上造成了劳动力短缺问题。而且随着物价水平的不断上涨，带来了工资水平的上涨，劳动力成本增加，原有劳动力优势不再存在。其次，近年来，随着国家不断加强对土地的宏观调控，导致土地价格的上涨，高昂的土地成本已经成为制约博望机械制造业产业集群专业镇进一步发展的“瓶颈”。最后，在承接产业转移过程中博望镇在不断利用外来资本，对集群升级发展起着促进作用。

第二，软环境对博望镇升级发展的影响。从中介组织方面来看，其对产业集群专业镇的升级起着不可磨灭的作用。然而博望镇内的博望商会等中介组织（特别是行业协会）由于人手不够，所起的作用非常有限。主要表现在两方面：其一是引导专业镇企业就地生产、就地配套、就地增值，形成具有专业化生产、社会化协作的生产配套体系。其二是对企业行为进行有效的规范，避免产生企业间用工、价格上的恶性竞争，这些制约了专业镇升级发展。

从企业方面来看，首先，博望镇内中小企业大多采用家庭作坊式生产方式，产品质量还有待提高，它们进行的仅是低附加值的贴牌生产，真正的大企业并不敢轻易将生产任务交付它们。其次，专业镇内企业缺少龙头企业的带动作用，企业之间缺乏交流与合作，相互信任匮乏，不能拥有一条完整的产业链条，难以形成专业化的生产分工。最后，专业镇内企业普遍源自手工作坊，资金有限，难以吸引高素质人才以及外部高级要素。技术和人才储备不足，就算是专业镇内龙头企业其研发能力与中小企业没有实质性区别，创新意识淡薄，创新能力不足。在博望镇后期的升级发展过程中必须要注重培育企业主体地位，加强研发能力，提高创新和合作意识，形成专业化生产分工，以此推进专业镇的升级发展。

从政府方面来看，博望镇政府为促进镇内工业企业跨越式发展，已积极组织各种博览会，努力做好招商引资工作。关于如何促进中小企业发展方面政府已相继出台了包括融资、土地、财政扶持、税收优惠和扩大出口等方面的扶持政策，一定程度上促进了企业发展。但是要想实现专业镇长足发展，博望镇政府还要进一步发挥能动作用。

6.3.3.4　全球价值链下博望镇产业集群专业镇升级路径研究

GVC 下博望机械制造产业集群专业镇是属于生产者驱动型，产业资本发挥重要作用，集群的战略环节是研究开发。以产业资本投资为主线，推动市场需求，逐步形成本地生产供应链的垂直一体化的分工体系。生产者驱动型产业集群升级的重点在于能否获取核心技术及关键零配件的研发能力，因而升级过程中需加大技术投入，提高研发和创新能力。升级的中心任务就是不断完善产业集群内的价值链结构，实现集群内企业由从事单一价值链链节加工活动向拥有研发、生产、营销等链节垂直一体化的演变。升级路径为从工艺升级，到产品升级，再到自主研发设计。

（1）积极嵌入由跨国公司主导的 GVC 国际分工体系。机械制造产业对本地配套能力有着严格的要求，博望镇要想获取竞争优势，首要条件就建立一条完整、完善的供应链，实现专业镇内部企业专业化的细致分工。博望镇不仅需要嵌入本地分工体系，还需主动嵌入以跨国公司为主导的 GVC 国际分工之中，与跨国公司建立价值链合作关系。首先，充分利用嵌入 GVC 获取的创新创业机会、信息流动、知识溢出和学习经济效应，形成集群企业的快速学习能力、科学决策能力、品牌营销能力。其次，利用 GVC 中资本、技术、营销渠道等经营资源，提高专业镇企业的国际化水平。

（2）适时进行工艺升级和产品升级。产业集群专业镇中的企业为了与 GVC 中的领先企业巩固、加强合作伙伴关系，同时为了满足供应商苛刻的产品要求，必须进行工艺升级和产品升级，不断提供生产质量更高、功能更强、技术水平更高的产品。产业集群专业镇中的企业只有进行工艺升级和产品升级，才能向 GVC 中的领先企业提供符合采购商要求、品质更优的产品。因此，博望产业集群专业镇的企业必须加大研发投入，大力引进先进技术、先进机械设备，吸引高素质人才，加大人员技术培训，优化生产业务流程，改进生产工艺，提高产业技术水平与质量。

（3）加大研发创新，向价值链核心环节攀升。博望镇机械制造产业集群属于生产者驱动型，核心技术研发与关键零部件设计是生产者驱动型 GVC 的战略和高增值环节。专业镇中企业在完成工艺升级和产品升级后，接下来面临的就是向价值链核心环节和关键环节攀升，获取更高的附加值，甚至控制整个价值链。为此，博望镇在产业集群升级发展中，一是要发挥企业的技术创新主体地位，激发企业自主创新热情，提高企业研发投入，促进企业产品开发，打造高新技术和创新型企业。二是需要加强专业镇企业之间的交流与合作，鼓励企业形成战略联盟，设立研发基金支持集群共性技术攻关，促进政产学研合作创新。

6.3.4　全球价值链下安徽产业集群专业镇发展案例比较分析

孙村镇、桃花镇、博望镇作为安徽省产业集群专业镇的代表，在安徽产业集群专业镇发展中占据着重要的位置。本文选取孙村镇纺织服装、桃花镇家电产业和博望镇机械制造产业作为案例来研究安徽产业集群专业镇的发展与升级，一方面考虑到服装、家电和机械制造是产业集群专业镇的代表行业；另一方面是认为孙村镇、桃花镇、博望镇的产业集群发展情况较为突出，在安徽省产业集群专业镇中比较有代表性，并且三者属于GVC下不同动力机制，具有研究的典型性。为了更好地把握安徽产业集群专业镇的发展和升级情况，本节将对上述三个案例进行比较分析，比较分析的结果见表6－7。

表6－7　案例比较

地区	价值链地位	动力机制	治理模式	国际产业转移作用	企业作用	政府、中介组织的作用	升级路径
孙村镇	低端	购买者驱动型	俘获型	强	中	强	工艺升级、产品升级、功能升级、链条升级
桃花镇	低端	混合驱动型	俘获型	强	弱	强	工艺升级、产品升级、功能升级
博望镇	低端	生产者驱动型	俘获型	弱	弱	强	工艺升级、产品升级、自主研发与设计

资料来源：作者整理得出。

6.3.4.1　相同点

（1）价值链地位相同。三地产业集群专业镇都是劳动密集型产业集群专业镇，都是从劳动等低成本要素嵌入GVC，因而都是处于GVC低端环节，这就决定了三地产业集群专业镇都迫切需要走向中高端，向GVC的研究开发环节和品牌营销环节发展。

（2）价值链治理模式相同。GVC下三地产业集群专业镇的治理模式都为俘获型。这是因为三地产业集群在GVC下都处于被俘获的位置，处于被GVC

中领先企业剥削的地位。它们没有市场型治理模式的灵活自由，也没有模块型治理模式的弹性。

（3）政府和中介组织的作用基本相同。在三地产业集群专业镇升级过程中，地方政府和中介组织都发挥了主要促进和推动作用。实践证明，政府和中介组织对 GVC 下安徽产业集群专业镇升级有强的正向作用。

6.3.4.2 不同点

（1）动力机制不同。三地产业集群专业镇的 GVC 动力机制不同。在不同的 GVC 驱动力下，产业集群升级路径也不相同。如孙村镇服装产业集群属于购买者驱动型产业集群，桃花镇家电产业集群属于混合驱动型产业集群，博望镇机械产业集群属于生产者驱动型产业集群。

（2）企业发挥的作用不同。孙村服装产业集群具有一定的品牌优势，整个产业集群的创新水平明显高于博望机械和桃花家电产业集群。博望机械产业集群缺乏主导大企业，而桃花家电产业集群有本土主导企业，但这些企业对整个产业集群专业镇升级的带动作用不大。

（3）产业转移对三地产业集群专业镇升级发展也不相同。产业转移对孙村镇服装和桃花镇家电产业集群专业镇升级的作用比较大，而对博望机械产业集群专业镇的作用则弱很多。孙村服装和桃花家电产业集群专业镇能够积极主动地吸收知名企业驻入，利用外资策略有效。而博望机械产业集群过去忽视了外来投资的作用，最近才有所改进。此外，博望机械产业集群专业镇是传统产业发展而来，时间久远，发展过程中不重视国际产业转移。

6.4 GVC 下安徽省产业集群专业镇升级的价值判断与对策

6.4.1 GVC 下安徽省产业集群专业镇升级的价值判断

运用全球价值链和产业集群理论，通过理论研究和实证分析，得出以下结论。

6.4.1.1 安徽产业集群专业镇在全球价值链中的地位与特征

安徽产业集群专业镇内企业主要是以劳动密集型产业所聚集的，这就决定了产品生产的低附加值，生产产品受制于国外厂商，在全球价值链上都处于被俘获的位置，生产相对比较被动，属于俘获型的全球价值链治理模式，在全球价值链上处于低端环节，产品附加值偏低。

6.4.1.2 全球价值链下安徽产业集群专业镇发展存在的主要问题

改革开放四十年来，安徽省产业集群及产业集群专业镇的快速发展已经成为带动县域经济乃至全省经济的重要力量和亮点。自2008年金融危机爆发以来以及经济下行压力的持续作用下，劳动力成本的增加、原材料价格的不断上涨、创新能力的不足和国内、国际市场萎缩等，都给以生产要素带动为主、粗放型资源利用方式的安徽产业集群专业镇的发展提出了“二次创业”和进行转型升级的新要求。

当前全球价值链下安徽产业集群专业镇发展存在的主要问题有：专业镇内劳动密集型产业偏多，主要以低廉的劳动力成本和原材料价格为竞争优势，产业升级压力大。集群内产品目标市场趋同，同质化现象严重，集群内企业竞争激烈，产品主要集中在全球价值链的中低端，贸易利益偏低。集群内区域国际品牌的培育不足，品牌国际影响力弱。集群内企业规模较小，龙头企业规模普遍偏小，对产业集群专业镇的带动支撑作用不足。产业集群内企业创新意识淡薄，创新能力普遍不足。

6.4.1.3 全球价值链下安徽产业集群专业镇发展的制约因素

（1）全球价值链的动力机制直接影响安徽产业集群专业镇的升级路径。不同动力机制制约其升级次序与路径的选择。处于购买者驱动型的安徽产业集群专业镇，升级过程为流程升级—产品升级—功能升级—链的升级，升级难度是依次加大的。值得注意的是，这并不是要求我们必须按照这个升级次序依此进行，升级路径也不是固定不变的。如处于购买者驱动型的安徽产业集群专业镇在升级过程中应偏重流通领域，注重研发设计、市场营销能力的提高等。处于生产者驱动型的安徽产业集群专业镇，工艺流程升级是其升级的难点，因而升级过程中应更注重研发设计、制造等。

（2）不同的价值链治理模式制约了安徽产业集群专业镇集群升级的难度。安徽产业集群专业镇普遍存在俘获型这一种治理模式。如对于领导企业在集群外部的安徽产业集群专业镇来说，与国外购买商之间的关系是一种“被俘获”的局面，升级初期由于国外购买商的帮助，流程和产品升级的难度较小、升级速率比较快，但是购买商往往会阻碍其进一步进行功能升级，功能升级难度较大。对于类似“中卫型”模式的安徽产业集群专业镇企业来说，相较于领导企业在集群外部的模式来说可能流程升级、产品升级的速率较慢，需要依靠自身努力，但功能升级的难度却要大大减小，升级道路要顺畅得多，不过仍面临如何打造国际品牌、提升品牌国际影响力的问题。

（3）国际产业转移一定程度上制约了安徽产业集群专业镇升级发展。国际产业转移大背景下，国内产业转移随之而来，安徽产业集群专业镇积极承接国际产业转移以及国内东部沿海产业转移，很大程度上能够推动安徽产业集群专业镇的优化升级，但随着近年来劳动力成本增加、原材料价格上涨、国内政策的变动、贸易壁垒的愈发严苛以及来自新兴制造业国家的低价竞争等诸多因素倒逼安徽产业集群专业镇必须转型升级，然而升级过程中能否提高产业集群专业镇的设计与营销能力、能否培育创新意识与提高创新能力、能否打造与发展自主品牌等，这些对安徽产业集群专业镇升级发展至关重要。

（4）政府和中介组织同样对安徽产业集群专业镇升级发展产生了一定影响。政府的行为在一定程度上会对产业集群专业镇起着推动或阻碍的作用，如政府在专业镇升级过程中不断提供基础配套设施、制定产业发展政策、进行制度创新、完善公共服务机构，就会对安徽产业集群专业镇的发展起推动作用。而中介组织作为政府与企业之间的桥梁，能够为专业镇企业提供服务，为培育、打响专业镇自主品牌也做出了积极贡献，健全和健康的中介组织运行环境会大大提高产业集群专业镇的运行效率，推进升级发展。

（5）区位因素也对安徽产业集群专业镇升级发展起着不可磨灭的作用。便利的交通运输条件以及区位经济辐射都会对专业镇的发展起促进作用。

（6）硬环境中基础设施的完备与否以及生产要素条件良好与否都会对安徽产业集群专业镇的发展起着推进或阻碍作用。当前安徽产业集群专业镇内的硬环境虽有一定发展，但是较广东、浙江一带而言，专业镇内基础设施的不完备仍制约了其进一步的升级。

6.4.1.4 全球价值链下安徽三个产业集群专业镇发展的经验

安徽产业集群专业镇的升级发展应遵循 GVC 动力机制，选择合适的升级轨迹与路径。在地方产业升级过程中应当关注对最基本的工艺流程的提升和产品质量的提高，不能片面强调产品品牌建设和市场开拓。如果违背这一过程，很可能会使产业升级面临困境，更会给产业走向衰败埋下隐患。

此外，安徽产业集群专业镇升级发展要根据专业镇的 GVC 治理模式特点、在全球价值链中的位置，以克服在不同升级阶段的障碍。安徽省产业集群专业镇都属于俘获型的 GVC 治理模式，这就启示我们：由于安徽产业集群专业镇一定程度上是产业转移形成的集聚现象，产业基础相对薄弱，不具备独立的设计研发部门，较大程度上依赖于外部的大型购买商，从而处于相对被动的生产状态，位于全球价值链低端环节。此类产业集群专业镇应该注重工艺流程升级和产品升级，通过升级提高产品的附加值从而争取向价值链高端攀升。

6.4.2 GVC 下安徽省产业集群专业镇升级的对策建议

6.4.2.1 政府层面的对策建议

在促进安徽产业集群专业镇的升级和发展过程中，地方政府发挥着十分重要的作用。很多时候，政府的一些政策举措往往关系到本地产业集群的命运。结合全球价值链视角下地方产业集群升级机理，本节就政府方面如何促进安徽产业集群专业镇升级发展提出如下对策：

第一，政府宏观层面确定 GVC 发展政策。嵌入全球价值链是地方产业集群升级发展的重要途径，诸如巴西的 Sions VAlley 鞋业、中国沿海部分劳动密集型产业集群的升级实践显示，后发国家或地区产业集群嵌入 GVC，能够取得一定的升级效果。安徽产业集群专业镇的升级发展需要政府充分确定 GVC 发展政策，可以适当借鉴广东增城新塘牛仔产业集群专业镇以及其他发达地区集群升级的成功经验，在安徽产业集群专业镇嵌入 GVC 发展之后，完善其发育程度，并努力突破 GVC 低端锁定。

第二，政府切实营造良好的基础设施和公共服务环境。政府要切实做到为本地产业集群专业镇企业服务，围绕产业集群专业镇升级的需要，从利于企业的角度出发，积极推进和完善专业镇基础设施、配套设施和社会公共服务体系建设，提高专业镇社会服务水平，营造有利于产业集群专业镇发展的良好环境。

第三，政府努力引导企业合作交流、规范市场秩序。健康、有序的市场秩序会为整个专业镇企业提供一个稳定的升级发展环境。政府应引导专业镇企业加强合作交流，相互学习先进技术和管理经验等，积极建立各种中介组织并引导和推进其发展，加强专业镇规划和治理，改善体制环境，规范市场秩序，完善相关法律法规。

第四，政府充分利用政策杠杆推进集群创新。面对安徽产业集群专业镇创新意识淡薄、创新动力不足的局面，政府需利用财政、金融等政策杠杆，不断引导和鼓励专业镇企业技术创新，激发企业创新创业热情，同时加强专利、商标等知识产权保护。

第五，政府全面构筑国内价值链，搭建 GVC 和 NVC 良性对接。安徽产业集群专业镇这种以出口为导向、以低端要素加入 GVC 的发展模式已经难以支撑安徽产业集群进一步的升级发展。政府应利用国际产业转移背景下，以构建和发展 NVC 为核心，利用安徽紧邻东部沿海发达地区的区位优势，最大限度吸纳国内外各种高级生产要素，为我所用，构建、发展以及延长国内价值链，搭建 GVC 和 NVC 之间的良性对接关系，加强专业镇产业技术经济联系和产业关联度等，这也是安徽产业集群专业镇摆脱低端锁定和实现专业镇经济增长的出路所在。

6.4.2.2 行业协会层面的对策建议

中介组织作为一种集体组织，主要包含了行业协会、商会等，在 GVC 下产业集群专业镇的升级发展过程中起着协调本国制造商、国外贸易商与全球购买商之间关系的桥梁作用，对维护产业集群各方利益发挥着不可替代的作用，是产业集群内不可或缺的角色。安徽产业集群专业镇升级发展要充分发挥中介组织作用，具体措施如下：

第一，中介组织加强协调工作、提升服务能力。中介组织在产业集群专业镇内起着协调各方利益的作用，需要进一步提升产业集群专业镇内中介组织的素质和服务水平，全面、有效地开展协调、咨询和服务工作，吸引更多的专业镇企业加入商会、行业协会等中介组织以充分发挥组织作用，进一步增强整个专业镇企业之间的凝聚力，促进整个产业集群专业镇的健康、有序发展。

第二，中介组织建立强化信息发布制度、风险预警机制。中介组织应当提醒产业集群专业镇企业正确认识市场前景、传递最新市场信息，及时向政府发布最近市场动态与消息、传递企业经营信息等资料。也应当配合地方政府工作如建立预警机制等，及时向政府反馈专业镇企业的意愿，充分发挥好中介组织的桥梁沟通功能。

6.4.2.3 企业层面的对策建议

企业主体是安徽产业集群专业镇发展过程中的核心力量，在安徽产业集群专业镇发展过程中必须要注重企业战略的提升以此来推进整个产业集群专业镇的升级发展，具体对策如下：

第一，加强产业集群专业镇企业之间的沟通协作能力。产业集群是众多企业集聚而成的，加强集群内企业同行以及上下游企业之间的资金、技术合作等，提高相互间的协作能力，形成一条完整、高效的产业链条，以此推进安徽产业集群专业镇的升级发展。

第二，提升产业集群专业镇企业的技术创新水平。随着知识经济和信息经济的蓬勃发展，科学技术和人才在经济社会发展中所起的作用越来越突出，专业镇的发展必须依靠技术进步，创新则是技术进步的源泉，专业镇企业必须要优化专业镇产业结构，鼓励技术创新，努力提高企业产品的科技含量和附加值。专业镇企业可以通过建立完善的培训体系，引进集群外部先进的技术，加强产品研发，提高整个专业镇企业的劳动生产率，推进科技创新。

第三，推进产业集群专业镇企业的体制机制创新。制度在推进经济增长与提高经济效率方面具有重要作用。安徽产业集群专业镇升级必须进一步完善制度变迁，加强体制机制创新。如企业内部必须要改变当前存续的家族式管理模式，克服管理弊端，建立良性的人才竞争机制。建立激励与约束机制，提高专业镇企业的运行效率。建立健全当前不够完善的企业内部法人治理结构。

第四，打造产业集群专业镇的自主品牌。专业镇企业应该培育区域品牌，建立属于专业镇的自主品牌，并把其打造成为国内知名乃至世界知名的安徽产业集群专业镇品牌。

第7章

全球价值链下劳动密集型产业集群国际化

劳动密集型产业集群的国际化过程就是融入全球价值链，并且不断寻求在价值链上升级的过程，因此全球价值链的治理模式和动力机制对劳动密集型产业集群国际化进程有很大的影响。其中，治理模式对劳动密集型产业集群的影响主要体现在国际化方式方面；动力机制则对劳动密集型产业集群嵌入全球价值链的方式、升级方向以及国际化风险、国际化绩效产生不同程度的影响。本章通过对广东、浙江两省纺织业，服装鞋帽制造业，皮革、毛皮、羽毛（绒）及其制品业，家具制造业，造纸及纸制品业，以及文教体育用品制造业六大劳动密集型产业的区位商测算，来考察两省劳动密集型产业的产业聚集程度以及国际化中出口贸易的发展情况①，为中国劳动密集型产业集群的国际化发展提供新思路，同时研究全球价值链下影响劳动密集型产业集群国际化因素并提出对策建议。

7.1 中国劳动密集型产业集群的国际化发展现状

劳动密集型产业在生产过程中需要大量的劳动力投入，但是沿海以及长三角、珠三角地区经济的快速发展，使劳动力成本不断上涨，进而推动劳动

① 黄丽婉. 全球价值链下中国劳动密集型产业集群国际化研究［D］. 安徽财经大学，2013.

密集型产品成本的水涨船高。随着经济全球化的发展以及产业分工的不断深化，已经嵌入全球价值链的劳动密集型产业集群的竞争优势正在逐渐丧失，因此劳动密集型产业集群需要通过走国际化的道路来促进其升级（华民，2005）。姚则东（2009）在研究浙江绍兴地区轻纺织业产业集群时指出，当地轻纺织业的生产要素正不断朝着全球其他国家或地区的先进水准靠拢。在绍兴地区经济不断发展，基础设施和技术水平不断进步的大环境下，其国际化程度已逐渐与全球先进水平接轨。侯茂章等（2009）认为地方产业集群的国际化发展就是产业集群中的企业或是中介组织采取内向国际化的手段嵌入全球价值链后，在价值链中通过生产与他国产生商品服务贸易，在全球范围内进行生产要素配置以及与他国金融等机构的合作交往，并且通过这些国际化行为来促进产业集群的优化升级。

7.1.1 中国劳动密集型产业集群国际化的 SWOT 分析

中国劳动密集型产业集群国际化是集群在全球价值链上产业升级的重要途径，其国际化的过程就是不断融入世界经济的过程，嵌入全球价值链对于集群的国际化发展来说既面临着机遇也不乏各种挑战。因此对中国劳动密集型产业集群国际化进行 SWOT 分析，可以更好地了解集群国际化发展的现状。

7.1.1.1 中国劳动密集型产业集群国际化的优势

中国劳动密集型产业集群国际化的优势（strengths）主要体现在劳动力、资源等方面。

（1）劳动力丰富。中国是世界上人口最多的国家，截至 2016 年末中国拥有 13 亿人口，约占世界总人口的 19%。其中乡村常住人口众多，约占全国总人口的 42.65%，而且普遍受教育程度较低，仅能从事技术含量低的重复性劳动。相对于劳动力充裕而言，中国产业发展过程中所需要的资金和技术等要素缺乏，导致发展劳动密集型产业是中国经济发展的必然选择。劳动密集型产业集群的形成不仅吸纳剩余劳动力创造了就业，更为重要的是使地方生产网络开始形成，生产的分工性和协作性不断提升，集群内部产业配套能力加强。中国劳动力众多，当市场上劳动力的供给超过企业需要的劳动力数量的时候，再加上劳动力内部存在着竞争，决定了劳动力价格相对于发达国家来说比较低廉。劳动密集型产业集群的生产需要大量的劳动力，而我国劳动力价格低廉，因此其产品成本偏低，在国际市场上具有价格上的优势。

（2）资源优势。总的来说，除山西省以外，中国中部地区各省份都有着得天独厚的地理、气候等自然条件，这些自然条件对农作物的高产起到了决定性的作用，因此中部地区农作物产量仅低于华南地区。另外中部地区具有相对的资源优势，六省中矿种最多的达140多种，最少的也有110多种。这一地区虽然土地面积仅占全国土地总面积的10.7%，但是其拥有的矿产资源却占到了全国总矿产资源的1/5以上，其中，有色金属、稀有金属等矿产更是达到全国总量的1/3，这一数据远远高于全国其他各地区。中国劳动密集型产业集群中一部分是依托资源优势发展起来的，例如纺织产业集群、木制品产业集群、矿藏采掘类集群。这类产业集群在国际化过程中，一方面凭借资源方面的优势压低产品成本，另一方面用丰富的资源来吸引外资以推动集群国际化的发展。

7.1.1.2 中国劳动密集型产业集群国际化的劣势

中国劳动密集型产业集群国际化的劣势（weaknesses）主要体现在竞争态势、产品标准等方面。

（1）劳动密集型产业集群内部存在过度竞争。首先，劳动密集型产业集群行业进入壁垒低，只要有一定资金能力和一定销售渠道的就可以独立建厂。集群中企业多为中小型企业，而这些企业大多是由家族式企业发展起来的，企业的管理者普遍缺乏科学的经营管理经验和长远发展的理念。此外集群内部技术外溢效应较大，若不注重知识产权的保护，会导致集群内企业生产的产品设计抄袭成风，产品同质化现象严重。其次，一方面由于产业集群中的企业大多生产同类商品，使专业化的人才在集群内部变得异常的抢手；另一方面企业通过不断压低产品价格大打价格战，来达到抢占市场份额的目的，企业间的恶性竞争不仅会导致企业生产的利润减少，也不利于集群的协作式发展。此外，企业受自身资金、技术、规模的限制，不愿投入资金进行产品研发，在高新技术研究方面的弱势以及品牌观念落后，再加上集群内企业鱼龙混杂，存在生产企业肆意伪造知名品牌产品的现象，其产品以次充好，以假充真，欺骗消费者，这些行为降低了整个中国劳动密集型产业集群产品在国际上的品牌价值，损害了品牌形象和信誉。例如，浙江温州的劳动密集型产业集群内部长期存在企业通过降低产品质量、减少原材料的使用等不规范行为，来不断压低生产成本的过度竞争现象，这种现象会导致企业生产的产品由于质量问题，逐渐消磨了好不容易在消费者心中建立起来的信誉。这种做法使集群内企业的产品在市场上难以销售最终导致企业利润大打折扣直至破产。例如，温州的灯具行业在发展鼎盛时期拥有2000家左右生产企业，产品种类多达1万多个，但是由于过度的无序竞争，集群内的企业纷纷倒闭，对集群的长远发展造成严重影响。

产业集群内部的无序过度竞争，不仅体现在国际市场上过度压低价格，给别国造成一种“中国制造”代表着低档、低价、质量差的低端产品印象，而且也会间接阻碍劳动密集产业集群的产业升级。由于集群内企业间竞争的方式集中在压低产品价格，而不是通过丰富产品种类、开发新的生产技术等方面来增加产品的竞争优势。长此以往，会阻碍产业集群在全球价值链上的工艺升级、产品升级以及功能升级。

（2）劳动密集型产业集群内部缺乏统一产品标准。随着中国经济的不断发展，劳动密集型产业集群的集聚度逐渐提高，特别是外向型集群的发展尤为迅速。正是集群的外向程度不断提高，国际市场上产品标准要求对集群内部产品生产的影响越来越大。劳动密集型产业集群早期制定的产品标准随着国际化发展的深入，已经渐渐不能适应国际市场的要求。产品的某些标准不能及时与国际同种产品接轨，会造成劳动密集型产品在国际市场上竞争力的下降。因此，劳动密集型产业集群缺乏统一产品标准，不仅会使一些企业通过降低标准来维持国际市场上的竞争力，损害集群整体的国际形象，也对企业本身的长远发展造成不利影响。例如“东莞制造”在国际市场上名声很大，特色集群有虎门服装、厚街家具、大朗毛织、常平商贸等，经过多年的发展，东莞制造的“一镇一品”已颇具规模。东莞劳动密集型产业集群的整体发展势头良好，但是部分集群内部缺乏统一的产品标准，这就给集群的国际化发展埋下了隐患。同时这也是大多数中国劳动密集型产业集群普遍存在的劣势，给集群的国际化经营带来了不确定风险，也不利于集群的产品升级。

7.1.1.3　中国劳动密集型产业集群国际化的机遇

中国劳动密集型产业集群国际化的机遇（opportunities）主要体现在国内政策、国际化政策趋势等方面。

（1）国家和地方政策鼓励产业集群“走出去”。改革开放以来，中国政府通过提供优惠的投资政策吸引外商来华投资，这种内向国际化的方式使中国产业嵌入全球价值链。而产业集群想要寻求在价值链上的升级，不仅要依靠产业创新，还要通过集群式的境外投资，将劳动密集型产业集群中在国内生产中的弱势环节转移到其他国家去。中国工业和信息化部在《2011—2015年轻工业发展规划》中提到，中国政府鼓励劳动密集型产业中有能力的企业“集群式”走出去。集群式的对外投资有两种主要的形式：一种是通过建立营销渠道在境外获取市场的形式，例如境外贸易城、集群企业产品境外展览中心等；另一种是通过集群内大企业的境外投资带动其他企业的境外投资，将集群内的生产环节转移出去的形式，例如产业园等。截至2015年末，中国已经在33个国家建立了69个境外经贸合作区，这不仅为中国劳动密集型产业集群的升级提供了新途径，也拉动了东道国的经济产业的发展。自2013年提出“一带一路”合作倡议以来，境外经贸合作区作为“创新商业运作模式”得到沿线国家积极响应，已成为中国对外投资合作中的重要形式。可见国家高度重视、大力引导国内企业“集群式”走出去。另外各个省也对集群式的境外投资在政策方面提供了支持，如浙江省出台了《浙江省加快境外网络建设实施办法》来鼓励本地集群的境外投资。

（2）金融危机的间接影响。随着经济全球化的发展，金融危机一旦发生不仅会对全球经济政治格局产生深刻的变化，也会间接推动各国产业的调整。2008年全球金融危机发生以后，全球经济出现大幅度的下滑，尤其是欧美等发达国家经济遭受了巨大的损失，与此不同的是中国对外经济却没有在金融危机中受到巨大影响。据统计，2008年中国进出口贸易总额增长了17.8%，并且进出口金额首次突破了1万亿美元大关。相比之下，虽然2009年中国进出口贸易总额出现了下降，但是与别国相比中国进出口贸易的发展还是良好的，降幅也低于全球平均降幅。到2010年，中国进出口总额再次恢复了增长的趋势，增长速度超过了30%。由于金融危机对金融业产生了巨大的影响，银行对外放贷更加谨慎，以免发生贷款难以收回的状况，因此欧美等地区的企业从当地银行获得扩大生产规模或拓展海外市场等所需要的资金更加艰难，局限了发达国家企业的国际化发展。当前是中国劳动密集型产业集群内领导企业对外扩张的大好时机，这是由于随着中国劳动密集型产业集群的劳动力成本的不断上升，集群内部中小企业产品在国际市场上的比较优势渐渐丧失，企业更愿意将产品生产环节放在生产成本更低的地区，因此劳动密集型产业集群应该抓住世界经济格局调整的机会来促进自身企业的国际化发展。

7.1.1.4 中国劳动密集型产业集群国际化的威胁

中国劳动密集型产业集群国际化的威胁（threats）主要体现在国际竞争压力。东南亚等地区参与竞争是中国劳动密集型产业集群国际化的主要威胁。中国劳动密集型产业集群一直是以产品价格低作为占领国际市场的优势，随着经济的发展、人民币升值以及贸易壁垒的限制，产业集群产品的成本逐渐上升。目前中国的劳动力供求方面在发生巨大的变化，一方面每年大学生毕业就业形势严峻；另一方面劳动密集型企业招工困难，出现这种情况的原因不仅在于劳动力素质的提高，而且也在于劳动力和用工单位信息的不对称。中国劳动力增长率在大幅度递减，过去十年每年平均增长1.3%，而现在的增长率则相对更低，预计今后会出现劳动力短缺的状况，这些情况必然会导致劳动力价格的不断上升，从而对劳动密集型产业集群产品优势造成很大影响。根据市场规律，劳动力供需形势的转变，意味着劳动力成本的上升成为必然趋势。同时，东南亚等地区的劳动力、资源等生产资料的成本与中国劳动密集型产业集群相比要低。Uppsala模型认为，企业的国际化经营在选择区位的时候，往往会根据心理距离来确定目标市场。因为心理距离的远近决定了企业在国际化过程中搜集信息的难易，以及在目标市场开展经营活动的难易程度。因此企业的国际化目标市场选择的过程通常是先选择心理距离近的国家进入，在经营过程中逐渐扩大自身实力，然后慢慢扩张到心理距离较远的国家。虽然东南亚等国的产业配套能力比不上中国现有的劳动密集型产业集群，但是由于与中国距离较近，近几年中国的许多企业在东南亚等国投资，在这些国家境内建立起了产业园，例如浙江省投资的泰国泰中罗勇工业园、越南龙江工业园等。东南亚等国产业集群的发展，会威胁到中国劳动密集型产业集群在出口方面的优势地位，也会对集群内企业吸引外资方面造成影响。另外，中国劳动密集型产业集群将部分低端的生产环节转移到东南亚生产，在本地保留具有核心技术或者是发展前景好的环节，间接推动了产业的优化升级。

7.1.2 中国劳动密集型产业集群的国际化方式

陈平（2006）认为，中国企业国际化程度总体水平偏低且地区间显著不平衡。根据对中国产业集群国际化方式的研究，得出产业集群可以通过产业转移在境外建立产业园和通过出口嵌入全球价值链两种方式进行国际化经营。侯茂章（2011）在研究产业集群国际化方式的基础上，将国际化方式归纳为商品贸易和服务贸易、生产要素国际配置和中介组织国际交往三种。张娟（2007）认为，复制母国已有的产业集群，采取模仿跟随战略或者嵌入东道国已有产业集群内部是中国的产业集群对外直接投资的两种发展方式。杨忠等（2009）通过对企业国际化程度与绩效的实证研究得出，现阶段的大部分劳动密集型企业由于缺乏核心技术、科学的管理经验以及企业制度还不完善，导致在这种情况下进行国际化无论是选择绿地投资或并购已有的外国企业，都难以取得成功。因此这类企业应选择资源投入程度低的国际市场进入模式。劳动密集型产业集群的国际化是通过全球价值链与其他国家的经营主体产生联系，不论是集群整体还是集群内部的企业，其出口量或是对外投资额就是他国的进口量或是引进外资额。因此，中国劳动密集型产业集群的国际化过程，就是不断融入全球价值链、更多参与国际分工的过程。根据中国劳动密集型产业集群的发展现状，可以将其国际化方式大致分为：一是与他国商品的往来贸易；二是通过政府的招商引资成为专业化的 OEM 基地；三是集群式境外投资。这三种方式是中国劳动密集型产业集群目前国际化发展的主要形式。

7.1.2.1 商品的往来贸易

商品贸易是劳动密集型产业集群国际化发展最简单、最普遍的方式，大多劳动密集型产业集群生产的产品都不同程度地、以不同渠道进入国际市场销售，或者是产品原料来源于国际市场。产业集群内的企业经营初期以国内贸易为主，随着生产规模的扩大和国内市场上同类商品竞争的日益激烈，企业转向寻求在国际市场上的发展。当一个或是几个企业通过出口贸易获得利益时，会引起集群内其他企业的模仿，最终带动整个集群的出口量的增加。以进出口商品的形式实现国际化的方式也可以看做是以个别企业的国际化发展来带动整个产业集群的国际化发展。出口产品的增加虽然给劳动密集型集群带来一定的经济利益，但是产品是凭借比国外本土产品价格低来获得竞争优势的，长此以往会陷入低价格竞争的恶性循环，并且产品技术含量低和同质性高不能从根本改变集群生产处于全球价值链低端的地位，不利于集群的优化升级。改革开放以来，由于中国劳动力丰富且价格低廉，劳动密集型产品的成本较低，在市场上具有竞争优势，因此在东南沿海特别是珠江三角洲形成了许多以出口为经营目的的劳动密集型产业。此类外向型集群广泛存在于劳动密集型产业各个行业中，例如玩具产业、家具产业、纺织服装产业以及灯具产业等。在中国劳动密集型产业集群中，以浙江温州和广东省中山等地的产业集群为代表，是发展较为成熟的外向型劳动密集型产业集群。其中，广东省抓住了国家鼓励外商投资的机遇，通过本地提供优惠的投资政策和劳动力成本方面的优势来获得外资的大量进入，在给外商做代工的基础上形成了里水袜业、小榄五金、顺德家具和官窑玩具等一批外向型的劳动密集型产业集群。

7.1.2.2　专业化 OEM 基地

劳动密集型产业集群以中小企业为主，技术溢出效应较为明显，技术和商业信息很容易在集群内部扩散。当企业创新获得成功时，由于市场信息的扩散，政府引导以及集群文化的影响，使企业间形成基于产业链协作的网络结构，通过创新企业与集群内上下游企业的交流合作，带动上下游企业的共同发展，从而推动整个地区经济的发展。随着经济全球化，中国许多劳动密集型产业集群通过两种主要方式逐渐成为专业化的 OEM 基地：一种是原有的产业集群凭借劳动力丰富且成本低廉以及自然资源充足，通过政府吸引外商投资，从事低附加值的贴牌生产嵌入全球价值链参与国际分工而成为“全球工厂”；另一种是发达国家的劳动密集型产业向中国转移而形成的劳动密集型产业集群。成为发达国家 OEM 基地的劳动密集型产业集群会带动当地上下游相关产业的企业共同发展，集群式的生产也会形成规模经济，促使集群整体的生产成本下降，增强集群产品的国际竞争力，进而拉动当地经济水平整体的提高。由于劳动密集型产业集群大多处于购买者驱动的全球价值链上，通过当地政府的招商引资或者承接发达国家的产业转移而成为跨国公司的 OEM 基地。因此产业集群内部的企业不拥有所生产产品的品牌，甚至某些生产所需要的技术和产品设计也由委托企业提供，产成品被委托公司贴上其公司的商标在国际市场上出售。

20 世纪 90 年代中期，政府招商引资政策的引导扩大了外商直接投资的规模，外商投资的区域范围集中在广东、江苏、浙江等地区。很多跨国公司将加工部门转移到这些地区，不仅推动了当地劳动密集型产业的发展同时也带动了上下游配套产业的发展，在发展的过程中逐步形成了劳动密集型产业集群。浙江省嵊州领带是支撑嵊州市经济发展的主导产业之一，产业集群内的领带批发市场号称全球最大的领带批发市场和拥有全国十大专业市场之一的中国领带城。浙江佳友领带有限公司 1984 年底创办，1985 年投产，当时是浙江省首家领带企业，也是我国首家中外合资专业生产领带企业。佳友公司是名副其实的领带企业孵化器，培养了一大批领带企业家、管理人才、技术人才和营销人才。从某种意义上讲，佳友公司更像嵊州领带行业的“黄埔军校”，目前嵊州领带的风云人物，当年大多起步于“佳友”。嵊州现有领带名牌企业中，一些重要企业的董事长和总经理来自“佳友”。例如，金耀是“巴贝”公司董事长，胡士良是“好运来”公司董事长，袁孝炳是“麦地郎”公司董事长，楼宇明是“金天得”公司董事长，袁小平是“丹鲁依”公司董事长，韦均千是“艾利特”公司董事长。而在第二代领带企业的孵化下，又孵化出一大批接力的领带创业者，代代相传。1998 年浙江金天得领带集团诞生，由本地原先两家中外合资企业、一家流通企业以及三家服装企业共同组成，成立初期的总资产达到 3000 多万元。2001 年韩国的 8 家生产型企业转移到嵊州市，另外日本在嵊州设立 3 家专业型的办事处。目前通过招商引资，嵊州境内有外商独资、合资企业 30 多家。2014 年全市共有领带企业 1100 多家，年产领带 3 亿多条，出口 1.6 亿多条，实现工业总产值近 100 亿元，产量占全国的 90%、世界的 60% 以上，产品远销美国、俄罗斯、日本等多个国家。[①] 在中国劳动密集型产业集群的发展过程中，为发达国家的跨国公司代工是集群内企业嵌入全球价值链的方式，也间接推动了企业在地理位置上的进一步集聚，为集群的发展打下了基础。集群未来的发展过程就是沿着全球价值链不断从低端向高端谋求升级的过程，而作为 OEM 基地会越来

① 李兆晟，贾帆联．嵊州领带产业集群转型升级的经验和启示［J］．浙江经济，2015（19）：52－53.

越被发达国家“低端锁定”，因此劳动密集型产业集群要寻求新的国际化方式来实现产业升级。

7.1.2.3 集群式境外投资

中国劳动密集型产业集群的国际化过程是从简单的出口贸易到贴牌生产，再到在海外投资，积极探索建立境外企业产业园、开发海外营销渠道等外向化行为嵌入全球价值链，并不断通过集群的创新活动在价值链上争取升级。劳动密集型产业集群国际化发展的过程中，生产经营在全球范围内实现生产要素的最佳配置，能够把不同产品的生产以及同种产品的不同生产流程分布到全球价值链上不同的国家；或者是实现产品销售网络的国际化，在不同的国家建立销售点或者代理公司。集群式的境外投资的好处在于，从东道国获得本集群生产所需要的丰富的资源、资金和优惠的政策，尤其是在中国劳动力价格不断上涨的情况下。另外，集群式的境外投资也能更大程度地获取东道国的市场和增强中小企业国际化过程中的抗风险能力。集群在境外的国际化发展过程中，通过集群内部质量标准的规范以及共同商标的推广，在国际上树立整体的集群形象，这是集群内中小型企业无法完成的。而且集群在经营的过程中将原先集群中低附加值的生产环节转移到其他国家的过程中，也间接促进了产业优化升级。

集群式境外投资的原因有：一是劳动密集型产业集群内部的企业在国外投资建厂，由于东道国缺乏相关配套产业的支持，因此在境外投资建产业园吸引集群内相关企业入驻；二是集群内生产成本不断上升，某些企业将个别生产环节转移到生产资料更易获得，价格更低廉的国家，通过降低生产成本来获得在国际市场上的竞争优势；三是由于一些国家存在对中国产品进口的限制措施，为了避开贸易壁垒，集群内的企业选择在靠近目标市场的地区办厂。除了政治风险和贸易壁垒风险，境外办厂还能规避人民币汇率不断提升给出口企业带来的风险。尼日利亚是产棉大国，但是由于缺乏相关的配套产业使在尼日利亚投资建厂不仅不能获得经济利益，反而会提高产品的成本，使产品丧失竞争优势。因此越美集团 2007 年在尼日利亚投资了 5000 万美元建立了越美（尼日利亚）纺织工业园，通过将产业上下游企业引入园区，在尼日利亚建立起了新的境外产业集群。温州鞋业集群的哈杉鞋业 2001 年进驻非洲以来，先是建立了拥有四条生产流水线，年产达200万双的非洲鞋业生产基地，2009年11月投资8000多万美元在尼日利亚奥贡州建立工业园。

7.2 GVC下中国劳动密集型产业集群国际化的影响因素

中国劳动密集型产业集群的国际化发展受多个因素的影响，过去的研究大多集中于国内外环境和产业自身发展阶段对劳动密集型产业集群升级过程的影响，而忽视了国际化这一劳动密集型产业集群升级的重要途径，以及在全球价值链下影响其推动产业升级的制约因素。劳动密集型产业集群嵌入不同类型的全球价值链，它的国际化发展路径就会有所不同，对产业集群升级的作用也会不同。因此全球价值链不同的治理模式和动力机制对于集群的国际化方式和集群的升级都会产生不同的影响。

7.2.1 GVC治理模式对劳动密集型产业集群国际化的影响

程新章（2006）在对模块型的全球价值链治理模式研究后得出，模块型的全球价值链将全球各地的委托企业和集群内的供应商通过生产性网络连接到一起。周习（2011）研究了全球价值链治理模式后得出五种价值链的内部治理模式，每一种模式都是国际分工所带来的风险和收益之间的不同组合。从市场型到网络型再到层级制，地方产业应当正确认识该产业所融入的价值链的不同特点。

7.2.1.1 市场型治理模式

市场型治理模式在整个市场经济活动中起到了行之有效的作用。市场联系在交易中可能是长期的也可能是短期的，市场上企业之间交易时传递的信息和知识的复杂程度比较低，并且交易的基础是价格机制，这就意味着交易可以重复进行。因为交易中各个行为主体之间是独立的，所以对于交易双方来说，转换新的交易对象的转换成本比较低，而且供应商也不会受制于购买者。

嵌入市场型全球价值链的中国劳动密集型产业集群，在国际市场上的竞争优势由其低成本优势体现，并且产品信息的可编码度高，供应商在生产时只需要很少的信息就可以生产。产品的技术含量不高，产品的差异化不足，这些正是中国劳动密集型产业集群产品的特点。因此在市场型全球价值链治理模式下劳动密集型产业集群可以选择产品出口作为国际化方式，这是由于发达国家的企业对于产品的要求不高，大多为大批量标准化生产的产品，产品的同质性高且技术含量低，适合劳动密集型产业集群进行生产出口。集群化的生产能降低产品的生产成本，集群内部企业和行业协会等的相互配合也能降低产品出口的交易成本，因此价格优势可以转变为在国际市场上的竞争优势。

出口规模的扩大也有利于劳动密集型产业集群产品的工艺升级和功能升级。这是因为集群内企业原先的产出可能不能满足日益扩大的出口数量，企业随之会调整产品的生产技术或是引进先进的生产设备来提高投入生产资料的利用率，使产出增加从而完成工艺升级。在出口过程中，生产厂商为了吸引更多的购买商可能会在产品的生产中加入更多的设计或者是就近市场设立销售部门，也就间接地完成了功能升级。劳动密集型产业集群的升级又会反过来促进其国际化的发展。

7.2.1.2　网络型治理模式

（1）模块型治理模式。全球价值链上的厂商在产品生产的过程中，部分生产环节是外包给价值链上低价值环节的供应厂商。当供应商的能力很强，产品的生产流程比较复杂以及双方交易的过程烦琐的时候，全球价值链的治理模式便会采取模块型的价值链治理模式。在模块型的全球价值链中，供应商生产中生产技术较为成熟，通过生产中的规模经济和范围经济，能够大批量地生产委托商所需要的产品。当交易双方的信息可以相互被清楚地了解时，模块型的治理模式可以使供应商在达到和市场型治理模式相似的交易速度和降低交易成本的同时，为委托企业提供更加符合标准的产品。这种治理模式的特点在于供应商和委托企业之间的联系完全依赖于供应商的服务能力，而不需要两者在空间或者社会方面地理上的临近。因此实力强的供应商拥有标准化的生产线，产出水平高，可以为多家委托企业服务，不要求一对一地进行生产。在中国劳动密集型产业集群的国际化进程中，嵌入模块型治理模式的价值链中，产业集群中的企业往往为发达国家的跨国公司做代工工厂，生产的产品完全按照跨国公司给的标准进行生产，生产中的工艺、技术、产品设计都是由跨国公司提供。集群内的企业在贴牌生产的过程中，应当打破跨国公司对其的“低端锁定”，在生产过程中对委托公司的技术和营销进行学习，在产品质量、交货速度等方面进行改进，而且要有紧追行业发展的生产能力，集群企业还可以进行调整性和应用性的研发，为集群的功能性升级创造条件，根据委托企业的生产要求来逐渐调整企业的发展方向。

（2）关系型治理模式。委托企业的产品结构比较复杂且难以进行编码，供应商的能力很强以及双方交易比较复杂的时候，地理和社会方面的临近会为双方企业的生产提供很大的便利。关系型的全球价值链治理模式下，链上企业之间的交往强调在关系上保持密切的联系。嵌入关系型治理模式的全球价值链的中国劳动密集型产业集群一般是与国外公司保持亲密联系的合作关系，因此集群内的企业与跨国公司组成商业联盟是劳动密集型产业集群进行国际化发展的比较适当的方式。劳动密集型产业集群中的领导企业与别国的企业建立商业联盟，有利于双方的优势互补：劳动密集型产业集群中的企业可以提供国内的市场与销售渠道，投资厂商提供集群内企业生产发展所需要的资金或者是先进的生产技术。双方企业在利益的基础上建立长期的、相互信任的联盟关系，使这种关系网络之外的厂商难以进入。因此中国劳动密集型产业集群中的企业可以在别国投资建厂，当新企业的实力不足以并购他国企业时，则可以通过与别国的企业建立联盟关系来打开别国市场。另外集群在境外投资建产业园，也是建立新的关系型治理模式价值链的一种形式。

（3）领导型治理模式。领导型的全球价值链中，在交易的复杂程度和产品的可编码程度都很高，而供应商的能力却很低的情况下，供应商往往在交易过程中对领导企业依赖程度比较高。这是因为当供应商在生产能力和生产技术等方面能力不足时，领导企业会为其生产提供设计和技术方面的支持，而离开这种支持，供应商的产品在市场上竞争力会下降，因此供应商受领导企业的控制。承接外国产业转移而形成的劳动密集型产业集群或是跨国公司在华投资形成的产业集群中，集群原有的中小企业的能力比较弱，他们需要来自跨国公司的技术、加工工艺等诸多方面的指导和监督，在与跨国企业的互动过程中他们处于被动接受的地位。这种模式在中国劳动密集型产业集群中的存在，为集群的升级提供了新的方法。由于中国劳动力成本的逐渐升高，劳动密集型产业集群可以将部分需要大量劳动力投入的生产环节转移到劳动力成本更低的国家，通过产业转移保留生产中附加值高的环节，来推动产业升级。

7.2.1.3　层级型治理模式

在层级型的全球价值链治理模式下，当交易比较复杂、产品难以编码的时候，相比之下供应商的能力就会显得很低，因此价值链高端的企业难以找到合适的供应商来生产所需要的产品，因此主导企业不得不通过自己的能力来生产符合本企业标准的产品。此时层级型价值链上的主导企业就是整条价值链的领导者，通过掌控各个生产环节的厂商将其内部化成为自身的子公司和分公司来完成企业的生产。这种治理模式的好处是在各个生产环节内部化的过程中可以减少技术知识的外溢和降低交易费用，以及生产出的产品成本更加低廉。嵌入层级型治理模式的全球价值链对中国劳动密集型产业集群中企业国际化的影响分为两种：一种是当集群内的企业被跨国公司并购时，被并购的企业就成为跨国公司的子公司，这个公司的国际化发展就完全依附于跨国公司的国际化经营，而集群内的其他企业则是嵌入了领导型治理模式的全球价值链中；另一种是集群内的某企业在境外进行公司并购，成为价值链的治理者，那么这家企业的国际化发展会带动集群内其他企业的发展。产业集群中被发达国家跨国公司并购的企业多时，不利于集群的产业升级。这是因为当集群内的某些企业成为发达国家的子公司时，企业的生产经营以及发展方向都受跨国公司的经营策略的限制，首先跨国公司会严格控制生产技术的使用，技术的外溢效应比较小；其次成为子公司的企业容易被“低端锁定”，服从跨国公司的安排只生产低端的产品；最后企业原来的品牌会被替换成跨国公司的品牌。集群内企业在国外的并购相反，会促进产业的升级。

7.2.2　GVC动力机制对劳动密集型产业集群国际化的影响

对全球价值链动力机制的研究，可以从中国劳动密集型产业集群嵌入何种驱动的价值链中来考察本产业集群的升级方向：究竟是应该向研发核心技术方向升级，还是向树立品牌提升产品设计的方向升级。赵伟等（2005）研究温州鞋业集群时发现集群内的一些企业一方面在购买者驱动全球价值链中为全球采购商生产产品；另一方面还构建以自己为中心的区域价值链或全球价值链，整合产业集群中的中小企业，将部分生产业务分包给这些企业，自己则发展成为区域价值链或全球价值链中的品牌企业。

7.2.2.1 购买者驱动

购买者驱动多由大型零售商及贸易公司在许多出口国家（通常是发展中国家）构成的分布式生产网络中扮演中心角色。这种由贸易主导的产业在相对劳力密集的消费性产品产业中相当常见，诸如服饰、鞋业、家庭用品、消费电子，以及范围广泛的手工制品（例如家具、饰品）。劳动密集型产业集群大多嵌入购买者驱动的全球价值链中，产品的设计、销售以及服务等是能给企业带来高附加值的生产环节。现实中发展中国家劳动密集型产业的生产环节集中于加工组装，生产产品所带来的附加值低；发达国家的品牌持有商则掌握着品牌的使用权、产品设计方向以及销售渠道等能带来高附加值的生产环节。在购买者驱动型的全球价值链中，发达国家的大型零售企业和拥有国际化企业的是价值链的治理者，处在价值链的顶端掌握着品牌设计方向和销售渠道，能获得最大限度的产品附加值，这种价值链的驱动方式在服装类和鞋类产业集群中极为常见。从国际化的风险来看，中小企业在贴牌生产中由于没有自己的品牌和销售渠道，产品大多是依据大型零售商和品牌商的设计而生产，订单数量也是基本稳定的，因此如果不脱离大型零售商和品牌商国际化的风险是比较小的，但是这种生产的国际化绩效却很低。处于购买者驱动的全球价值链中的劳动密集型产业集群应该通过产品质量、更新产品设计来不断提升集群形象，进而形成集群性的品牌，以此完成产业在全球价值链上的不断攀升。

7.2.2.2 生产者驱动

所谓生产者驱动指的是，大型制造商经由向前向后生产过程的联结以及借由标准化相关产业的内容提供、分配、服务来控制整个生产系统。通常可在具有以下特征的产业中发现：一个全球化的商品链，其中由大型、通常是跨国性的企业，来扮演协调生产系统（包含其上下游）的中心角色。这在诸如汽车、半导体、飞航、电机等资本及技术密集产业中尤其明显。一般来说，劳动密集型产业集群嵌入的是购买者驱动的全球价值链，但是由于中国劳动力丰富且价格低这个特殊国情，一些发达国家的跨国公司会把生产环节中劳动密集型生产、技术含量少的价值链环节外包给发展中国家企业，或者是为了保护知识产权、成本内部化直接通过并购将这些环节转移到发展中国家，从而使中国劳动密集型产业集群间接的嵌入生产者驱动的价值链中谋求发展。因此嵌入生产者驱动的全球价值链中的劳动密集型产业集群同嵌入购买者驱动价值链中的集群所遭受的国际化风险和所带来的国际化绩效没有太大的差别。间接嵌入生产者驱动价值链中的劳动密集加工制造型产业集群的产业升级道路不应当专注于产品的流通领域，而是应该通过创新来掌握核心技术这种方式取得产业升级，逐步从劳动密集型转变为知识技术密集型或是资本密集型产业。

7.2.2.3 混合驱动

中国劳动密集型产业集群的发展具有特殊性，集群中一部分大企业在做跨国公司贴牌代工嵌入生产者（购买者）驱动型价值链的同时，在生产中学习跨国公司先进的生产技术、管理经验，并重视品牌的树立和品牌国际竞争力的提升。当自身发展到一定程度时，这类企业的发展就不止局限于贴牌生产，而是通过国际化在境外投资建厂或者并购他国的企业，作为领导厂商嵌入另一条购买者（生产者）驱动的全球价值链中。这种劳动密集型产业集群的升级方向就是跨价值链发展，采取这种双向发展模式的企业通常是产业集群内的领导企业，当此企业在混合的价值链中国际化获得成功时，会引起集群内其他企业的模仿或是带动上下游企业一起嵌入混合型的价值链中。嵌入混合型驱动全球价值链的企业的国际化是双向的，一方面做发达国家跨国公司价值链的低端，另一方面自己作为跨国公司做价值链的高端，这种经营方式不仅可以分摊国际化经营中遭遇到的法律政治环境风险、经济环境风险、商业惯例风险、市场结构风险等，获得更多经济利益，也能推动整个产业集群在全球价值链上的升级。

7.2.3 其他因素对劳动密集型产业集群国际化的影响

7.2.3.1 劳动密集型产业集群外部因素

（1）政治文化环境因素。劳动密集型产业集群国际化受政治文化环境影响，主要表现在本国政治文化因素的影响和东道国政治文化因素的影响两个方面。

本国政治文化环境对劳动密集型产业集群的国际化有引导作用。国家鼓励企业实行“引进来，走出去”战略，就是要将国外的资金、技术、人才等引入国内，帮助国内企业发展。同时鼓励国内的企业积极适应全球化的需要，开展对外经营和投资。目前中国“引进来”的资本虽然大多集中于东部地区，但是西部地区吸引外资的增长最快，这与国家西部大开发的政策是离不开的。另外中国“走出去”的资本主要聚集在亚洲地区，尤其是东南亚地区。

东道国的政治文化因素对产业集群的国际化也有很大影响。因为东道国政府或是一些社会团体的某些贸易政策、法规可能会对产业集群的出口或是直接投资造成阻碍，甚至是明令限制进口中国产品，而且东道国的社会文化环境因素，如潜在消费者的人口特征、人口及人均收入、生活方式、社会习俗等对产业集群出口的产品构成、产品数量以及能否进行直接投资有很大的关系。因此劳动密集型产业集群进行国际化时要对东道国的政策法规风俗习惯进行了解，并据此进行国际化风险预测和评估。

（2）经济环境因素。经济因素的影响是指劳动密集型产业集群进行国际化的东道国的经济状况、发展趋势以及世界经济的发展状况，导致集群内中小企业在国际化过程中产生的不确定因素，进而影响国际化的发展。东道国的经济影响存在于社会结构、经济发展水平、经济体制和宏观经济政策这四个主要方面。世界经济发展的大环境是经济繁荣发展还是出现经济危机，以及在哪些国家哪些产业受经济危机影响比较大，都使集群内企业的国际化风险增大，国际化绩效趋于不确定的状况。例如中国的家具行业，金融危机后，由于市场经济的不景气，许多家具企业面临倒闭，这种外部经济环境的因素已经严重影响到外向型劳动密集型产业集群的国际化发展道路。

（3）贸易摩擦及贸易壁垒等因素。在国际市场上，各个国家和地区为了保护本地区产业的发展，往往会设立各种名目的贸易保护壁垒。中国作为新兴发展起来的大国，在经济高速发展、全球竞争力快速发展的同时，也引发了相关国家和地区对中国的贸易限制。2008 年金融危机之后，这一现象更是明显。中国劳动密集型产业便在这种环境中艰难地前进与发展。

中国是世界上遭受贸易摩擦较多的国家之一，反倾销问题已经成为干扰中国劳动密集型产品出口的一个重要问题。目前全球金融危机的影响还没有完全消除，各国尤其是欧美发达国家受金融危机的影响导致国内市场经济不景气，这使各国政府的贸易保护主义抬头，各种反倾销和反补贴措施严重影响了中国劳动密集型产业集群产品的出口。2015 年，世界上 23 个经济体对我国贸易救济调查。其中，发达经济体 5 个，分别是美国、欧盟、澳大利亚、加拿大和日本；转型经济体 2 个；发展中经济体最多，有 16 个。2015 年国外对我国共发起 98 起贸易救济调查，从贸易救济调查的内容看，反倾销 72 起，占 73.5%；反补贴 9 起，占 9.2%；保障措施 17 起，占 17.3%。从发起调查的经济体类型看，发展中经济体 66 起，占 67.3%；发达经济体 30 起，占 30.6%；转型经济体 2 起，占 2%。从发起调查的国别看，美国 14 起，居首位；印度 13 起，居第 2；巴西 8 起，居第 3，欧盟、巴基斯坦均 7 起，并列第 4。①

7.2.3.2 劳动密集型产业集群内部因素

（1）产品的科技含量。劳动密集型产业集群大多是凭借低廉的成本和土地资源来吸引境外的企业投资，并参与到国际分工的链条中去。集群内很多中小企业在发展的初期，主要是发展劳动密集产业，利用要素成本低，进行粗放型的资源利用模式。无论是传统优势产业占主导的产业集群还是外商投资形成的产业集群，都存在产品档次低、科技含量少的问题。另外国外的产业转移，大多转移的是高耗能、高污染的现代大工业，而高新产业、核心产业由于在原产地形成了多种关联性以及涉及保护核心知识产权等问题而对产业转移产生了阻力，发展成熟的产业本身具有向外转移的倾向，但受转移成本和区域行政壁垒的影响同样会导致区域粘性的存在。因此掌握先进的核心技术的劳动密集型产业集群在国际化发展中更加具有竞争优势。

（2）产品的品牌。全球价值链中众多生产环节，附加价值最丰厚的链节集中在价值链的两端——品牌和研发。价值链上的两端代表着产业升级的两种方式，一种是通过加大研发投资革新生产技术，增加产品的科技含

① 查贵勇．贸易保护主义抬头 2015 对华贸易救济调查大盘点［N］．国际商报，2016－01－25.

量；另一种是通过打造自身的品牌以及加强售后服务的完善。一般来说，间接出口的海外市场的资产投入最低，国际市场的进入层次也最低，而建立海外生产基地这种形式的海外资产投入较多，国际市场的进入层次较高，企业的国际市场进入深度低会影响品牌国际化的推进。对于中国劳动密集型产业集群来说，集群内企业大多嵌入的是购买者驱动型的价值链，企业通过树立自己的品牌来推动集群的国际化发展会更为容易，因为企业自身处于价值链的低端，靠从事低附加值的加工制造来获得经济利益，并没有能力掌握产品的核心技术。不论是集群从事单纯的产品出口还是对外进行集群式投资，产品的质量、品牌和服务都是集群内企业在国际市场上立足的根本。

（3）企业家国际化理念。集群内的很多中小企业实行家族式管理，尚未建立现代企业制度。企业的管理者和经营者大多文化程度不高，年龄偏大，管理观念守旧，不懂资本经营和现代营销知识。随着财富的增加，会出现小富即安的心态，再创业、再创新的意识渐渐淡薄。此外，现行的涉及中小企业的相关法律制度并不能适应国际化发展的需要，企业的管理者和经营者在制定企业内部规章制度时就无法迎合国际化的标准和要求，几乎很难应对产业集群国际化所面临的诸多问题。由于企业决策者是企业国际化发展的决定因素之一，企业家的国际化战略管理能力影响着集群内企业的国际化发展方式以及国际化发展绩效。

（4）企业的创新能力。集群内企业多为中小企业，资本不够雄厚，很难像大企业那样建立自己的研发中心或是引进先进的机器设备，产品科技含量不高，模仿有余，仅靠产品价格低廉和差异化来占领国际市场。有些企业有创新的雄心，但是缺乏资金和人才，只能心有余而力不足。融资环境差、企业贷款难都影响了企业进行技术创新的资金来源，而且技术的研发和使用存在风险，谁也无法保证创新带来的利润一定能高于所投入的成本，这导致企业很难也不愿将有限的资金投入到技术研发和创新技术应用上。在产业集群这样高技术溢出效应的载体内，被盗用或模仿的现象更加泛滥。知识产权保护的风险比较高，维权成本大，相比之下中小企业在国际化的过程中更愿意搭境外企业技术创新的“便车”，而不愿自己投资去创新。

7.3　广东和浙江劳动密集型产业集群国际化分析

7.3.1　广东专业镇和浙江块状经济国际化现状

7.3.1.1　广东和浙江产业集群基本情况

（1）广东省专业镇。广东省的专业镇这个概念最早是由广东经济理论学界在20世纪90年代根据广东镇域社会经济发展的创新现实提出的。专业镇是在地理上接近的、大量生产经营同一或相关行业的中小企业聚集在一起，并且企业之间存在不同程度的合作竞争的关系。

广东省专业镇形成的原因有：第一，改革开放以后，农村实行的联产承包制责任制将许多农民从土地的束缚中解脱出来，这部分农民转而开始经商，这为劳动密集型产业集群的形成提供了众多的劳动力。第二，广东省位于南部沿海地区，与香港、澳门和台湾地区隔海相望。特殊的区位优势使广东省在改革开放之初就成为香港、台湾等地产业转移的首选地区。这种基于全球价值链的整体产业转移现象的出现，带动了广东地区产业上下游企业的集体发展和不断地聚集，从而形成了自己的产业集群。例如，广东省东莞厚街、南海平洲的鞋类产业集群以及官窑玩具产业集群等传统产业集群都是这样形成的。

截至2015年，广东省经认定的省级专业镇达399个，实现地区生产总值（GDP）约2.77万亿元，约占全省GDP的38%；专业镇内规模以上企业数达3.03万家，全省工农业总产值超千亿元的专业镇达9个；超百亿元的专业镇达141个。[①]

（2）浙江省块状经济。浙江的经济被称为“块状经济”，最初由著名的社会学家费孝通提出的。块状经济是指在一定区域内的生产经营具有关联性，分工模式多为纵向一体化分工，同时带有一定地方特色的的产业集聚的形式。

在过去的20多年时间里，浙江省形成了近500个工业产值在5亿元以

① 庞彩霞．广东省加强专业镇协同创新交流合作［N］．经济日报，2016－06－16．

上的“产业集群”，据统计，目前浙江省境内块状经济产业集群的发展已经分布于全省82个县（市、区）中，并且所有的产业集群中都有自己特色鲜明的主导产业。在这82个县（市、区）中有45个县（市、区）的集群产值贡献率超过50%以上，而其中更有5个县（市、区）的产值贡献率超过90%以上。

“温州模式”是块状经济的特色发展模式，从“一村一品”“一乡一业”开始到现在，温州地区内形成了12大支柱产业，其中大部分属于劳动密集型产业集群。温州市以皮鞋类产业集群而闻名，产业集群产出的鞋类产品全国市场占有率为20%，另外温州劳动密集型产业集群中占全国市场95%的打火机产业集群，在世界市场上也有很强的优势。浙江的劳动密集型产业集群注重集群式品牌的树立，例如“中国制笔之乡”“五金之都”“中国鞋都”“中国印刷城”等集群式知名品牌都在浙江省境内。30个浙江省集群式品牌入选了中华商标协会发布的“2009中国商标发展百强县”名单，上榜率为中国第一。尤其是名单的前十名，浙江省的义乌、瑞安、诸暨、乐清以及慈溪就占了五个席位。集群品牌的树立为集群内中小企业的发展提供了广阔的发展空间，也促进了浙江省经济的发展。

7.3.1.2 广东和浙江国际化现状

从区位上看，广东省位于中国的南部沿海地区，浙江省位于中国的东南沿海地区，两个省都位于沿海地区，海运交通比较便利，有利于跨国贸易的发展。改革开放以后，广东省和浙江省都是外商投资和承接外国产业转移的重要地区，开放程度相对于中西部地区来说比较高。两省同为中国对外经济发展的窗口，其在进出口规模和对外贸易地区存在着诸多不同。

（1）进出口规模对比分析。从2009~2015年这7年广东省和浙江省的进出口贸易总值来看，除少数年份略微降低以外，总体上是逐年上升的，说明两省的进出口贸易发展稳定并且前景较好。对比广东省和浙江省的进出口总值，可以看出广东省不论是进口规模还是出口规模均比浙江省大，并且超过浙江省的2倍多。广东省2015年出口总值比2009年增长78.8%，浙江省2015年出口总值比2009年增长107.3%，从两省的出口增速来看，浙江省出口增速更快。由此可见，广东省的进出口贸易相对于浙江省发展更加成熟，外贸规模也更大，但是外贸扩张的速度不如浙江省，见表7-1。

表7-1　　2009~2015年广东省和浙江省进出口总值　　单位：亿美元

年份	广东省			浙江省		
	出口额	进口额	进出口总额	出口额	进口额	进出口总额
2009	3589.6	2521.6	6111.2	1330.1	547.3	1877.4
2010	4531.9	3317.1	7849.0	1804.7	730.9	2535.6
2011	5319.4	3815.4	9134.8	2163.5	930.3	3093.8
2012	5741.4	4096.8	9838.2	2245.7	876.7	3122.4
2013	6364.0	4551.7	10915.7	2488.0	870.4	3358.4
2014	6462.2	4305.1	10767.3	2733.5	817.9	3551.4
2015	6419.5	3785.3	10204.8	2757.4	705.2	3462.6

资料来源：历年《广东统计年鉴》和《浙江统计年鉴》。

（2）进出口贸易对象对比分析。广东省和浙江省在进出口贸易发生的地区方面是不同的。

表7-2中统计了2009~2014年6年中，广东省进出口贸易的主要贸易对象。

表7-2　　2009~2014年广东省进出口贸易对象前三位

排名	2009年		2010年		2011年		2012年		2013年		2014年	
	出口	进口	出口	进口	出口	进口	出口	进口	出口	进口	出口	进口
1	中国香港	东盟	中国香港	东盟	中国香港	东盟	中国香港	东盟	中国香港	中国台湾	中国香港	中国台湾
2	美国	日本	美国	日本	美国	日本	美国	中国台湾	美国	东盟	美国	东盟
3	欧盟	中国台湾	欧盟	中国台湾	欧盟	中国台湾	欧盟	日本	欧盟	韩国	欧盟	韩国

资料来源：历年《广东统计年鉴》。

从表7-2中可以看出，6年中广东省出口贸易规模最大的前三名基本固定在中国香港、美国、中国台湾；进口贸易规模最大的前三名的贸易对象，前4年基本固定在东盟、中国台湾、日本。自2013年起，韩国超过日本成为广东省对外贸易第三大进口国。从进出口贸易对象的不同可以看到：广东省的产品主要销往发达地区，这种情况的出现与广东省劳动密集型产业集群多为发达国家的企业做代工是分不开的。由于地理的临近，相应的贸易限制就会减少，中国香港因此成为广东省出口最多的地区也不足为奇。另外，广东省的进口贸易多发生在临近的地区，如中国台湾、东盟等，这些地区在劳动力的成本方面优势渐渐超过广东省，因此导致广东省多从这些地区进口劳动密集型产品，以此，不仅可以降低劳动密集型产业集群的生产成本，也可以间接推动产业升级。

表 7－3 中统计了 2009～2014 年 6 年中，浙江省进出口贸易的主要贸易对象。

表 7－3　2009～2014 年浙江省进出口贸易对象前三位

排名	2009 年		2010 年		2011 年		2012 年		2013 年		2014 年	
	出口	进口	出口	进口	出口	进口	出口	进口	出口	进口	出口	进口
1	欧盟	日本	欧盟	中国台湾	欧盟	日本	欧盟	东盟	欧盟	东盟	欧盟	东盟
2	美国	中国台湾	美国	日本	美国	中国台湾	美国	日本	美国	中国台湾	美国	中国台湾
3	日本	欧盟	东盟	东盟	东盟	东盟	东盟	中国台湾	东盟	欧盟	东盟	欧盟

资料来源：历年《浙江统计年鉴》。

与广东省相比，浙江省的贸易对象存在略微的变动。出口方面，2009 年日本为浙江省的第三大出口对象，而自 2009 年之后，浙江的出口贸易对象基本固定在欧盟、美国、东盟；进口方面来看，浙江省的主要进口贸易对象，2012 年之前为东盟、日本、中国台湾，2012 年之后，浙江省逐渐从由日本进口方向转向欧盟等，近年来浙江的进口主要来自东盟、中国台湾、欧盟。另外，与广东省产品和劳动多出口到欧盟相比，情况不同的是，浙江省与欧盟的贸易联系更加紧密，进出口贸易总值都比较大。这与浙江省的传统劳动密集型产业多向欧盟出口的同时，进口贸易也较大有一定的联系。

7.3.2 基于区位商的广东和浙江劳动密集型产业集群比较

7.3.2.1 广东和浙江六大劳动密集型产业分析

通过对广东省和浙江省劳动密集型产业的区位商测算和分析，考察广东省和浙江省劳动密集型产业集群的产业专业化水平。结合联合国国际贸易标准以及我国对劳动密集型产业的分类标准，本节选取了以下几类劳动密集型产业进行数据分析，分析其区位商。这六类产业分别是：纺织业，纺织服装、鞋帽制造业，皮革、毛皮、羽毛（绒）及其制品业，家具制造业，造纸及纸制品业，文教体育用品制造业。计算区位商（LQ）的数据全部来自《中国统计年鉴》《广东统计年鉴》和《浙江统计年鉴》，计算指标主要依据产业内规模以上企业的工业生产总值。①

（1）广东省六大劳动密集型产业的区位商。选取了从2006～2015年的生产总值数据进行区位商的测算，经过计算，得出广东省的LQ值，见表7－4。

表7－4 2006～2015年广东省六大劳动密集型产业的区位商

年份	纺织业	纺织服装、鞋帽制造业	皮革、毛皮、羽毛（绒）及其制品业	家具制造业	造纸及纸制品业	文教体育用品制造业
2006	0.59	1.32	1.40	1.90	1.12	2.22
2007	0.58	1.32	1.36	2.02	1.13	2.22
2008	0.64	1.38	1.50	2.12	1.27	2.67
2009	0.67	1.49	1.63	2.12	1.22	2.62
2010	0.75	1.49	1.64	2.13	1.29	3.15
2011	0.63	1.91	1.75	2.06	1.28	4.48
2012	0.64	1.68	1.53	2.10	1.28	3.08
2013	0.65	1.67	1.49	2.10	1.29	2.54
2014	0.61	1.67	1.52	2.17	1.29	2.65
2015	0.59	1.63	1.49	2.12	1.29	2.21
平均值	0.64	1.56	1.53	2.08	1.25	2.78

资料来源：根据历年《中国统计年鉴》《广东统计年鉴》整理计算。

① 根据2012～2015年《中国统计年鉴》，分行业规模以上企业的工业生产总值数据已不公布，故此处选取2012～2015年度分行业规模以上企业的主营业务收入值作为区位商计算的基础数据。

从表7－4中可知，广东省在2006～2015年10年内，选取的六个劳动密集型行业中LQ_{ij}大于1的行业有：纺织服装、鞋帽制造业；皮革、毛皮、羽毛（绒）及其制品业，家具制造业、造纸及纸制品业，文教体育用品制造业，说明这五大劳动密集型产业的专业化程度较高，在广东省存在劳动密集型产业聚集的现象，意味着该产业在该地区生产较为集中，具有相对规模优势，行业发展较快且具有一定的比较优势。其中文教体育用品制造业的平均区位商值达到2.78，远远高于其他测算产业的区位商均值，说明该产业是广东省劳动密集型产业中的优势产业，已形成了专门化生产的产业集群。例如广东省汕头市澄海区近4500家玩具企业80%以上集中在凤翔、广益、澄华、莲下4个街道（镇），出现了“凤翔玩具”省级专业镇和一批专业村（社区）为主的产业集群。广东省劳动密集型产业中的纺织业区位商值较低，平均值为0.64，小于1，说明纺织产业在广东省聚集程度较低且低于全国平均水平，在国内市场上竞争能力较弱。与此同时属于其下游产业的服装鞋帽制造业区位商测算值大于1，高出全国的平均水平，这会造成本地纺织业产品生产不能满足服装鞋帽制造业生产时对其产品的需求，因此需要从国内市场调入或国际市场进口纺织业产品。

（2）浙江省六大劳动密集型产业的区位商。选取了从2006～2015年的生产总值数据进行区位商的测算，经过计算，得出浙江省的LQ值，见表7－5。

表7－5　　2006～2015年浙江省六大劳动密集型产业的区位商

年份	纺织业	纺织服装、鞋帽制造业	皮革、毛皮、羽毛（绒）及其制品业	家具制造业	造纸及纸制品业	文教体育用品制造业
2006	2.61	1.86	2.32	1.84	1.32	1.90
2007	2.53	1.92	2.37	1.75	1.25	1.64
2008	2.48	2.00	2.57	1.66	1.27	1.65
2009	2.72	1.79	2.37	1.86	1.37	1.86
2010	2.65	1.79	2.28	1.82	1.36	2.30
2011	2.64	1.63	2.04	1.75	1.41	1.90
2012	2.64	1.99	2.00	1.81	1.47	1.50
2013	2.65	1.99	1.97	1.93	1.46	1.63
2014	2.60	1.96	1.88	1.88	1.48	1.49
2015	2.50	1.89	1.66	1.88	1.54	1.54
平均值	2.60	1.88	2.15	1.82	1.39	1.74

资料来源：根据历年《中国统计年鉴》《浙江统计年鉴》整理计算。

从表7-5中可知，浙江省在2006~2015年10年内，选取的六个劳动密集型行业中LQ_{ij}全部大于1，具体为：纺织业，纺织服装、鞋帽制造业，皮革、毛皮、羽毛（绒）及其制品业，家具制造业，造纸及纸制品业，文教体育用品制造业。根据区位商测算，浙江省六大劳动密集型产业发展的状况较为均衡，且计算期内六大产业的区位商平均值均高于1，说明浙江省这六大劳动密集型产业在省内产业聚集情况比较好，形成了具备专业化生产能力的产业集群，并且产值占地区产值的比重高出了全国的平均水平，可以在满足本地区需要的同时向外输出。其中纺织业的区位商平均值达到2.60，为所测算的六大产业中区位商均值最高的，因此纺织业在所考察的产业中集聚化程度最高。

（3）广东省和浙江省六大劳动密集型产业区位商比较。从广东省和浙江省六大劳动密集型产业的平均区位商对比中可以看出，所选取的六大产业在浙江省的产业聚集度发展比较平均，且均超过了全国平均水平。浙江省的优势产业集中在纺织业，纺织服装、鞋帽制造业，以及皮革、毛皮、羽毛（绒）及其制造业，造纸及纸制品业虽然也有一定程度的产业集聚，但是相对于其他产业而言属于劣势产业。作为浙江省的支柱性产业，纺织业长期引领浙江省经济的快速发展，2015年其规模以上企业的工业生产总值占浙江省9%以上，实现主营业务收入70713亿元，创造利润总额3860亿元。广东省六大产业中文教体育用品制造业和家具制造业相对来说属于优势产业。由于纺织业区位商小于1，相对而言属于劣势产业。而区位商最大的文教体育用品制造业LQ_{ij}值与最小的纺织业LQ_{ij}值之间相差2.14，可见广东省劳动密集型产业聚集程度发展的不平衡。另外，浙江省产业与广东省的劳动密集型产业相比，两省纺织业的区位商平均值相差1.96，可见浙江省的纺织业的产业聚集程度、专业化生产程度均高于广东省纺织业。

7.3.2.2 国际化比较

当一个地区某个产业的LQ_{ij}值大于1时，意味着该产业产出大于本地需求，LQ_{ij}值大于1的部分将会销往其他地区或者是出口；反之，当LQ_{ij}小于1时，意味着该产业产出不能满足当地的需要，LQ_{ij}值小于1的部分需要通过从其他地区购买或者是进口来弥补；当LQ_{ij}值等于1时，则供需平衡，该产业的生产仅供当地使用，不发生贸易。因此，LQ_{ij}值是否为1是劳动密集型产业集群产品是供本地域自足还是有剩余向区域外输出的临界点。根据区位商来研究劳动密集型产业集群的贸易比率，就是考察产业集群的LQ_{ij}与临界点1之间的关系，即贸易比率为（LQ_{ij}-1）。贸易比率的意义在于，通过研究产业聚集度、产业专业化生产能力来考察产业出口能力的强弱，进而推测出专业化生产对产业国际化能力的影响。贸易比率存在正值、负值和0三种情况：正值代表专业化生产的集群有能力出口；负值代表需要从区域外输入产品才能满足本地使用；0代表集群生产仅够本区域自足。表7－6是根据广东省和浙江省劳动密集型六大产业的10年区位商平均值计算的贸易比率值。

表7－6　　广东省和浙江省劳动密集型六大产业的贸易比率

产　业	贸易比率（LQ_{ij}-1）	
	广东省	浙江省
纺织业	-0.36	1.60
纺织服装、鞋帽制造业	0.56	0.88
皮革、毛皮、羽毛（绒）及其制品业	0.53	1.15
家具制造业	1.08	0.82
造纸及纸制品业	0.25	0.39
文教体育用品制造业	1.78	0.74

资料来源：根据《中国统计年鉴》《广东统计年鉴》《浙江统计年鉴》数据整理。

从区位商平均值测算的广东省和浙江省劳动密集型六大产业的贸易比率可以看出，两省劳动密集型产业大部分的贸易比率值大于0，意味着所测算的劳动密集型产业集群大多存在产品出口的现象。贸易比率超过1.5的有广东省的文教体育用品制造业和浙江省的纺织业。其中广东省文教体育用品制造业的贸易比率为1.78，为所有测算产业中最大值。因此这两大产业不仅在本省形成了产业集群，而且在对外贸易方面也占有优势。

从贸易比率来看，浙江省和广东省所选取的六大劳动密集型产业的出口贸易发展都比较好。除了广东省的纺织业贸易比率小于0以外，其他产业的贸易比率均大于0。对比表7－7和表7－8来看，2011～2015年广东省纺织纱线、织物及制品出口额低于浙江省，而广东省的家具及其零件的出口额高于浙江省同类产品的出口，这与贸易比率测算的结果相符。

表7－7　　2011～2015年广东省四类劳动密集型产品出口额　　单位：亿美元

年份	服装及衣着附件	纺织纱线、织物及制品	鞋类	家具及其零件
2011	314.34	112.78	142.73	149.29
2012	314.18	112.31	137.66	154.13
2013	331.07	117.94	144.67	174.51
2014	363.45	120.21	153.87	196.49
2015	379.23	120.40	152.80	198.18

注：2015年广东省统计公报中所选取的四类劳动密集型产品出口额为人民币计价，表中数据为根据2015年12月31日人民币对美元汇率6.4893折算得出。

资料来源：2011～2015年广东国民经济和社会发展统计公报。

表7－8　　2011～2015年浙江省四类劳动密集型产品出口额　　单位：亿美元

年份	服装及衣着附件	纺织纱线、织物及制品	鞋类	家具及其零件
2011	291.38	311.08	74.86	76.16
2012	285.44	312.64	75.57	80.74
2013	318.83	353.68	88.82	89.24
2014	332.76	376.88	95.20	100.95
2015	323.45	363.38	93.71	104.02

资料来源：历年《浙江统计年鉴》。

通过对广东省和浙江省六大劳动密集型产业区位商的测算，发现2006～2015年这10年两省六大产业的区位商值变化不大，围绕着平均值上下小范围地波动。除了广东省文教体育用品制造业，浙江省纺织业，皮革毛皮、羽毛（绒）及其制品业，以及文教体育用品制造业的区位商值2015年比2006年下降，其他产业的区位商值总体是上升的，说明产业聚集程度是不断加强的，产业集群的生产越来越集中并且获得规模生产的优势。

从区位商的测算来看，浙江省这六大产业相对于广东省来说，产业聚集程度较好，纺织业，纺织服装、鞋帽制品业，皮革毛皮、羽毛（绒）及其制品业，造纸及纸制品业区位商平均值超过了广东省这四个产业的区位商平均值。究其原因，主要涉及产业集群的横向分工和纵向分工的问题。所谓横向分工，是指所有的企业生产的都是同类型的产品，它们之间并无任何产业分工，整个产业集群内部生产相类似的产品。纵向分工则是指不同企业间形成整个产业链条的分工状态，每个企业只参与某件商品的其中一个环节的生产。由于广东省劳动密集型专业镇多以横向分工为主，而浙江省则是以纵向分工为主，这就导致了上述的测算结果。由此也可得出纵向一体化发展才是产业集群发展的重要因素，更有利于中国产业集群的国际化发展。广东省的纺织业的贸易比率为 -0.36，说明纺织产业集群的产品仅够供应当地需求，理论上不会存在产品出口的现象。但是现实情况并非如此，表 7 -9 显示了广东省 2012 ~2015 年纺织业产品出口的情况。

表 7 -9　　广东省 2012 ~2015 年纺织产品出口状况　　单位：亿美元

产　业	2012 年	2013 年	2014 年	2015 年
纺织纱线、织物及制品	112.3	117.94	120.21	120.40

资料来源：2012 ~2015 年广东国民经济和社会发展统计公报。

从表 7 -9 中可以看出，广东省纺织业产品 2012 ~2015 年出口额不断增加，到 2015 年增长了约 8.1 亿美元，总体情况是出口额在逐年上升的。由此可见，广东省纺织业产品存在出口情况且出口额在不断上涨，这与贸易比率测算得出的不应该存在出口的结果不相符。这是由于广东省属于沿海省份，交通便利且对外贸易比较发达，因此很多专业镇是依靠外商投资而形成的产业集群形式。专业镇中的企业大多为中小企业，产量有限。一方面通过规模以上企业产值测算的区位商不能完全代表整个专业镇经济的发展状态；另一方面广东省对外贸易发达，相对于发达国家，纺织品产业的产品价格相对较低，在国际市场中具有价格优势。因此，会出现实际情况与测算结果不相符合的结论。

7.4　GVC 下劳动密集型产业集群国际化的价值判断和对策

7.4.1　GVC 下劳动密集型产业集群国际化的价值判断

7.4.1.1　劳动密集型产业集群的国际化是集群升级的重要途径

中国劳动密集型产业集群大多是中小企业集聚而成的，集群内大部分企业生产规模较小，生产经营的管理方式大多是粗放型的，生产过程中资源利用率低且会对环境造成一定的污染。由于缺乏核心技术，集群内企业的产品差异化小且质量参差不齐，仅依靠低成本的优势在国际市场上占据一席之地。这就造成产品档次低、集群内部企业过度竞争、在市场上大打价格战、高端产品却严重依赖国外等不合理现象。随着经济发展和全球化分工不断深化，中国劳动密集型产业集群在国际市场上的竞争优势渐渐减弱，集群在国际化发展的道路上举步维艰。

中国劳动密集型产业集群未来的发展方向是沿着全球价值链进行产业升级，这是由于中国劳动密集型产业集群自改革开放以来，就通过进出口贸易、承接发达国家的产业转移以及成为专业的OEM基地等形式嵌入到全球价值链中。随着经济全球化发展，产业集群的发展已经难以通过单方面的国内产业调整来促进产业的升级，国际化的发展会给产业集群的升级带来更多的机遇。例如，劳动密集型产业集群可以通过代工生产积累的生产技术和知识来促进产品升级、工艺升级。集群内的领导厂商通过带动境外投资来推进整个产业集群的产业转移。中国劳动密集型产业集群国际化发展的目的就是促进本集群的产业升级，无论是主动的国际化发展还是被动的国际化发展，无论是集群内个别企业国际化发展还是集群整体的国际化发展，都会基于集群内的关联效应带动整个集群的优化升级。

7.4.1.2 GVC对劳动密集型产业集群的国际化具有重要影响

大多数劳动密集型产业集群的形成是通过承接发达国家的产业转移或者是由于跨国公司的投资而形成的产业集聚，因此劳动密集型产业集群的发展已经在不同程度上嵌入了全球价值链。劳动密集型产业集群要通过国际化的途径来促进产业升级就要结合所嵌入的全球价值链的特点推动产业升级。集群升级不是简单的通过革新生产技术就能完成的，因为集群生产长期处于全球价值链生产的低端并且集群内部大多是中小型企业，科研和创新能力不足以带动整个集群的优化升级。另外，集群内知识溢出效应较大和企业家安于现状的心态都会对集群创新能力造成影响。因此，劳动密集型产业集群在全球价值链下的国际化发展是集群升级的新途径。

全球价值链的治理模式以及动力机制都对劳动密集型产业集群的国际化发展有一定影响：一方面，全球价值链的治理模式影响着劳动密集型产业集群国际化的方式，不同治理模式对集群的国际化方式无论是出口、产业转移、海外并购还是为跨国公司代工生产都存在着影响；另一方面，全球价值链的动力机制影响着劳动密集型产业集群升级的方向，嵌入购买者驱动价值链的劳动密集型产业集群应当注重品牌的树立以及加大设计投入，嵌入生产者驱动价值链的劳动密集型产业集群应当注重研发，嵌入混合型驱动价值链劳动密集型产业集群在建立新的价值链时要注重价值链的治理。因此劳动密集型产业集群的国际化发展要结合所嵌入全球价值链的类型进行综合性的发展。

7.4.1.3 劳动密集型产业集群的专业化生产能延伸国际化深度

通过广东省和浙江省六大劳动密集型产业集群的区位商测算可知，劳动密集型产业集群的产业聚集程度会影响产业集群的专业化生产能力，当某个劳动密集型产业集群的专业化生产能力较强时，产出品不仅能满足当地的生产生活需要，也能够向地区外输出甚至是出口到其他国家，这就涉及集群的专业化生产能力对国际化深度的影响的研究。国际化深度指的是针对某个具体而特定的市场集群内企业资源投入的程度，资源投入程度可以从市场进入模式当中反映出来，例如出口就代表资源投入程度比较低，而集群式的境外投资就代表资源投入程度比较高。因此劳动密集型产业集群的国际化是个循序渐进的过程，从产品出口到境外投资是随着专业化生产的不断深入来实现的，当地区劳动密集型产业集群的生产专业化不断深入时，集群在国际上的竞争力会不断加强，那么集群在国际市场上的资源投资程度越深，生产所得的利益会越大，从而促进劳动密集型产业集群的升级。

7.4.2 GVC 下劳动密集型产业集群国际化的对策建议

要实现劳动密集型产业集群从出口到集群式投资的国际化不断深入的发展，实现劳动密集产业集群在全球价值链上的升级，需要集群内企业、当地政府和行业协会的分工合作，共同推动劳动密集型产业集群国际化发展。

7.4.2.1 提升集群自身实力，增强国际竞争力

（1）加大研发力度，提升集群核心竞争力。中国劳动密集型产业集群在全球价值链中处于低端地位，产品附加值低。Humphrey 和 Schmitz 两位学者

曾经提出四种在全球价值链上升级的方式，分别是工艺流程的升级、产品层面的升级、功能性升级以及价值链升级。只有提升产品的技术含量以及质量，才有可能实现劳动密集型产业集群内企业在全球市场上的跨越式发展。侯茂章（2012）基于产业集群国际化过程中的风险评价，提出集群要通过改进生产工艺、提高生产技术、提高产品质量以及科技含量来加强自身实力，达到全球价值链治理规则和标准的要求来降低国际化的风险。李艳丽（2011）基于汇率变动对劳动密集型产品出口影响的实证研究，得出政府在长期应该加快产业结构调整，提升产品的技术和知识含量，打造本国的自主性品牌，在短期则应该扩大国内有效需求。

技术的革新是经济增长的基础，是劳动密集型产业集群保持竞争力的最重要保证。企业研发投入的增加，对企业的工艺升级和产品升级都有较大的推动力。集群在成为发达国家跨国公司专业化的 OEM 生产基地时，为委托公司生产的过程中，通过对其工艺流程的不断学习来革新自身的生产环节。例如对于嵌入网络型的劳动密集型产业集群来说，集群在与委托企业合作的同时，可以根据订单生产产品的过程中迅速消化、吸收新的生产技术并且将其运用到其他产品的生产过程中，以及在生产过程中了解国际市场上对于产品需求新的动向，并且根据了解到的情况进行数据分析及时调整不同种产品的产量。在先进技术的支持下，企业的生产环节改造是升级过程中的核心内容，产品的质量和企业生产率的提升通常就是在这一步完成。产品质量的提升离不开企业对节能环保的重视。以玩具业为例，产品和包装的生产应该取消使用聚氯乙烯材料，多使用可回收、可循环、可降解的材料，玩具的涂料也应选择含有天然植物油成分的油性涂料，以降低产品中铅等重金属含量。

企业应当大力发展自身的核心优势，比如独一无二的技术专利、优秀的生产技能等，使其发展成为在国际市场能够依此稳定发展的有效竞争力。此外还应不断创新，努力成为国际市场上的引领者，对自身的传统优势，取其精华，并不断加强科研能力，同时加强与研究机构合作达到互利共赢的局面；建立中小企业技术创新基地，提高技术创新能力。

（2）树立集群品牌形象和建立国际化的营销渠道。劳动密集型产业集群大多嵌入购买者驱动的全球价值链中进行生产经营活动，产业集群大多通过树立品牌和构建良好的营销渠道来实现集群从价值链的低端到高端的跨越。企业形象一直是中国劳动密集型产业集群内企业的薄弱环节，长期以来得不到足够重视，要想成功塑造品牌形象，首先需要有满足市场需求的产品和过硬的产品质量。其次是要通过高质量的产品在消费者心中建立起知名度，将产品的良好形象和企业联系起来，这个过程通常还会涉及诸如企业对社会责任的履行，以及对市场文化的把握以及各种营销策略。集群品牌的树立与企业的品牌战略、企业文化以及企业精神息息相关，企业应该重视以人为本，把员工的职业道德和社会责任培养作为企业文化建设的重点。

中国劳动密集型产业内的企业在构建国际化的营销渠道方面力量是比较薄弱的。以集群为单位在海外构建营销网络型的对外投资形式，例如境外商城、境外品牌展示（贸易）中心等投资形式为集群内企业打造了一座通往国际化发展的桥梁，带动了整个集群的国际化发展。

（3）培养高素质的劳动者，推动现代企业制度的建立。劳动者的素质关系到集群内企业的创新能力的提升以及国际化战略的实施，是影响产业集群国际化发展的重要因素之一。因此应当鼓励集群内企业的员工以及管理者参加高校或培训机构开设的与特色产业相关的培训课程，以此来提升劳动者的素质，拓宽管理者的经营思路。对企业家及企业高层管理人员进行培训，提升其在科学管理和现代营销等方面的知识和技能，健全完善企业管理人员选拔、培养和任用的机制，全方位提升企业的管理水平。加大高素质人才的引进力度，从相关大专院校及科研机构广纳人才，让他们在实践中尽快掌握业务知识，为企业保持人才优势做充分的准备。另外，对国外市场当地人才的引进也要加以重视，一方面是因为当地人才对本地市场、行情等情况更加熟悉，在发生紧急情况的时候能够更加有效地采取应对措施；另一方面是由于对当地人才的利用解决了东道国部分就业问题，对维持我国企业在东道国稳定的经营环境起到一定的作用。

7.4.2.2 增强政府的引导服务能力，推动集群与国际接轨

（1）加强政府引导，提升地区产业集聚度。我国劳动密集型产业集群在出口中具有劳动力成本的比较优势，但是随着经济的发展，劳动力、自然资源等的成本逐渐上升，集群产品的出口价格也随之上升。集群企业为了维持出口量，若一味压低产品成本，势必会导致产品质量的下降，导致整个集群企业的产品被贴上低档次产品的标签，不利于集群的长远发展。此外集群的发展，哪种产业能够更好地匹配本地资源、人力物力条件，以及如何避免集

群内出现产业同构和“柠檬市场”现象，这非企业之力可以解决，必须依靠政府的引导。

根据广东省和浙江省劳动密集型产业区位商的实证分析可以看出，产业聚集程度高的集群专业化生产的产品不仅能够自足，而且有能力向地区外或者是境外输出产品。通过对比发现，集群纵向一体化的产业结构比横向一体化的产业结构产业集聚程度更高，因而贸易比率也更高。因此，集群所在地政府应当发挥引导作用，提供优惠的政策，通过招商引资将更多与本集群产业相配套的上下游企业引入集群内部，从而实现纵向一体化的分工模式。这样不仅有利于形成产业集群的规模生产，也有利于降低产品的生产成本，维持产品在国际市场上的比较优势。除此之外，承接产业转移还需打造良好的“第三投资环境”，即良好的地区产业配套能力。由于承接产业转移的效果与其配套能力之间呈现明显的正相关关系，因此政府应当发挥职能大力推动集群的专业化生产，加强引导作用提升集群的集聚力。

（2）鼓励集群式“走出去”，推进集群的国际化发展。劳动密集型产业集群内的企业大多为中小型企业，而中小企业单独走出去存在很多劣势。第一，风控能力较差，当风险发生时，无法及时采取有效地产生抵抗风险的对策。第二，由于中小企业资本量较小，对信息系统的投资成本也相应较小，因而无法获得第一手的国际市场行业信息。第三，融资能力比较差，从银行等金融机构取得流动资金贷款的难度较大。第四，国际贸易壁垒对中小企业走出去也产生了相当大的阻力。

集群式“走出去”可以绕过市场壁垒获得东道国的市场以及销售渠道。因此，政府在集群式境外投资的过程中，一要鼓励集群内的主导企业到境外的产业园区落户，并且提供优惠的政策，对“走出去”的企业进行减税补贴。二要在境外工业园区的建设过程中合理安排，精细管理。科学布局产业分布，避免产业同构的现象，并且通过各种措施来加大对园区基础设施建设的投资，完善境外产业园区的硬件设施以保证企业入驻后能够进行正常的生产以及保障工人的正常生活。三要加强与东道国政府的交流和沟通，争取东道国政府招商引资的优惠政策，积极解决企业发展过程中与当地政府发生的摩擦，为入驻产业园的企业提供安定的政治经济环境。四要发挥桥梁作用，推动企业与银行等金融行业的合作，为企业的国际化发展提供充足的资金支持。

（3）制定统一产品标准，规范产品生产。一方面，国际市场对于劳动密集产品的出口标准越来越高，这一现象可能有针对中国实施变相贸易限制的嫌疑，但提高产品标准，在质量和环保等问题上设定更高门槛，从长远来看对中国劳动密集型企业利大于弊。但是中国传统劳动密集型企业在出口过程中往往对规则变化反应缓慢。另一方面，由于劳动密集型产业集群内部产品差异化小，且企业大多嵌入购买者驱动的价值链中，产品的技术含量较低，产品设计和技术含量雷同，只能靠低成本优势来维持出口。随着技术标准提高、廉价劳动力减少等因素，劳动密集型产业集群的成本不断上升。因此，在国际和自身因素双重夹击下，劳动密集型产业集群的产品在国际竞争中处于劣势地位。

劳动密集型产业集群在国际化的过程中熟悉国际标准，积极融入他国文化，增强在海外市场的适应能力是解决问题的关键。因此政府一要结合国际标准和产业集群的产品标准，制定新的生产和产品标准。同时提高行业质量标准，帮助扶持中小企业，对外应对贸易摩擦和贸易壁垒时，能形成统一的力量，有效提高行业竞争力。例如，对玩具的涂料中的含铅量标准应结合国际标准重新定义，制定出符合国际市场规范的新标准。二要对产品的质量进行规范和定期随机检测，形成有效机制来阻止不合格产品流向市场。三要地方政府应鼓励和支持集群内的企业推行实施 ISO9000、ISO14000、SA8000 等国家标准认证，以保证集群的产品能够顺利进入欧美市场。

7.4.2.3 发挥行业协会的积极作用，加强行业自律

中国劳动密集型产业集群内部多为生产类似产品的中小企业，集群内部竞争激烈而合作不足，而大型企业产业引导能力不足，中小企业间的协作能力也比较差。企业之间如果不能在竞争中积极合作，会降低整个集群国际化过程中的盈利和抗风险能力，对企业、集群和当地经济没有好处。郑露曦等（2010）认为应该建立行业内部协会组织，制定统一的规则标准，维持行业内部生产经营的有效秩序，并将国外市场最新情况及时告知行业内各家企业以便企业内部及时调整发展战略，为走出去强化自身的实力。肖海霞（2011）认为，产业集群内的行业协会应该针对本产业发展过程中的特点，在集群内为企业的技术革新提供支持，并且为中小企业在技术、生产方面的交流沟通提供平台，并在集群内开办培训班以提高劳动者的素质，从而为产

业集群的创新升级以及提升核心竞争力提供帮助。因此，第一，行业协会要提倡企业间的合作，并且制定集群内生产经营活动准则，避免集群内企业恶性无序的竞争行为。第二，行业协会要积极为集群内企业发展提供公共服务，例如为集群内企业国际化活动提供法律咨询、信息提供等方面的服务，为集群内产学研合作搭建平台，联合各方力量推进产业集群产品的创新。第三，开展“互联网+”行动。在信息化高速发展的今天，行业协会必须大力推动集群企业的情报信息技术发展，开展大数据分析，用信息技术为生产提供新方向、新技术，为营销和品牌推广提供新渠道、新模式。

第 8 章

全球价值链下劳动密集型产业集群品牌战略

在全球产业分工不断深化的今天，我国已经出现了劳动密集型产业集群品牌，如广东沙溪休闲服装、佛山陶瓷、中山古镇灯饰；浙江宁波服装、义乌小商品、大唐袜业；山东青岛家电、东阿阿胶；福建晋江运动鞋、南安建材；安徽博望的刀具、无为的电缆、孙村的服装等。但是，这些知名品牌大多都是加工层次上的，通过为国外大企业贴牌的方式参与到国际分工中去，获取的利润低廉。同样一件产品，国外企业获得的利润是国内企业贴牌获取利润的几到几十倍。例如，计时钟的初始成本 7 元左右，经我国企业贴牌加工后出厂价涨至 10 元左右，而同类型计时钟国外出厂价大约为 100 元，是国内出厂价的 10 倍。在利润获取方面，国外利润是国内的 30 倍。品牌位于全球价值链的高附加值环节，可以帮助我国的劳动密集型产业集群走向价值链的高端。① 2015 年 5 月 8 日，国务院发布《中国制造 2025》，该规划指出，要提高我国制造业生产的产品质量，建立在国内外都有竞争力的产业集群品牌。2015 年 7 月 13 日，国家发展改革委发布关于《增强制造业核心竞争力三年行动计划（2015－2017 年）》的通知，通知中指出要增强我国企业的竞争力，打造具有科技创新能力的产业集群，最终创建出在国内外都有影响力的品牌。2017 年 7 月 17 日，中国品牌建设促进会指出，要以“一带一路”建设为契机推动中国品牌走向世界，以核心产品为龙头形成产业集群，走出国门参与国际品牌经济的竞争。产业集

① 孙婷婷．全球价值链下劳动密集型产品集群品牌研究［D］．安徽财经大学，2015.

群品牌战略将是我国劳动密集型产业集群解除低端锁定、向价值链的高附加值环节攀升的有效方法。①

8.1 GVC下我国劳动密集型产业集群品牌发展现状与问题

8.1.1 产业集群品牌与区域品牌

关于产业集群品牌的概念问题，学者们的说法尚不一致，经常有人把产业集群品牌与区域品牌的概念混淆。下面通过几位学者对产业集群品牌和区域品牌的定义，来看两者的区别和联系。张国亭（1998）认为，集群品牌是集群内企业集体行为的综合体现，是集群内众多组织、机构在对某一种或某一类产品（服务）长期的生产经营中积累而形成的，具有为外部购买者、合作者以及其他相关者所广泛认可的知名度、美誉度的名称和标识。产业集群品牌对区域经济的促进效应主要表现为市场推广、资源集聚、示范带动、中小企业覆盖、区域形象提升等经济效应。夏曾玉等（2003）定义了区域品牌，认为区域品牌是区域经济发展的产物，是某地域的企业品牌集体行为的综合体现，并在较大范围内形成了该地域某行业或某产品较高的知名度和美誉度。吴传清（2008）认为区域产业集群品牌是区域产业集群发展到成熟阶段的必然产物，也是促进区域产业集群持续发展的重要支撑保障。区域产业集群品牌具有区域俱乐部型公共产品、区域共有产权和区域标识性知识产权等显著属性。区域产业集群品牌对集群企业和产业集群的功能效应，最终体现为对区域经济的促进作用。区域产业集群品牌通过区域营销效应、要素集聚的促进效应以及区域经济发展的乘数效应，进一步提升区域实力，增强区域竞争力。

从学者们对产业集群品牌和区域品牌的定义可以看出，产业集群品牌有三方面的特点：品牌性、产业性和区域性。区域品牌比产业集群品牌少了一

① 孙婷婷．全球价值链下劳动密集型产品集群品牌战略研究现状与趋势［J］．铜陵学院学报，2014（5）：19-22.

个产业性，因此前者的范围比后者广，前者还包括区域自然（环境）品牌、区域历史文化品牌和区域旅游品牌。比如，浙江嵊州剡溪，并不是产业集群品牌，它是由于古代诗人游历而闻名，正是这个历史文化因素让其成为区域品牌。

8.1.2 产品品牌、企业品牌与产业集群品牌

根据美国市场营销协会，企业品牌是指一种标志，这种标志是用来代表公司在产品、服务、售后等方面的形象。产品品牌是指一种标记、术语、设计、符号或者名称，或者这些的组合，目的是使消费者辨认这个产品，并与其他产品区分开。从定义可以看出，产品品牌和企业品牌与产业集群品牌有一定的关系。企业品牌和产品品牌是产业集群品牌的基础，产业集群品牌是企业品牌和产品品牌的集合，三者之间相互作用和相互影响。产品品牌、企业品牌和产业集群品牌之间是存在差异的，差异的主要原因在于三者的单位不同，企业品牌的单位是企业，产品品牌的单位是产品，而产业集群品牌的单位是整个集群，因此，后者的建立比前两者更加复杂和困难。

产业集群品牌是产业集群发展到高级阶段的重大表征，如果把产业集群看作是“树”，那么主导产业是“树干”，产业集群品牌是“枝叶”（胡大立等，2006），企业品牌是“根干”，产品品牌则是细小繁多的“根系”，见图8－1。产品品牌、企业品牌和产业集群品牌的关系是“根系”“根干”和

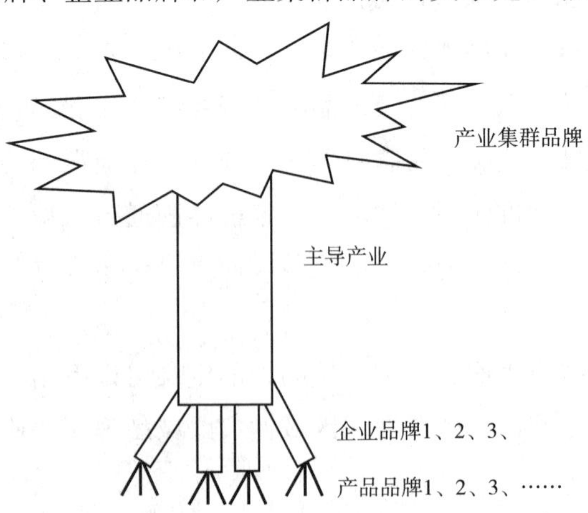

图8－1 产品品牌、企业品牌与产业集群品牌的关系

"枝叶"的关系。只有"根系发达""根干健康"，才能"固土"和"滋润"，保持"枝叶"充足的营养和水分。反过来，只有"枝繁叶茂"才能为"根干""根系"遮雨遮阳，阻止水分蒸发。因此，产品品牌、企业品牌和区域品牌相互依存、互惠一体。

8.1.3 中国劳动密集型产业集群品牌发展现状

8.1.3.1 主要省份的劳动密集型产业集群品牌

2008 年"中国产业集群品牌 50 强""中国百佳产业集群"的发布标志着中国产业集群品牌工程的正式启动。在集群 50 强中，劳动密集型产业集群品牌有 36 个；百佳产业集群中，劳动密集型产业集群占比 76%。可见，我国的主流产业集群是劳动密集型产业集群。经过不懈努力，我国的劳动密集型产业集群，已经渐渐地改变了质量低劣的局面，并取得了一定的成绩。例如，一提到五金就会想到永康；一提到袜子就会想到大唐；一提到打火机就会想到温州；一提到领带就会想到嵊州，等等。表 8 - 1 总结了我国主要省份的劳动密集型产业集群品牌。

表 8 - 1　　我国主要省份劳动密集型产业集群品牌

省份	主要劳动密集型产业集群品牌
浙江	温州皮鞋、嵊州领带、黄岩塑料模具、宁波服装、余姚模具、安吉竹加工、瑞安休闲鞋、苍南印刷、温州锁具、永嘉拉链、平阳塑编包装、嘉善木业、海宁皮革加工、永康五金、桐乡毛衫、宁海文具、东阳木雕、温岭注塑鞋、湖州童装、义乌小商品、诸暨袜业、桐庐制笔、富阳白板纸、绍兴轻纺等
广东	东莞大朗毛织、东莞文化用品、中山灯具及灯饰、佛山顺德家具、佛山南海纺织、佛山禅城建筑卫生陶瓷、佛山南海金属加工、开平水暖器材、阳江刀剪、广州黄埔日用消费品、云浮石材加工、增城市牛仔服装、佛山家具、广州花都皮具、汕头玩具礼品等
江苏	常熟服装、宜兴工艺美术陶瓷、宜兴电线电缆、东海水晶、靖江船舶、南通家纺、江阴精细纺织、张家港冶金及金属加工、兴化不锈钢制品、吴江丝绸纺织、太仓润滑油等
福建	晋江休闲运动鞋、泉州箱包、长乐纺织、德化日用工艺陶瓷、丰泽的树脂工艺、漳州休闲食品、厦门太阳镜、南安建材、石狮休闲运动服装、闽南石材、安溪乌龙茶、南平林业加工、惠安的石雕等

续表

省份	主要劳动密集型产业集群品牌
山东	青岛家电、滕州中小机床、莱阳农产品加工、烟台葡萄酒、广饶橡胶轮胎、寿光农副产品加工、文登工艺家纺、五莲农用车制造、滨城巾被、兰山区板材、郓城纺织、荣城海带深加工、淄博工艺玻璃等
辽宁	沈阳机床机械、盘锦石化、大连装配制造、金州新区装备制造、抚顺工程机械、大东汽车零部件、沙河钢管、瓦房店轴承、沈北农产品深加工、庄河装备制造业等
河北	白沟箱包、辛集皮革、孟村弯头管件、清河羊绒、左各庄人造板、胜芳金属玻璃家具、安平丝网、正定板材、卢龙粉条、沙河玻璃、高邑蔬菜、河间电缆、蠡县皮毛、容城服装、平乡自行车配件、大城保温材料等
河南	长垣起重机械、漯河食品、巩义铝型材、生产加工、夏邑打火机、河南方便面、郑州服装、郑州速冻食品、长葛农机配件、偃师钢制办公家具、许昌发制品、长垣医用卫材、巩义耐火材料等
四川	成都白酒酿造、成都武侯鞋业、德阳装备制造、新繁家具、攀枝花钒钛、新都汽车配件、乐山夹江陶瓷等
江西	景德镇陶瓷、进贤医疗器械、进贤文港毛笔、樟树药业、余江中童眼镜、青山湖区针织服装、共青城羽绒服装、武宁节能灯、安义铝合金塑钢材、庐山区绿色食品、瑞昌棉纺织等
安徽	博望刀具、无为电缆、孙村服装、合肥家电、蚌埠滤清器、砀山水果深加工、淮南粮贸加工、亳州中药、马鞍山钢铁、黄山茶叶、蒙城畜牧肉食加工、全椒玩具服装、望江纺织等

资料来源：根据“中国产业集群品牌50强”“中国百佳产业集群”等整理所得。

8.1.3.2 中国劳动密集型产业集群品牌的地域分布

从地域分布上来看，我国的劳动密集型产业集群品牌主要分布在珠江三角洲、长江三角洲以及东部沿海地区，这些地区的产业集群发展速度明显高于其他地区，发展特点也十分鲜明。珠江三角洲的劳动密集型产业品牌以“小产品、大市场；小企业、大协作；小集群、大作为”的特征闻名全国，主要有纺织产业集群、装备业产业集群、家电产业集群。长江三角洲的劳动密集型产业集群品牌发展迅速。

以浙江省为例，其块状经济增长强劲。浙江省凭借低成本的比较优势，培育出了一大批品牌效应好竞争优势强的块状产业集群。代表性的“块状经济”有义乌小商品、宁波服装、绍兴纺织、萧山化纤纺织、慈溪家电、余杭家纺、杭州装备制造业、海宁皮革制品、永康五金、嵊州领带、黄岩模具、长兴蓄电池、舟山船舶修造、瑞安汽摩配、温岭泵业等。据浙江经济和信息化委员会统计，2015 年浙江省有 192 个块状经济的销售收入达到了 65 亿元，吸收就业人数和实现工业总产值分别占浙江省工业的 56. 8% 和 61%，年工业销售产值超过 1000 亿元的有 11 个，超过 500 亿元有 15 个。《浙江省产业集聚区发展“十三五”规划》显示，截至 2015 年底，浙江省 15 个产业集聚区[①]重点规划区范围内实现生产总值 2194 亿元，规模以上工业总产值 6601 亿元。集聚区生产总值、规模以上工业总产值占全省的比重分别从 2011 年的 3. 4%、7. 4% 提高到 2015 年的 5. 1%、10. 2%，增长贡献度分别达 10. 1% 和 25. 3%。产业集聚区已经成为浙江省经济发展的重要支撑，其中，杭州大江东、宁波杭州湾、绍兴滨海、金华新兴、衢州绿色、舟山海洋、台州湾循环经济等集聚区的规模以上工业总产值突破 500 亿元，杭州城西科创、宁波梅山等集聚区的服务业营业收入达到千亿级。

除此之外，中部地区的产业集群发展速度也逐渐加快。以安徽省为例，据安徽省经济和信息化委员会《2016 年安徽省产业集群专业镇发展报告》显示，2016 年全省 213 个产业集群专业镇实现营业收入 7741. 95 亿元，同比增长 16%；上缴税金 272. 89 亿元，实现利润 634. 05 亿元。截至 2016 年底，全省产业集群专业镇规模以上企业数为 4810 户，占全省规模以上工业企业数的近 1/4，带动从业人员 163. 54 万人，集聚企业 29692 户，其中新增企业 1936 户。拥有中国驰名商标 3 家，省著名商标 42 件，省名牌产品 21 个，企业主导和参与制定国家标准 10 项、行业标准 7 项，企业标准 62 项。从专业镇营业收入来看，有 78 个专业镇的营业收入在 10 亿元以下，有 88 个专业镇的营业收入在 10 亿 ~50 亿元之间，50 亿 ~100 亿元之间的专业镇有 25 个，100 亿元以上专业镇有 22 个。

---

① 根据《浙江省产业集聚区发展“十三五”规划》，15 个产业集聚区是：杭州大江东产业集聚区、杭州城西科创产业集聚区、宁波杭州湾产业集聚区、宁波梅山国际物流产业集聚区、温州瓯江口产业集聚区、温州浙南沿海先进装备产业集聚区、嘉兴现代服务业产业集聚区、湖州南太湖产业集聚区、绍兴滨海产业集聚区、金华新兴产业集聚区、衢州绿色产业集聚区、舟山海洋产业集聚区、台州湾循环经济产业集聚区、丽水生态产业集聚区、义乌商贸服务业集聚区。

以纺织服装产业集群为例，用区位商来定量分析我国劳动密集型产业集群品牌的地域分布情况。这里用一个地区特定部门的产值在地区工业总产值中所占的比重与全国该部门产值在全国工业总产值中所占比重之间的比值计算区位商（LQ）。如果区位商的数值大于1，则表明该产业的专业化程度和集聚程度较高，区位商越大，该产业的专业化程度和集聚程度越高，产业集群的趋势越明显。表8-2是依据《中国统计年鉴（2016）》和相关省市的统计年鉴数据计算得出的2015年主要省市的区位商数值。

表8-2　2015年主要省市纺织服装产业区位商数值

广东	浙江	安徽	福建	江苏	湖北
1.254	2.732	0.832	1.562	1.316	0.781
江西	河南	重庆	湖南	四川	吉林
0.762	0.613	0.412	0.341	0.681	0.215
辽宁	云南	河北	甘肃	黑龙江	山东
0.213	0.058	0.156	0.092	0.042	1.754

资料来源：《中国统计年鉴（2016）》和2016年主要省份统计年鉴。

从表8-2可以看出，区位商的数值大于1的省份有广东、浙江、福建、江苏和山东省，这五个省份的产业集聚程度集中，恰就是在珠江三角洲、长江三角洲和东部沿海地区，中部地区正在加速发展，如安徽、湖北、江西等省，虽然区位商的数值没有达到1，但是数值高于其他省市，达到0.76以上。

8.1.3.3　中国劳动密集型产业集群品牌的行业分布

我国的劳动密集型产业集群品牌在各个行业中的分布不均。化纤纺织、五金制品、丝绸纺织、玩具、制衣、塑料等是劳动密集型产业集群出现较多的几个行业。以轻重工业来分，大多数劳动密集型产业集群主要分布在轻工业中，而且劳动密集型产业集群生产出来的产品大多是居民消费品。以国民经济三大产业分类，我国的劳动密集型产业集群主要分布在第二产业（制造业、电力、水及燃气的供应和生产业、建筑业、采矿业），尤其是制造业产业集群，经过多年的发展，已经有了一大批有一定国际竞争力的品牌。按照联合国国际贸易标准分类（SITC），我国的劳动密集型产业集群品牌主要包括13个行业，分布在SITC6和SITC8两大类中。

从行业分布来看，我国的劳动密集型产业集群品牌的特点如下：（1）绝大部分地区存在的劳动密集型产业集群都涉及多个行业。例如，广东有顺德乐从家具业、澄海澄城玩具业和新兴不锈钢制品业、大沥摩托车业和铝型材、云浮石材业、东莞虎门服装业等种类繁多的劳动密集型产业集群品牌。晋江现在已经形成了以鞋业、食品、家用家居、通信器材、纺织服装、建材和纸质业为主的数十个劳动密集型产业集群品牌。（2）我国的劳动密集型产业集群进入壁垒低，竞争激烈。劳动密集型企业规模经济性弱，科研水平不高，且涉及的多是民生类产品，进入壁垒很低。皮革业、纺织业、木业、金属制品业、日用五金业、化工、机械制造、冶金、家电、钟表、陶瓷制品、食品、建材等劳动密集型产业集群分布在全国各个省区，同质性高，多为竞争性市场结构。（3）纺织产业集群是目前发展良好的劳动密集型产业集群。第一，纺织行业目前品牌培育现状良好，例如知名品牌波司登、七匹狼、九牧王、森马等。第二，纺织行业的技术水平不断提高。纺织行业发展初期大多是手工作坊生产，现在已经都是大型机器生产，而且还引入日本、中国台湾等地的剑杆织机、喷气织机、针织圆盘机、喷水织机等先进机器，引入CAD设计技术等。第三，目前国内有名的纺织产业集群众多。如福建石狮市“中国休闲服装名城”、浙江温州市“中国服装名城”、福建晋江市深沪镇“中国内衣名镇”等。

8.1.4 GVC下中国劳动密集型产业集群品牌培育存在的问题

8.1.4.1 企业在产业集群品牌建设中存在的问题

（1）企业营销能力不强。我国劳动密集型产业集群的营销方式过于单一，大大阻碍了集群品牌知名度的提升。随着科技的发展，媒体宣传让消费者应接不暇，很难提高消费者的品牌忠诚度。因此，要想消费者倾向于自己的产品，就必须采取多渠道的营销方式。以诸暨大唐袜业为例，据调查，在大唐袜业产业集群中，有41%的企业从来没有做过任何宣传。在少量做过宣传的企业中，互联网广告和户外广告是使用最多的方式，分别占19.2%和26.9%；媒体广告的使用率极低，其中广播广告和电视广告占比只有1.3%

和3.8%。[①] 对于劳动密集型产业集群品牌的宣传而言，广告只是其中一种方式，还应该包括品牌联盟、公关、促销等各种方法，而在这些方面，我国的劳动密集型集群除了极少数已经形成规模的大企业采用过，其他中小型企业几乎都未涉及。

（2）多数集群品牌内部缺乏技术创新和强势的龙头企业。我国劳动密集型产业集群中的一些中小企业，在发展的过程中对技术创新的投入力度不够，仅仅依靠政策优惠和自身的要素禀赋优势来发展产业集群品牌。这种“目光短视”导致集群的消化吸收能力差、创新能力弱，直接的后果就是产品更新换代慢。有些产业集群在经历了短暂的繁华之后，后劲不足甚至消失。以中山和温州的灯饰产业集群为例，二者发展前期一直相互竞争，实力相当。温州灯饰产业集群由于技术创新投入不足，生产的产品更新换代慢，有些产品质量不过关，最终在与中山灯饰产业集群的竞争中消亡。其中。部分温州灯饰企业迁移到中山市。

我国的劳动密集型产业集群在其发展过程中存在很重要的一个问题，就是缺乏强势的龙头企业。我国的大多数企业在嵌入全球价值链后，从事着加工制造的低附加值环节，长期处在国外大型零售商和品牌商的控制之下，属于领导型的全球价值链治理模式。全球价值链的治理者大多是国外的大型跨国公司，我国的企业要想摆脱国外公司的治理，就必须壮大本国企业，形成发展强势的龙头企业，领导我国产业集群转型升级，甚至成为全球价值链上的治理者。

（3）集群内企业出现“搭便车”现象。劳动密集型产业集群品牌的建设需要集群内所有企业的努力，仅仅一个企业孤军奋战是无法完成的。因此，产业集群品牌建设就存在“囚徒困境”难题，集群内出现“搭便车”现象，企业自己不愿出力创建集群品牌，等待其他企业投资。这样就很可能会导致消费者对集群品牌失去信任、产品质量下降等一系列问题。此外，有些企业会为了眼前利益链而走险，大量生产假冒伪劣产品，这样极大地损坏了产业集群品牌的声誉和形象。因为产业集群品牌是存在外部性的，如果集群品牌建立了起来，集群内的企业都会受益，但是一旦有一家企业有负面的行为，

---

① 李大垒. 农村产业集群品牌创建分析——基于浙江大唐袜业集群的调查［J］. 农业经济问题，2007（2）：82-88.

将会影响整个产业集群品牌声誉。如浙江永康保温杯产业集群，其“劣质品市场”导致了整个集群品牌的衰退，“山西假酒案”严重影响和冲击了山西酒业产业集群的发展。

8.1.4.2 地方政府在产业集群品牌建设中存在的问题

（1）大多数地方政府对集群品牌缺乏明确的战略规划。我国的浙江省、福建省和广东省政府在产业集群品牌方面已经有了相对明确的战略规划，出台了相应的省政府文件，为当地的集群品牌发展提供了良好的政策支撑。但是，我国的大多数地方政府在创建产业集群品牌时，只注重建设单个企业品牌，而对如何科学地规划整个集群品牌战略，还没有明确的方针。主要原因有：一方面，有些地方政府还没有意识到产业集群品牌的带动作用，以及产业集群品牌对企业品牌和产品品牌的辐射作用；另一方面，由于产业集群品牌的产权不明晰，地方政府还没有认识到自己在产业集群品牌创建中的作用。

（2）地方政府的政策指导性强但可操作性差。据万方数据库显示，2003～2010年间，全国共有134份关于产业集群品牌的政策文件，提出要创建产业集群品牌。但是，经过深层次的阅读可以发现，这些政策文件只是指出要建设产业集群品牌，而具体到底如何建设却没有给出更为详尽的跟随措施。比如谁来主导产业集群品牌的培育、培育到底分几步走、由哪些部门具体实施、后期的保障措施等。以安徽省为例，《安徽省“十二五”产业集群专业镇发展规划》中，强调了建设专业镇的原则、发展布局、指导思想和发展目标，主要任务有加快产业集聚、发展公共服务平台、加大培训力度、加快发展平台建设、大力推进循环经济。但是，对于这些任务和目标如何实现、由哪些部门负责等，并未进行说明，可操作性不强。

（3）地方政府对集群品牌的监管力度不够。地方政府在产业集群品牌培育过程中起着监督者的作用。地方政府通过市场监管来维护产业集群品牌的声誉。在产业集群发展陷入困境、市场秩序混乱、产品质量低下、生产企业良莠不齐时，政府就应当采取监管措施。如果政府的相关部门能发挥监管职能，对市场进行整顿和规范，还可以降低恶性事件的发生率。但是在现实生活中政府往往没有很好地发挥监管职能。政府相关部门对假冒伪劣产品的打击力度不够，因此无法从根源上解决这类问题。缺乏了地方政府的监管，产业集群品牌的建设就很难顺利进行，有可能导致集群经济与集群品牌一损俱损的后果。

8.1.4.3 行业协会在产业集群品牌建设中存在的问题

行业协会是除市场和政府之外，影响企业的第三种力量，是企业、政府、社会之间相互联系的桥梁。但是，与国外的产业集群相比，我国的产业集群中的行业协会没有很大的话语权，职责权限也较小，对建设产业集群品牌的促进作用还不是很明显。而且，现有的产业集群普遍比较缺乏行业协会，即使存在行业协会，也大多没有发挥自己应有的作用，导致众多的企业难以拧成一股力量应对外部危机。以中国皮鞋产业为例，2004 年意大利行业协会起诉中国鞋，要求欧盟委员会对中国生产的鞋进行反倾销调查，2005 年欧盟鞋业联合会（CEC）也要求对中国的皮鞋进行反倾销调查，欧盟最终裁定对中国皮鞋征收反倾销税，为期两年，税率 16.5%，两年到期时又将期限延长 15 个月。而在整个反倾销案件过程中，中国鞋业最重要的组织——中国皮革协会和中国轻工工艺品进出口商会，完全没有采取任何的措施。只有新生港元、泰马、万邦、金履和奥康五家企业联合委托律师，指控欧盟对于中国皮鞋的反倾销裁定不合规定。

8.2 GVC 下劳动密集型产业集群品牌的影响因素

8.2.1 GVC 动力机制对劳动密集型产业集群品牌的影响

我国的劳动密集型产业集群大多从事着全球价值链上的低附加值活动，缺乏大品牌商和零售商，没有垂直一体化的产业结构。我国劳动密集型产业集群的核心竞争力在设计和销售两个环节，价值链的驱动力是商业资本，领导企业大多是当地企业，进入壁垒是范围经济，典型产业是服装、玩具和家具等，而发达国家的劳动密集型产业集群控制着品牌和营销渠道，占据市场主导地位，领导企业大多是大型的跨国公司，价值链驱动力来自产业资本，产业之间的网络结构是垂直的。

购买者驱动在鞋业、服装、消费电子、家庭用品和手工制品中广泛存在。

全球价值链中的设计、营销和品牌环节能给企业带来高附加值，而我国的劳动密集型产业集群大多从事着价值链上的加工制造环节，能获取的附加值低，发达国家的零售商和品牌商控制着销售渠道以及品牌使用权等高附加值环节。因此，在购买者驱动型的全球价值链中，价值链上的治理者是发达国家的品牌经销商、零售商和制造商，他们控制着营销渠道和品牌设计，处在全球价值链的高端。我国劳动密集型的中小型企业自主品牌不多，缺乏名牌产品，大多都是根据大型品牌商和零售商的要求贴牌生产，获取的利润微薄。处在购买者驱动链条上的我国劳动密集型产业集群，要想做好品牌战略，必须投入研发创新、更新产品设计、改进产品质量、提升营销能力、加强品牌培育和提高售后服务能力，进而形成集群性品牌，提高劳动密集型产业在全球价值链中的地位。

8.2.2 GVC治理模式对劳动密集型产业集群品牌的影响

领导型治理模式是我国劳动密集型产业集群所处最多的价值链治理模式。因为我国的企业嵌入到全球价值链后，大多从事着价值链低端的加工制造环节，国外的大型零售商和品牌商控制着设计、营销和品牌这些高附加值环节，导致领导型治理模式在劳动密集型产业集群中最为常见。我国的劳动密集型产业集群也有一部分处于关系型治理模式之中。在关系型治理模式之中，集群内部的企业大多在地理上临近、声誉和信用方面接近，他们往往有血缘关系或者有相同的宗教信仰。如浙江温州的“侨贸”就是典型代表。市场型是我国劳动密集型产业集群在产生初期的最常见的一种治理模式。处于市场型治理模式之中的产业集群，依靠价格机制进行交易，协调成本低，购买商大多因为集群内企业良好的声誉而来，购买风险低。

我国大部分的劳动密集型产业集群都属于领导型的全球价值链，被国外的大型零售商和品牌商所控制。我国的劳动密集型产业集群在嵌入领导型全球价值链之后，被锁定在价值链低端的加工制造环节，对于价值链高端的研发设计、品牌和营销等环节涉及的很少，可以说我国的劳动密集型产业集群在创建品牌的过程中受到了很多的阻碍，因为这些产业集群内部的企业创建自主品牌会影响国外购买商的利益。在这种情况下，劳动密集型产业集群培育自己的品牌就比较困难，此时，就应该借助与国外企业合作的机会，通过模仿的方式打造属于自身的品牌，再等待时机将自家品牌打入国际市场。

在关系型的治理模式中，劳动密集型产业集群内部的企业要加强交流合作，共同创建集群品牌。对于处于关系型治理模式下的我国劳动密集型产业集群，要致力于打造公平的市场环境，这样将有利于产业集群品牌的创建。如浙江温州的“侨贸”、海外华人以家族为纽带在东亚建立的业务网络等，由于亲情和血缘的关系，OBM 升级比领导型要容易得多，给集群品牌的创建提供了很大的空间。因此，我国劳动密集型产业集群内部的企业要大力发展研发设计和品牌营销，在充分信任的基础上进行交流合作，交换经验，为创建集群品牌共同出力。

在市场型治理模式中，劳动密集型产业集群内部的企业可以大胆创建自主品牌。在这种治理模式下，产品可以通过市场自由获得，国外大型的采购商没有必要控制我国的供应商，此时，我国的劳动密集型产业集群应该通过直接出口的方式嵌入到全球价值链之中，这样创建产业集群品牌受到的阻碍会较少。对处在市场型治理模式下的我国劳动密集型产业集群而言，实施集群品牌时可以大胆地创建自主品牌，摆脱“代工生产”，增强品牌影响力和知名度。

8.2.3 企业因素对劳动密集型产业集群品牌的影响

陈方方、丛凤侠（2005）指出影响集群品牌的因素有创新能力、分工程度和产业集聚。其中，创新能力是集群品牌竞争的关键，合理的分工和协作是集群品牌建设的基础。胡大立、谌飞龙、吴群（2006）指出产业优势和产业规模是集群品牌形成的关键，而产业优势是由区域内驰名商标和名牌企业数来判定的，产业规模是根据供应量和生产量来判定的。任春红、丛玉飞（2012）以温州为实证对象，指出集群产业优势的 4 个维度（产品优势、营销优势、成本优势和创新优势）对集群品牌的形成起着重要的作用，而且创新优势较之其他三个维度的作用更大。李大垒（2009）运用因子分析法实证研究浙江诸暨袜业集群，得出结论：集群内部是否存在领头产业以及领头产业是否发挥了带头作用是集群品牌建设成功与否的关键。影响企业因素主要有技术创新、学习效应、营销能力等。

8.2.3.1 技术创新

技术创新是企业进步的源泉。企业要想获取竞争优势，就必须在产品、工艺等技术上有所创新，让企业产生一些竞争对手难以模仿和复制的异质能力。没有技术创新，企业就没办法在竞争激烈的市场中长期生存下来。劳动密集型产业集群内的企业相较其他企业而言，技术要求比较低，更适合通过 OEM 学习价值链上的国外企业在营销网络和品牌运作方面的知识经验，逐渐地沿着价值链向下游的品牌营销方面发展，实现 OBM 功能升级。因此，劳动密集型产业集群内部的企业可以通过技术创新向价值链上的营销、品牌环节攀升，提升企业的营销能力、品牌和售后服务能力。企业在嵌入全球价值链的同时，可以同时采取 OEM 和 OBM 模式，在发展 OEM 的同时促进 OBM 的发展，最终彻底实现 OBM。

8.2.3.2 学习效应

良好的学习效应是一个企业面对不断变化的市场所必须具有的，产业集群内部的企业由于学习效应不同会导致发展的不均衡。同一个产业集群内部，有的企业发展十分迅速，技术能力和品牌实力都很强，而有的企业发展就缓慢许多，只进行简单的加工制造活动。学习的知识溢出效应对企业的发展具有十分重要的作用，嵌入全球价值链之中的企业，可以通过学习价值链上下游企业的设计和品牌营销，来提高自身企业的技术和品牌培育能力。学习效应包括两方面的内容：一是学习的意识，二是学习的能力。自主的学习意识是企业可以学习好的前提，而学习能力是决定企业学习结果成功与否的关键。处在全球价值链上的企业，在学习意识和学习能力达成统一时，便可以吸收产业集群外部的技术和品牌理念，进而有利于集群内部品牌战略的创建，推动产业集群的发展。

8.2.3.3 营销能力

企业通过营销可以提高产品的知名度，同样地，整个产业集群通过营销也会提高产业集群品牌的知名度，这样买方就更加愿意去考虑该集群内部的制造商和供应商。优秀的营销能力可以提升区域产业产品形象，最终形成产业集群品牌。具体地，产业集群可以通过建立共同的销售中心来营销，如浙江的专业化商品市场，大大降低了企业的库存和运输成本，吸引了大量的国内外客户来购买产品。共同的销售中心还可以帮助集群内企业了解上下游的供应商和客户的信息，为企业、供应商和客户建立良好的联系。除了共同市场，共同的营销活动也可以帮助集群内企业宣传产品。共同的营销活动可以由企业自行组织或者政府组织，来提升集群的整体形象，将集群品牌打出去。总之，集群内企业可以通过建立共同的销售中心、组织共同的营销活动来集中宣传集群内的企业和产品，树立良好的集群整体形象，进而培育出产业集群品牌。

8.2.4 政府因素对劳动密集型产业集群品牌的影响

Allen（2007）指出，政府的领导和相关利益群体的监管是在研究区域品牌过程中必须关注的两个问题。政府是区域品牌建设过程中的领导者，政府的领导是区域品牌化成功的关键所在。Lodge（2002）认为，区域品牌化的成功和失败的区别就在于领导。经常会出现由于政府的主要领导不重视而导致区域品牌化失败的现象。为此，Swystun（2005）指出，政府必须在区域品牌化过程中与其他组织机构进行合作。孙丽辉（2009）对温州鞋业进行实证研究，指出政府在集群品牌建设过程中的重要作用。他还指出在集群品牌建设的不同阶段，政府要根据需要进行创新管理，政府的偏好和导向会主导集群品牌的演进方向的速度。雷亮（2015）在研究地方政府对产业集群品牌影响时也采用了实证的方法，研究表明地方政府可以通过维护市场秩序、制定经济政策、政府营销和提供公共物品等方式促进产业集群品牌的创建。政府因素对劳动密集型产业集群品牌的影响有间接影响和直接影响两个方面。

8.2.4.1 间接影响

政府通过引导、扶持产业集群的发展间接影响劳动密集型产业集群品牌的培育。劳动密集型产业集群发展的各个阶段都离不开政府的引导和扶持。在形成期，政府有助于形成区域特色和产业格局，这些是产业集群形成的前提。在发展期和成熟期，政府通过组织各种展销会，提高产业集群的知名度，推动产业集群的发展。

在中山沙溪休闲服装品牌形成和发展过程中，沙溪镇政府都发挥了非常重要的作用。在形成期，沙溪镇政府通过招商引资，成功吸引了港台企业出资设厂，集群内部的企业从几十家快速增加到两百多家。在成长期，沙溪镇政府通过信息化平台将沙溪休闲服装成功宣传了出去，沙溪休闲服装的名气和地位渐渐建立了起来。在成熟期，沙溪镇政府通过举办“服装博览会”成功推出“沙溪休闲服装”这一金字招牌，并且在自主品牌创建方面给予了大力的资金支持，成功地打造了“埃古”“三藩”“霞湖世家”“剑龙”“圣玛田”等一批批知名品牌。

8.2.4.2 直接影响

政府对劳动密集型产业集群品牌的形成和发展也有直接的影响。一方面，政府是劳动密集型产业集群品牌的创建主体。产业集群品牌的创建是一个浩大的工程，需要大量的人力、财力和物力，只靠企业是无法完成的，需要政府的投资和优惠政策。另一方面，政府在产业集群品牌的创建过程中起着规划布局的作用，政府结合区域特色合理布局，提高资源的利用率，减少产业集群品牌建设过程中的重复率。以晋江市政府为例，在晋江鞋业产业集群品牌的形成过程中，晋江市政府起到了直接的、关键的、决定性作用。晋江市政府在1995年提出要通过提高产品质量来立市，在1998年提出要通过树立品牌来立市，在2002年提出要将晋江打造成为鞋业品牌之都，并在全省设立了高额的创新创牌奖金。在晋江市政府的努力下，晋江鞋业产业集群品牌在国内外都有了一定的知名度。

8.2.5 行业协会因素对劳动密集型产业集群品牌的影响

查日升（2008）指出在创建区域品牌的过程中，行业协会应发挥主导作用，政府应发挥策划者和推动者的作用。行业协会因素对劳动密集型产业集群品牌的影响主要体现在三个方面。

8.2.5.1 应对外部威胁

行业协会可以有效地帮助企业应对外部威胁。相较于集群内的单个企业而言，行业协会具有共同的利益，能够对外部风险快速地做出反应。行业协会可以促使企业联合起来共同对付外部风险。以欧盟公布CR法案对付中国温州打火机产业为例，温州打火机协会起到了非常重要的作用。温州打火机协会联手协会内的打火机企业开展集体行动，共同应对 CR 法案，为温州打火机产业集群的发展营造了良好的环境。

8.2.5.2 获取规模经济与范围经济

行业协会可以帮助整合集群内部企业资源，获取规模经济和范围经济。我国的很多劳动密集型产业集群内部的企业规模较小，有的甚至是家庭作坊，制约着企业规模经济和范围经济的获取。行业协会的存在就可以解决这个问题。以温州平阳市水头镇皮革产业集群为例，集群内部 300 多家皮革企业在当地皮革行业协会的帮助下，利用模块化的思路获取规模经济和范围经济，采取股份制的方式将所有的皮革企业重组成 79 个大规模的企业。

8.2.5.3 约束企业行为

行业协会还有助于约束集群内部企业的行为，营造良好的集群发展环境。行业协会可以通过设立规章程序和惩处机制来约束企业的违规违法行为。以温州烟具协会为例，其开创性地设立了“行业内专利”标准，对《专利法》进行补充，解决了申请专利与行业发展不同步的问题。同时，烟具协会还严厉打击各种违法侵权行为。对各种假冒伪劣产品进行没收，对侵权行为特别严重的企业将吊销其营业执照。这样很好地制约了企业的违法行为，也有效地保护了企业的知识产权，优化了集群的发展环境。

8.3 GVC 下中国劳动密集型产业集群品牌的案例分析

8.3.1 GVC 下浙江嵊州领带产业集群品牌分析

8.3.1.1 嵊州领带产业集群品牌发展现状

领带业是嵊州市的主导产业，大大带动了嵊州市的经济发展，嵊州领带是全市经济的主要来源。据嵊州市人民政府网站嵊州概况介绍，嵊州全球最大的领带生产加工、批发销售和外贸出口基地，拥有领带生产企业2000余家，年产领带3亿多条，约占全国90%、世界60%，被列入省（领带）产业集群跨境电子商务发展试点县市。嵊州市已经成为名副其实的“中国领带之乡”。根据“中国领带在线”统计，嵊州市的领带品牌有：巴贝、麦地郎、鑫利达、雅士林、金天得、好运来、威特、都绅、卡尔、源森、达成凯悦、超帅、丹鲁依、仟代、加佳、佳友、亿利、双利、亨达、悦龙、佰利、达亿、天佳、金帝、百事吉、天使、圣意达、福泰、可尔等。嵊州市领带产业集群各市场主体分布情况如表8-3所示。

表8-3　嵊州领带产业集群各市场主体分布情况

市场主体	内　容
企业	巴贝集团有限公司、麦地郎集团有限公司、浙江雅士林集团有限公司、鑫利达集团有限公司、嵊州市仟代织造有限公司等。涉及业务：面料、辅料、织造、染整、机械制造于一体
品牌	巴贝、麦地郎、仟代、金天得、雅士林、好运来、鑫利达、亿利、卡尔、佰利、达亿、加佳等
专业市场	嵊州市中国领带城
行业协会	嵊州市领带行业协会

资料来源：嵊州市领带行业协会。

8.3.1.2　嵊州领带产业集群在GVC中的地位

（1）全球领带价值链及其价值分布。全球领带价值链由研发创新、设计、生产制造、营销和品牌服务五方面构成。其中，研发创新和设计环节位于全球价值链的上游，有一定的资金壁垒，对研发和设计人才的要求比较高，属于知识密集型环节。研发创新和设计环节虽然不像营销和品牌环节可以直接产生高额利润，但是最终决定着领带品牌战略能否成功实施。生产制造环节位于全球价值链的低端中游，技术壁垒和进入壁垒都很低，从事的都是一些技术含量很低的加工生产活动，即使个人也可以完成，其包含的价值量远低于研发创新、设计、营销和品牌，属于劳动密集型环节。营销和品牌环节位于全球价值链的下游，凝聚了价值链上的大部分价值，营销的价值来源于对营销渠道的控制力，品牌的价值来源于对消费者的影响力。营销和品牌环节的资本壁垒和进入壁垒都很高，营销渠道的控制需要大量的费用，品牌服务和维护也离不开大量的资金，因此，营销和品牌属于资金密集型环节。可见，全球价值链中进入壁垒越高的环节拥有的价值量越高。

（2）嵊州领带产业集群在 GVC 中的地位。在全球领带价值链中，上游的研发创新、设计环节和下游的营销、品牌服务环节都凝聚着大量的价值，生产制造环节含有的价值量较低，而嵊州领带就位于生产制造环节，在价值链上下游的两个端点之间徘徊，获取的价值量有限。在研发和设计方面，嵊州领带与欧洲各国有一定的差距，品牌和营销渠道还掌握在大型采购商手中。因此，嵊州领带虽然每年的生产量很大，但是真正产生高附加值的环节还是处于被掌控的地位。

8.3.1.3 GVC 动力机制对嵊州领带产业集群品牌的影响

嵊州领带处于全球领带价值链的生产制造环节，位于“微笑曲线”的底端部位。嵊州领带产业集群最重要的买方就是品牌商和经销商，嵊州生产的领带有一半以上是通过品牌商和经销商出口到国外，国外的大型品牌商和经销商控制着品牌和营销渠道，因此，嵊州领带产业集群属于购买者驱动型的全球价值链动力机制。在购买者驱动下，嵊州领带要想提高自己的品牌战略，需要注重研发创新、设计、营销和品牌四个方面。在研发创新方面，企业内部可以单独设置研发部门，提高产品的创新性；在设计方面，应该加强设计人员的招聘和培训，争取赶上欧洲一些国家的设计水平；在营销方面，嵊州领带产业集群要将营销方式多元化，扩展领带的营销渠道；在品牌方面，嵊州领带企业要特别注重提高产品的质量和售后的服务。

8.3.1.4 GVC 治理模式对嵊州领带产业集群品牌的影响

嵊州领带受全球采购商的影响较大，产品在从加工制造环节向价值链高端环节攀升的过程中，受到了一定的阻碍。我国的领带产业集群以低端嵌入的方式融入到全球价值链之中，这确实是获取全球分工利益的一条捷径。但是，国外的采购商控制了全球价值链中的研发、设计、营销和品牌环节，这样就形成了以采购商为主要治理者的俘获式价值链治理模式。在此种治理模式下，嵊州领带应加强营销和品牌，提高自身产品的质量，从而打破这种被俘获的局面；应紧紧抓住全球价值链中的战略环节，获得领带产业的控制地位。

8.3.1.5 企业、政府和行业协会对嵊州领带产业集群品牌的影响

（1）企业方面。在嵊州领带产业集群品牌发展过程中，龙头企业的带动作用较强。巴贝集团作为嵊州市领带生产企业的龙头老大，发挥了很好的带头作用。“巴贝”商标是中国驰名商标，“巴贝”产品是国家免检产品，中国名牌产品。巴贝集团的设备可谓全球领先，其成功引进了瑞士苏尔寿·鲁蒂剑杆织机、法国史陶比尔电子提花笼头和德国贝宁格分条整经机，带动了嵊州市领带产业的技术革命。巴贝集团的研发技术在整个嵊州市也屈指可数。2014 年巴贝集团投入 2469 万元进行科技研发，拥有中国新型丝织技术研究开发中心和省级企业技术中心。巴贝品牌连续多次被中国服装设计师协会评为领带类领导产品，并被钓鱼台国宾馆选定为国礼。在领头企业“巴贝”的带领下，嵊州也出现了一批批知名品牌，如麦地郎、鑫利达、雅士林、金天得、好运来、佳友等。

（2）政府方面。政府在嵊州领带产业集群品牌发展过程中也发挥了不可忽视的作用。首先，政府协助建立起世界领带精品展销中心，这大大提高了嵊州领带的知名度。其次，在嵊州市政府的带领下，巴贝工业园区和金天得领带园区建成，这为嵊州领带的生产提供了基础。最后，嵊州政府出台了一系列的奖励政策。从 2009 年开始，嵊州市政府每年都会拿出 2000 万元来扶持嵊州市领带品牌的建设，在 2012 年，“嵊州领带”被省经信委确定为区域国际品牌试点。2013 年，政府拿出 4130 万元专项资金，鼓励嵊州领带企业转型升级。2016 年，嵊州市政府投资 6 亿元，建设 10000 平方米左右的嵊州领带跨境电子商务产业园，面向全市领带服装企业提供服务设计、培训、电商、托管、仓储等优惠服务的跨境电商公共服务平台，打响嵊州领带区域品牌。可见，嵊州领带产业集群品牌的发展离不开政府的扶持。

（3）行业协会方面。嵊州市领带行业协会成立于 1996 年 2 月 28 日，成立 20 多年来，成功帮助嵊州领带产业集群由小做大，由弱变强。嵊州领带行业协会是政府和企业之间的桥梁，作为政府的助手为协会内的会员服务。目前，嵊州领带行业协会的主要会员有：嵊州市天兴服装领带厂、嵊州市天使领带服饰有限公司、嵊州圣意达领带织造有限公司、嵊州福泰领带织造公司、嵊州市可尔领带服饰有限公司、嵊州市普洛纺织造领带服饰有限公司、嵊州

市大鹰织造领带有限公司、嵊州市百事吉领带服饰有限公司、嵊州市华业丝绸有限公司、浙江金帝领带服装有限公司、巴贝集团有限公司、浙江卡尔领带服饰有限公司、麦地郎集团有限公司等。嵊州领带行业协会的存在为集群内企业提供了交流的平台，这有利于企业之间的协作，有助于产业集群品牌的形成。

8.3.2 GVC下广东大朗毛织产业集群品牌分析

8.3.2.1 广东大朗毛织产业集群品牌发展现状

大朗镇是我国的羊毛衫名镇，地处穗港经济走廊腹地。大朗毛织产业的发展，带动了大朗的经济发展。改革开放以来，大朗镇建立了外向经济发展模式，使农村经济城镇化，实现了大朗镇农村经济的转型发展。大朗毛织产业在发展过程中，集聚效应显著，逐渐发展成为大朗毛织产业集群，而且大朗毛织产业集群内部的企业还创立了属于自己的品牌，这大大促进了大朗毛织产业集群品牌的建立。

大朗毛织产业集群的发展规模逐渐扩大，现在产业集群内部已经拥有毛织企业6000多家，毛织商标数超过1000个，长约1.3公里的“数控织机专业街”已聚集了数控织机销售服务企业过百家，全镇毛织企业使用数控织机总量超过5万台，从业人员超过10万人。2016年，大朗毛织实现工业总产值达182亿元，占大朗镇工业总产值的34.7%，其中规模以上毛织企业工业产值近100亿元，是国内首屈一指的毛织生产基地。[①] 大朗毛织产业集群内部的优质企业有：兴业、众圣、裕和、枫烨、颖祺、众达、卓为、华轩等；自主品牌有：卷卷毛、印象草原、依菲拉、纪帆登等。目前大朗毛织产业集群已经形成了集研发设计、加工制作、物流服务和售后咨询为一体的一条龙服务。大朗毛织产业集群每年毛衣的集散量多达8亿件（套），被评为“中国电脑针织横机集散基地”“中国毛织纱线集散基地”。大朗毛织产业集群各市场主体分布情况如表8-4所示。

---

① 赵琳．广东大朗构建“富民”产业升级版［N］．中国经济导报，2017-08-09.

表8-4 大朗毛织产业集群各市场主体分布情况

市场主体	内容
企业	东莞市枫烨毛织服饰有限公司、东莞众圣针织有限公司、东莞市兴业针织有限公司、东莞市众达针织制衣有限公司、东莞市裕和制衣有限公司、东莞市盛泰针织制衣有限公司、东莞市颖祺实业有限公司等。涉及业务：原料辅料、毛料纱线、毛衣加工、针织、电脑横机等
品牌	颖和祺、卷卷毛、莉姿奥、纪帆登、依菲拉、印象草原、小狗斑顿、明高斯等
专业市场	东莞大朗毛织批发市场
行业协会	东莞市毛纺织行业协会

资料来源：大朗毛织网。

8.3.2.2 大朗毛织产业集群在GVC中的地位

大朗毛织产业集群属于原生型的产业集群，经过多年的努力，大朗毛织已经成功嵌入到全球毛织价值链之中。依据全球价值链动力机制理论，大朗毛织产业集群是处在购买者驱动之上，在全球分工体系中是属于被控制的地位。全球毛织价值链包括设计、制造、营销和品牌四个环节，其中，制造环节的附加值最低，而大朗毛织就处在价值链底端的加工制造环节，其价值获取能力和升级的空间都十分有限。大朗毛织没有掌握全球价值链上的战略环节，其设计和品牌营销能力都需要加强。

8.3.2.3 GVC动力机制对大朗毛织产业集群品牌的影响

大朗毛织是属于购买者驱动的全球价值链，缺乏对设计、营销和品牌的掌控。处于这种驱动型价值链上，大朗毛织要在品牌营销方面下功夫，从而向全球价值链下游的高附加值环节挺进。集群内部的企业都应该大力创建自主品牌，提高产品质量。以依菲拉为例，依菲拉是东莞市裕和制衣有限公司的一个自主品牌，裕和制衣有限公司发现仅仅为国外企业贴牌生产，能获取的利润十分微薄，品牌是打破这一困境的唯一出路。因此，裕和开始注重研发设计，着手打造属于自己公司的品牌。终于，功夫不负有心人，经过全公司员工的共同努力，依菲拉这一品牌呈现在消费者眼前。裕和公司负责人也表示，自从打造了属于自己的品牌之后，公司的利润翻了几番。可见，处于全球价值链购买者驱动中的大朗毛织，要想改变被俘获的局面，只有实施品牌战略，打造自主品牌。

8.3.2.4 GVC治理模式对大朗毛织产业集群品牌的影响

毛织业属于竞争激烈、进入壁垒低的行业。大朗毛织产业集群由大量的中小企业构成，这就可能引起集群内部的过度甚至恶性竞争。大朗毛织产业集群内部的企业大部分属于劳动密集型，企业的生产效率较低、生产规模偏小、管理水平也偏低，再加上国际贸易壁垒的因素，在全球价值链上，大朗毛织完全处于被领导的局面，属于领导者的治理模式。处在领导者治理模式中的大朗毛织产业集群，要在嵌入全球价值链的过程中，学习国外先进品牌商的设计和营销理念，把握住机会与价值链治理者在研发设计和营销方面合作，从而抓住市场需求，开拓营销渠道。在外部联系中注意吸收国外品牌商的知识溢出、技术和信息，提高自己企业的价值创造和价值获取能力。

8.3.2.5 企业、政府和行业协会对大朗毛织产业集群品牌的影响

（1）企业方面。在大朗毛织产业集群中，大企业的带动作用较弱，因为集群内部大多数都是中小企业，缺乏大型龙头企业和国内外知名品牌。大朗毛织产业集群大多数是由村镇企业发展而来，企业规模较小，企业家素质不高。正是由于中小企业多，集群整体的技术水平和研发创新能力都比较低，严重影响了集群的整体品牌营销能力。同时，大朗毛织产业集群内部也缺乏国内外知名品牌。集群内部企业的品牌意识并不是很强，除了天朗、宾达、纪帆登、英伟、菲迪等品牌在国内市场上有一定的知名度外，大部分毛织企业还没有打造自主品牌，更别说国际上的大品牌了。

（2）政府方面。政府在大朗毛织产业集群品牌培育过程中起到了主导作用。首先，大朗政府在资金方面大力扶持企业创建自主品牌，拿出150万元扶持大朗毛织集群品牌的创建，申请注册“大朗”和“大朗毛织”商标，成功在世界80多个国家注册了“大朗”商标。为了鼓励大朗毛织企业创建自主品牌，大朗政府还建立了一套奖励措施，对获得“中国名牌产品”的企业，给予60万元的奖励，对获得“广东名牌产品”的企业给予30万元的奖励。其次，政府鼓励企业技术创新和产品研发，帮助企业建立技术研发中心，

扶持企业进行技术改造，大力配合企业打造名牌产品。最后，大朗政府多次成功举办了中国（大朗）国际毛织产品交易会，增加了产品知名度，也为产学研交流合作提供了很好的平台。在大朗政府的主导下，大朗毛织企业在创建品牌上表现出很高的积极性。

（3）行业协会方面。东莞市毛纺织行业协会在大朗毛织产业集群品牌培育过程中起到了重要的作用，成为企业和政府之间的桥梁和纽带。一方面，东莞市毛纺织行业协会为企业提供产品动向、技术改造、咨询投诉等各种服务，毛织企业通过毛纺织行业协会可以加强交流合作，提高集群的凝聚力。另一方面，政府通过东莞市毛纺织行业协会，能够及时掌握毛织企业的最新动向、最新信息，并且可以整体把握整个毛织企业的统计数据，为政府的决策提供了依据。

8.3.3 GVC 下福建晋江鞋业产业集群品牌分析

8.3.3.1 晋江鞋业产业集群品牌发展现状

晋江制鞋业是晋江市的支柱产业，晋江鞋业产业集群是目前福建省最成熟的产业集群。2016 年，晋江市制鞋业完成工业总产值 1125 亿元，占全部工业总产值的比重达 26.0%。其中，404 家规模以上企业（年主营业务收入 2000 万元及以上的工业企业）完成产值 1008.7 亿元，增长 3.9%。据统计，目前晋江鞋业共有 68609 件注册商标，包括 310 件马德里国际商标、42 枚中国驰名商标、36 件国家免检产品、9 件中国名牌产品，全国运动鞋行业 50% 以上的“国字号”品牌都在晋江。

为了更加全面地认识晋江鞋业产业集群品牌，本节收集了晋江主要的鞋业品牌：安踏、361 度、三兴、木林森、鸿星尔克、富贵鸟、华丰、贵人鸟、金莱克、特步、寰球、乔丹、美克、奇安达、亚礼得、茂泰、康踏、露友、德尔惠、福时来、科比、恩东、步之霸、龙之步、金苹果、飞克、帝星、奈步、安质、金鸡、鳄莱特、八匹马、东方红、助乐、爱乐、名足、名志、名乐、喜得龙、喜得狼、爱司旗、美能达、卡迪啄木鸟、皮尔·卡丹、大黄蜂等。

晋江鞋业产业集群各市场主体分布情况如表 8－5 所示。

表 8-5　　晋江鞋业产业集群各市场主体分布情况

市场主体	内　　容
企业	贵人鸟股份有限公司、安踏体育用品有限公司、361 度集团、特步（中国）有限公司、富贵鸟有限公司、乔丹体育股份有限公司等。涉及业务：面部备料、资材、裁剪、加工、组底、针车等
品牌	安踏、乔丹、富贵鸟、贵人鸟、安踏、361 度、鸿星尔克、特步、奇安达、寰球等
专业市场	中国（晋江）鞋业城
行业协会	福建省鞋业行业协会

资料来源：福建省鞋业行业协会。

8.3.3.2　晋江鞋业产业集群在 GVC 中的地位

（1）全球鞋业价值链及其价值分布。随着经济全球化的不断深入，鞋业的全球生产出现了垂直分离，一些鞋业巨头将附加值比较低的生产制造环节放在劳动力相对较低的国家和地区，如非洲、印度、中国大陆等地，而将附加值很高的研发设计、营销和品牌放在自己的国家和地区，如美国、瑞典、中国香港等。因此，发达国家的经销商和品牌商控制着研发设计、营销和品牌这些高附加值的价值链环节，而大部分发展中国家的企业只能进行价值链低端附加值最低的加工制造环节的生产。

（2）晋江鞋业产业集群在 GVC 中的地位。虽然总体来说，我国大部分的鞋业产业集群都只进行简单的加工制造环节，但是晋江鞋业产业集群处于全球价值链的中高端。晋江鞋业通过与国际合作的方式嵌入到全球价值链之中，在产品设计、研发投入、品牌营销方面均达到了一定的水平。晋江鞋业凭借自身的技术优势，将集群内部的相关企业集中起来，实现了规模经济。

晋江鞋业产业集群非常注重在全球价值链中的品牌营销战略，成功挺进了价值链下游的营销和品牌环节，大大提高了产品的附加值，对晋江鞋业在全球价值链中的高端竞争有重要帮助。一方面，晋江鞋业产业集群内部的企业实行“内外并举、海外扩张”的战略；另一方面，晋江鞋企不断提高产品质量，同时冠名当红节目、聘请大量明星为产品代言，这样大大提高了品牌的知名度，实现了晋江鞋业从价值链低端的生产制造环节向高端的品牌营销环节攀升。

8.3.3.3 GVC动力机制对晋江鞋业产业集群品牌的影响

晋江鞋业自主品牌的比例已达到32%，30%左右的晋江鞋企在国外设有销售机构和售后服务机构，而且晋江鞋的国际买家比较分散。可以看出，晋江鞋业在全球价值链之中并没有被控制，具有向价值链高端攀升的较大可能性，并且已经完成部分升级。采购商自己设计的比重约为20%，企业自己设计的比重约为30%，企业与采购商一起设计的比重约为50%，可见，晋江鞋企自身的研发设计能力不断地增强。以安踏为例，2015年安踏运动鞋销售数量超过耐克，达4000万双。科技类创新产品成为新的增长动力，创新产品在安踏整体销售中占比为30%，利润占比为50%。2005年安踏成立全国第一家国家级运动科学实验室，科技创新在安踏强劲增长中作用明显。到2015年，安踏研发费用达到销售成本的5.2%，成为行业第一。目前，安踏在美国、日本、韩国等国家设立了多个研发机构，成立国际化研发设计团队，提升了产品科技含量和市场竞争力。2016年，安踏与日本高端运动品牌迪桑特（DESCENTE）达成合作，组建合资公司，计划在中国开设100家零售店，拓展高端户外品类；2017年，安踏宣布收购韩国著名户外品牌KOLON SPORT。但是，总体来讲，晋江鞋业产业集群还是属于购买者驱动，并逐渐由全球价值链的低端向高端攀升。

8.3.3.4 GVC治理模式对晋江鞋业产业集群品牌的影响

晋江鞋业产业集群是通过国际合作的方式嵌入到全球价值链之中的，依据曾咏梅（2010）对五种价值链治理模式嵌入全球价值链方式的分析，可知晋江鞋产业集群属于关系型的治理模式。晋江鞋企在地域上很近，集群内部的品牌如鸿星尔克、贵人鸟、特步等声誉也相当，最重要的是在晋江鞋业众多的知名品牌中，大部分都是家族企业，像361度、安踏、七匹狼等龙头企业，其管理权还是牢牢地掌握在家族手中。这种关系型的治理模式有利于晋江鞋业发展集群品牌战略，家族式的管理方式，使企业员工之间的信任度更高，有利于企业的交流合作，为集群品牌的创建提供了很大的空间。

8.3.3.5 企业、政府和行业协会对晋江鞋业产业集群品牌的影响

（1）企业方面。晋江鞋业产业集群拥有一大批的龙头企业，大企业的带

动作用很强。晋江市有上市公司44家，其中有22家是鞋业生产企业，这22家鞋类上市公司都具有很强的技术创新能力，晋江鞋业企业共拥有564项专利、229种核心技术。拥有10多家省级高新技术企业、9家省级企业技术中心、2家省级工业设计中心和兴业皮革、安踏鞋业2家鞋类国家级技术中心。乔丹、安踏、茂泰和德尔惠均是国家行业标准的起草成员。

在这一大批龙头企业的带动下，晋江鞋业产业集群的品牌战略效果显著，集群内拥有大量的鞋业品牌。目前，晋江鞋业已经基本摆脱了全球价值链上"低端锁定"的困境，但是，为了更好地占据价值链两端，集群内的中小企业应积极借鉴龙头企业的成功经验，提高产品质量，重视技术研发和品牌营销，从而使晋江鞋业集群向更好的方向发展。

（2）政府方面。政府在晋江鞋业产业集群品牌的培育过程中起到了非常重要的作用。1998年，晋江市政府提出"品牌立市"。2002年，晋江市政府提出"打造品牌之都"。在这些战略提出的同时，也给出了一系列的具体措施，例如：鼓励鞋企在创建自主品牌的同时将自身品牌与晋江这个城市紧紧结合，抱团发展，打造集群品牌；安排企业到成功的鞋企考察，学习成功企业的营销方式和品牌运作方式；举行像"鞋博会"这样的大型展会活动，将晋江鞋业品牌宣传出去；邀请国内著名的专家学者、大企业高层到晋江进行专题演讲等。此外，晋江市政府还出台了奖励政策，2015年晋江市政府设立科学技术创新奖，奖励额度20万元，重大发明专利奖，奖励额度50万元，市专利奖一等奖20万元、二等奖10万元、三等奖5万元的奖励额度。可见，政府在晋江鞋业产业集群品牌的发展过程中起到了重要作用。

（3）行业协会方面。福建省鞋业行业协会在晋江鞋业产业集群的品牌营销方面起到了很大的推动作用。福建省鞋业行业协会成立于2004年，成功地扮演了企业和政府之间的桥梁。特别在高度贯彻省委省政府的政策、制定鞋业行业标准和行业发展规划、督促会员提高产品质量、促进产学研交流合作和科技创新、联手企业打造鞋业集群品牌、加强鞋行业数据的统计与传导、协助鞋企进行招商和商贸促销等方面发挥了自身的作用。如2015年8月18日，由福建省鞋行业协会承办的"同心共创赢未来——福建鞋服企业供需对接会"成功举办，会上特步、富贵鸟、匹克等鞋企分别发布了采购需求，供需双方进行了深层次的交流，为晋江鞋企的市场开拓起到了积极作用。

8.3.4 GVC下嵊州、大朗和晋江产业集群品牌的比较

浙江、广东和福建是我国劳动密集型产业集群发展较好的省，本节分别选取浙江嵊州领带产业集群、广东大朗毛织产业集群和福建晋江鞋业产业集群作为案例，目的是通过剖析目前这些较成功的产业集群品牌发展模式，为一些不发达省市培育产业集群品牌提供借鉴的经验。当然，在全球价值链下，这三地产业集群各自的品牌发展有相同点，也有不同点，本节将这三个案例进行了比较分析，见表8-6。

表8-6 三地产业集群品牌的案例比较

地区	嵊州领带产业集群	大朗毛织产业集群	晋江鞋业产业集群
品牌现状	有一定数量的大品牌	大品牌数量较少	大品牌数量多
价值链地位	低端	低端	中高端
动力机制	购买者驱动	购买者驱动	购买者驱动
治理模式	领导型	领导型	关系型
大企业作用	较强	较弱	很强
政府作用	强	强	强
行业协会作用	强	强	强

8.3.4.1 相同点

（1）全球价值链的动力机制相同。嵊州领带产业集群、大朗毛织产业集群和晋江鞋业产业集群都处于购买者驱动的全球价值链之上。在购买者驱动上，产业集群要注重向研发设计和品牌营销方向发展，提高集群内企业的研发创新能力，扩展产品的营销渠道，同时也要提高产品质量，争取向价值链的高附加值环节挺进。

（2）政府的作用相同。地方政府在嵊州领带产业集群、大朗毛织产业集群和晋江鞋业产业集群的品牌培育过程中，都起到了很强的主导作用。首先，政府给予企业发展品牌的资金支持，并采取了奖励措施，缓解中小企业融资难的问题；其次，政府开展各种形式的展会和交易会，帮助提高产品的知名度；最后，政府也会出台一些具体的政策，保障集群品牌培育的良好环境。

（3）行业协会的作用相同。行业协会在三地集群品牌的培育过程中都担任着桥梁的作用。一方面，通过行业协会，政府可以掌握企业的发展现状，可以为决策提供依据；另一方面，行业协会为企业提供了一个交流合作的平台，为培育集群品牌奠定了基础。

8.3.4.2　不同点

（1）品牌现状不同。晋江鞋业产业集群中拥有大量的品牌，而且知名品牌也很多，比如安踏、特步、鸿星尔克、361 度等。嵊州领带产业集群中也存在不少的品牌，其中巴贝、麦地郎、金天得等在国内享有盛名。然而大朗毛织产业集群内部的知名企业则较少，与晋江鞋业的品牌相比差了许多。

（2）所处的价值链地位不同。嵊州领带产业集群和大朗毛织产业集群处于全球价值链的低端，大量参与着价值链上的加工制造环节，获取的附加值较低。而晋江鞋业产业集群处于价值链的中高端，通过国际合作的方式嵌入到全球价值链之中，在价值链下游的营销和品牌环节都有一定的实力，成功攀升到了价值链的中高端。

（3）全球价值链的治理模式不同。嵊州领带产业集群和大朗毛织产业集群处于领导型的价值链治理模式之中，国外的经销商和品牌商控制着产品的营销渠道，将我国的领带企业和毛织企业俘获。晋江鞋业产业集群与前面二者不同，是处于关系型的价值链治理模式之中，晋江鞋企大多是家族企业，地理临近，相互之间非常信任，通过合作互利的方式嵌入到价值链中，获取的产品附加值较嵊州领带和大朗毛织多。

（4）大企业发挥的作用不同。嵊州领带产业集群的大企业带动作用较强。如巴贝集团和麦地郎集团，作为嵊州领带产业的龙头企业，推动了嵊州领带业的技术革命，成功带动了嵊州领带产业集群的品牌发展。大朗毛织产业集群的大企业带动作用较弱，集群内部大企业较缺乏，大多是中小企业，研发设计和品牌营销能力都不强。晋江鞋业产业集群内部大企业很多，知名品牌也很多，龙头企业的带动作用很强。如特步集团、安踏集团、贵人鸟集团、鸿星尔克集团等，自身企业在品牌培育上做得非常好，而且成功带动了晋江一批批鞋业企业的品牌发展。

8.4 GVC下劳动密集型产业集群品牌的价值判断和对策

8.4.1 全球价值链下劳动密集型产业集群品牌的价值判断

8.4.1.1 集群品牌战略是劳动密集型产业集群升级的重要途径

我国的劳动密集型产业集群大多采用粗放式的管理方式，在生产的过程中资源的利用率较低，集群内部的企业规模不大，生产的产品质量也都参差不齐，缺乏强势的品牌，只能凭借自身要素禀赋方面的优势在全球价值链上从事加工制造环节。而我国的劳动密集型产业集群在全球价值链上的前进方向必然是沿着价值链进行产业集群升级，品牌环节位于全球价值链的下游，具有大量的附加值。可见，产业集群品牌战略可以大大促进产业集群的升级，通过实施品牌战略会促进产品升级、流程升级，最终实现功能升级。

8.4.1.2 GVC动力机制决定集群品牌战略的方式

全球价值链动力机制分为购买者驱动、生产者驱动和混合驱动三种，而我国的劳动密集型产业集群位于购买者驱动型的全球价值链之中。在此种动力机制下，我国的企业都被国外的大型经销商和品牌商控制，此时，我国的劳动密集型产业要想做好品牌战略，必须摆脱国外大企业的控制，加大研发力度、提高产品设计能力和品牌营销能力。

8.4.1.3 GVC治理模式决定集群品牌战略的难度

我国的劳动密集型产业集群处于领导型、关系型和市场型的治理模式之下。其中，对于处于领导型模式下的劳动密集型产业集群要借助与国外企业合作的机会，学习其设计理念与营销经验，等待时机将自家品牌打入国际市场，摆脱“低端”路线。对于处于关系型模式下的劳动密集型产业集群，内部的企业要相互交流合作，共同创建集群品牌；处于市场型下的劳动密集型产业集群要大胆创建自主品牌，实现OEM向OBM跨越。

8.4.1.4 企业因素对我国劳动密集型产业集群品牌存在深远影响

企业的技术创新、学习效应和营销能力影响着劳动密集型产业集群品牌战略。其中，企业可通过技术创新提高研发设计、品牌运作和营销的能力；可以在全球价值链上学习国外大企业先进的技术和理念，进而有利于集群内部品牌战略的创建；可以通过建立共同的营销中心和组织共同营销活动的方式来促进产业集群品牌的形成。

8.4.1.5 政府和行业协会因素影响集群品牌的创建

对于政府而言，一方面，通过引导、扶持产业集群的发展，间接影响产业集群品牌的创建；另一方面，直接推动产业集群品牌的形成和创建。对于行业协会而言，能够帮助集群内企业有效地应对外部威胁，有助于集群内企业获取规模经济和范围经济，有助于约束集群企业之间的不当竞争行为。

8.4.2 GVC下中国劳动密集型产业集群品牌的对策建议

8.4.2.1 企业层面的对策建议

（1）加强企业的营销能力。产业集群品牌的影响力是建立在高知名度基础上的，而高知名度是可以通过产业集群内部企业营销获得的。因此，企业应该加强自己的营销能力。企业可以通过学习国外企业先进的品牌营销策略经验来掌握品牌营销方法，进一步探索出适合我国企业的品牌营销和推广方式。具体来说，产业集群内部的企业进行品牌营销的方式可以多种多样，如举办博览会和会展，赞助公益事业，兴建专业市场，创办书、报、杂志，互联网和媒体广告，地方（传统）节日庆祝活动等。但是企业在采取这些方式的时候，要注意根据产品特性、目标群体和产业集群发展阶段的不同进行不同的方式组合，以达到更好的市场营销效果。①

（2）提升企业的技术创新能力。我国大部分的劳动密集型产业集群都存在技术创新能力不足的问题，集群内的企业模仿多于创新，技术含量低，以

① 孙婷婷．基于全球价值链视角的安徽省产业集群品牌战略研究［J］．洛阳理工学院学报（社会科学版），2015（4）：64－68.

贴牌生产为主，导致整个产业集群存在“大而不强”的问题。为了满足广大消费者不断变化的需求，集群内的企业必须提升技术创新能力。具体可以从两个方面提升：第一，加强集群内企业的协作。单个企业技术创新的风险和成本都很大，而集群内企业之间的协作可以降低技术创新的风险和成本。协作方式是发挥集群内主导企业的作用，中小企业围绕龙头企业做好产业配套工作。在这个协作的过程中，中小企业可以学习到新的技术，主导企业也可以专注于研发新工艺、新产品，协同创新提高了集群整体技术创新能力。第二，构建产学研合作模式。人才缺乏是中小企业集群创新的障碍之一，而我国的高等学校和研究机构拥有大量的技术人才。产学研合作可以帮助企业获取技术创新人才，提高自身的技术创新能力。

8.4.2.2 政府层面的对策建议

（1）制定明确的集群品牌战略规划。产业集群的品牌战略规划对产业集群品牌的构架具有很重要的作用。政府应当制定明确的产业集群品牌战略规划，为产业集群品牌的发展指明道路。在制定产业集群品牌战略规划时，一方面，要结合地域和行业特点，进行深度的市场调研，以详细掌握集群内企业的结构、集群内企业对创建品牌的态度、集群的营销状况和技术创新水平，进而对产业集群品牌的发展有一个明确的定位。另一方面，要制定详细的产业集群品牌战略实施方案，进一步来指导战略规划的实行。比如，设置专门的品牌管理机构、制定品牌服务标准和产品质量标准、设置具体的商标申报制度和奖励措施、确定具体要达到的省内名牌商标、中国驰名商标、中国名牌产品和世界名牌产品的数量等。

（2）优化集群品牌创建环境。

第一，优化市场环境。一个良好的市场环境可以增强产业集群品牌的竞争力。政府要想优化市场环境，可以从以下四个方面入手：一是要“打假扶优”。假冒伪劣产品对产业集群品牌的影响特别大，可以说集群内部只要一家企业有这样的行为，整个集群的名声都会受到极大地负面影响。政府必须对制假、售假、侵犯知识产权和侵犯注册商标的行为大力惩处，以保护产业集群整体的声誉。二是要加强集群内的基础设施建设，在交通和专业市场方面下功夫，解决消费者购买产品成本高的问题。三是要提高产业集群内企业的信用。好的品牌的本质就是信用，产业集群内企业的信用状况将决定这个集群品牌的竞争力高低。因此，信用制度建设对营造公平和优胜劣汰的市场环境有着重要的作用。四是要建立应对国际贸易摩擦的机制，减少国外企业起诉来自中国产品反倾销案件的发生。对此，中国政府就要对各国的进出口贸易政策了然于心，随时做好防范和应对的准备。

第二，优化文化环境。悠久的文化底蕴可以增强产业集群品牌的影响力。纵观我国成功的产业集群，很多都有着悠久的文化根基，可见，文化环境是构建产业集群品牌时必须要考虑到的一方面。但是，我国的大部分产业集群营造文化环境的氛围不强，政府这时就该发挥作用。一方面，要将文化作为一种营销方案，把文化作为品牌营销的核心，用心策划和组织营销，提高产业集群品牌的影响力。另一方面，政府要深刻地了解区域的文化内涵，可以去当地亲自感受，这样才能确保文化营销的效果。

第三，进行机制创新。政府进行机制创新建设可以增强产业集群品牌整体的创新力。政府可以设置一个技术研发中心，这个技术研发中心要服务于整个产业集群，解决整个集群发展过程中遇到的相同技术问题；可以构建技术创新体系来增强产业集群的创新能力；也可以建立健全技术创新体系的运行机制，来引导企业不断地进行技术创新，在全球价值链上不断地进行升级，从 OEM 向 ODM 发展，再从 ODM 向 OBM 发展，最终实现功能升级，发展成为国内外知名品牌。

（3）扶持龙头企业。政府部门除了要建设好软硬件之外，还要扶持龙头企业发展，在龙头企业品牌培育上予以重视。具体的做法如下：首先，对于已经有一定实力和规模的龙头企业来说，要尽最大可能扶持和鼓励。可以设置一定的奖励措施，对中国名牌产品、中国驰名商标和省名牌产品给予一定金额的奖励。在龙头企业技术创新方面也可以给予奖励。此外，还可以从市场准入、土地使用和贷款方面给予扶持，帮助龙头企业打造国内知名品牌，甚至国际大品牌。龙头企业品牌可以大大带动整个产业集群品牌的建设。其次，政府要率先购买集群内龙头企业生产的产品，这样会增加消费者信任感，进而促进消费者相信产品质量，对产业集群品牌的建设也会有很好的帮助。最后，政府要规范产业集群内部的企业，除了要大力扶持龙头企业外，要对集群内其他中小企业进行资格审查，保障产品质量、企业名誉，进而保护产业集群整体品牌的声誉。

8.4.2.3　行业协会层面的对策建议

行业协会作为规范行业秩序、促进行业发展的经济组织，是连接产业集群内企业和政府、企业之间、企业与市场之间的重要纽带。行业协会在产业集群品牌发展过程中发挥着桥梁的作用。因此，当产业集群内部缺乏行业协会时，政府要积极创建行业协会，集群内企业要配合政府创建行业协会。创建行业协会时，一方面，要确定行业协会的职能和地位，建立健全相关的法规，对其职责、管理和运行等事项予以细化。另一方面，要培养行业协会的相关人才，通过考试的方式选拔行业协会人员，然后加强培训，提高行业协会人员的素质和水平。已经成立的行业协会，需要完善职能，发挥行业协会的协调作用。促进国际质量管理体系认证，采用国际标准，进一步提高企业的生产水平；鼓励社会力量加入到产业集群品牌的创建中来，进一步推进集群品牌战略的实施；在企业生产产品的各个环节都建立质量监测体系，进一步提高企业产品的质量；发挥电视、报纸等媒体的监督和引导作用，加大对产业集群品牌和龙头企业品牌的宣传力度，政企合作，共同营造良好的产业集群品牌创建与品牌推广环境。

第 9 章

全球价值链下劳动密集型产业集群技术创新

2008 年的金融危机使全球经济都出现萎缩，也使我们看到我国劳动密集型产业的脆弱性。我国劳动密集型产业集群如果再不改变当前的发展模式，不仅会被长期锁定于低端的加工和制造环节，而且可能会被排除全球价值链。因此我们必须加快实现劳动密集型产业集群的升级，而实现升级的根本路径就是技术创新。① 本章拟用 SWOT 方法分析我国劳动密集型产业集群技术创新的优势、劣势、机遇和威胁，分析全球价值链下我国劳动密集型产业集群技术创新的影响因素，并结合我国劳动密集型产业集群技术创新存在的问题、影响因素和案例的分析结果，给出提高我国劳动密集型产业集群技术创新能力的对策建议。②

9.1 GVC 下我国劳动密集型产业集群的现状

9.1.1 中国劳动密集型产业融入全球价值链的情况

随着经济全球化的产生与深化，一种商品或一项服务从设计研究出来到最终被消费，中间包含的一系列环节不限于在某一个企业或国家发生，而可以由不同的企业或国家根据其比较优势来生产，实现该环节在该企业或该地区的专业化生产。我国代工企业主要从事的是劳动密集型产品的生产，如纺织、服装、

① 刘江雪. GVC 下劳动密集型产业集群技术创新战略研究现状与趋势［J］. 铜陵学院学报，2014（6）：21 - 25.

② 刘江雪. 全球价值链下劳动密集型产业集群技术创新研究［D］. 安徽财经大学，2015.

鞋帽等，现在也从事一些加工、制造、组装和装配等活动，这些虽不是劳动密集型产品的活动，但在本质上却需要大量廉价劳动力，因此将其称为劳动密集型生产环节的活动，也包含在劳动密集型活动中。本章研究的是传统的劳动密集型产业嵌入全球价值链的状况，因此借鉴曲玥（2015）的研究，将劳动密集型产业分为纺织服装、服饰业，皮革、毛皮、羽毛及其制品和制鞋业，木材加工和木、竹、藤、棕、草制品业，家具制造业，文教、工美、体育和娱乐用品制造业，橡胶和塑料制品业，金属制品业7大类。表9－1给出了我国劳动密集型产业的一些经济指标，从中可以发现我国劳动密集型产业的一些特点。

表9－1　2007～2013年我国劳动密集型产业的主要经济指标

指　标	2007年	2008年	2009年	2010年	2011年	2012年	2013年
企业数（个）	103264	129169	129675	134504	89469	97919	100297
总产值（亿元）	62561.4	76230.5	83482.9	103594	118684	139401	159569
主营业务收入（亿元）	60610.3	73880.6	81138.3	101409	116648	140245	158581
利润（亿元）	2867.68	3702.63	4543.93	6816.85	7754.98	8992.37	9422.87
年平均就业人数（万人）	2199	2432	2352	2483	2235	2364	2422

资料来源：历年《中国统计年鉴》和《中国工业统计年鉴》。

从表9－1看出，我国的劳动密集型产业的总产值、主营业务收入、利润和就业人数总体上是不断增长的，说明它在促进经济增长、带动就业等方面具有一定作用。

表9－2给出了7大劳动密集型行业的出口额及其所占的比重。

表9－2　2014～2015年劳动密集型产品分类出口金额与比重

商　品	2014年		2015年	
	出口额（亿元）	占比（%）	出口额（亿元）	占比（%）
纺织服装、服饰业	17667.08	35.17	16969.98	34.27
皮革、毛皮、羽毛及其制品和制鞋业	6488.78	12.92	6403.98	12.93
木材加工和木、竹、藤、棕、草制品	992.37	1.98	982.31	1.98

续表

商品	2014年		2015年	
	出口额（亿元）	占比（%）	出口额（亿元）	占比（%）
家具制造业	5735.85	11.42	6116.73	12.35
文教、工美、体育和娱乐用品制造业	2473.74	4.92	2754.64	5.56
橡胶和塑料制造业	5551.97	11.05	5338.57	10.78
金属制品	11319.18	22.54	10947.17	22.11
主要劳动密集型产品出口总额	50228.97	100.00	49513.38	100.00

资料来源：《中国贸易外经统计年鉴（2016）》。

从表9-2看出，2014年和2015年我国主要劳动密集型产品的出口额达50228.97亿元和49513.38亿元，占我国商品出口总额比重分别为34.91%、35.07%。其中，纺织服装产品所占出口份额最大，其次是金属制品、橡胶和塑料制品、皮革和鞋业，然后是家具、文体用品，最后是木制品。本章的案例选取服装和五金这两个行业所属的集群进行研究，因为它们在劳动密集型产业中份额最大，具有典型性，所以需要对它们进行深入的研究。而为了充分概括劳动密集型产业的特征，本章的案例分析则选用常熟服装、永康五金和合肥家电为例进行描述。

9.1.2 中国劳动密集型产业集群在全球价值链中的位置

无论是鞋业产业集群还是家具产业集群，不管它们发展速度如何之快，产量如何之多，产值如何之大，从附加值角度来说，它们都处于从全球价值链上的低附加值环节。在我国，劳动密集型产业集群内的企业大都缺乏资金、技术、品牌以及营销渠道，只能从事全球价值链低端的加工、制造、组装和装配等活动。而这些活动相对于价值链高端的研发、设计、营销和品牌等活动，是非战略性的，是非核心的，是不能主导全球价值链的。因此，我国的劳动密集型产业的生产只能被价值链上的发达国家跨国企业所主导，被它们分配利益，只能分得较少的利益。如一只无线鼠标的国际价格是40美元，而我国的装配工厂只获得3美元，其中9美元给了品牌公司，13美元给了零件供应商，15美元给了分销商和零售商。还有世界名牌衬衣——Hugo Boss，它的售价为120美元，但我国制造商只得到了12美元，而渠道商获得了72美元，品牌商获得了36美元。可见，我国获得的利润远远低于发达国家的利润，已成为名副其实的世界“血汗工厂”。

表9-3总结了我国一些劳动密集型产品或劳动密集型生产环节嵌入全球价值链的状况。

表9-3　　　　中国部分产业嵌入全球价值链的情况

产业	核心环节	领导企业	领导企业分布地	我国所处的环节
计算机	研发、CPU制造、软件设计、核心元件	Intel、惠普、微软、戴尔等	美国、日本、台湾地区等	一般元件制造、成品组装、中低档产品
飞机	研发、总装	波音、空客	美国、欧盟	少量零配件
纺织服装	面料和时装研发设计、品牌创造、营销	皮尔卡丹、阿迪达斯等	法国、意大利、美国、中国香港等	低档产品、来料加工、贴牌生产
建筑陶瓷	生产机械设计、产品研发、彩釉研发	Saslo、casrellon等	意大利、西班牙等	低档建陶生产
集成电器	IC设计、前沿技术研发和生产、IP供应	Inter、三星、Iex-ncinstr等	美国、韩国等	低端制造和封装测试

资料来源：龚三乐（2006）。

从表9-3可知，不管是传统的劳动密集型产业还是现在一些产业的劳动密集型环节，我国都处于全球价值链上附加值较低的生产、加工、制造和组装环节。全球价值链上附加值高的环节和战略型环节，如设计、研发、品牌和营销等都被发达国家的大企业掌握着，他们是全球价值链的主导者，支配和控制着全球价值链。因为我们缺乏技术、品牌和发达的营销网络，无力构建自己主导的全球价值链，只能从附加值低的环节加入全球价值链，作为全球价值链上的辅助环节参与分工，被发达国家领导和支配，属于一种从属的地位，获取低的利润。

9.1.3　低端嵌入全球价值链带来的问题

9.1.3.1　贸易增长结构失衡，加工贸易比重占比很大

2000~2007年间，每年我国加工贸易额都占据了总贸易额的一半，2008

年以后开始有所减少，但仍然在35%以上，份额还是很大，见表9－4。这些数据说明我国对外贸易额中很大一部分是加工贸易带来的。由加工贸易的性质可知，其里面存在重复计算部分，增加值很低。所以我国的实际贸易额并没有想象的那么大。2000～2007年作为附加值高的一般贸易比重都不如加工贸易大，此后一般贸易出口额的比重具有增长趋势。显然，附加值高的产品贸易虽然有一定的增长，但是还没有得到充分的发展，我国的贸易结构是不平衡的。追究其原因，就是因为我国主要从低端嵌入全球价值链，从事的是加工、制造和组装的附加值低的环节，获得的利润当然很微薄。

表9－4　　2000～2015年中国加工贸易出口情况

年份	出口总额（亿美元）	加工贸易出口额（亿美元）	加工贸易增长速度（%）	加工贸易所占份额（%）
2000	2492	1376.5	24.1	55.24
2001	2661	1474.3	7.1	55.40
2002	3256	1799.3	22.0	55.26
2003	4382	2418.5	34.4	55.19
2004	5933	3279.7	35.6	55.28
2005	7620	4164.7	27.0	54.65
2006	9690	5103.6	22.5	52.67
2007	12205	6175.6	21.0	50.60
2008	14307	6751.1	9.3	47.19
2009	12016	5868.6	－13.1	48.84
2010	15778	7402.8	26.1	46.92
2011	18984	8352.8	12.8	44.00
2012	20487	8626.8	3.3	42.11
2013	22096	8608.0	－0.22	38.96
2014	23427	8844.8	2.75	37.75
2015	22766	7978.0	－9.80	35.04

资料来源：《中国贸易外经统计年鉴（2016）》。

9.1.3.2 造成低端锁定和路径依赖效应

改革开放以来，大量外资企业纷纷在我国投资设厂或外包一些非重要环节给我国厂商，他们看中的是我国丰富的自然资源、低廉的劳动力和优惠的政策。我国也从大规模的劳动密集型的生产活动入手，利用劳动力丰裕的低成本优势，积极参与国际分工。我国代工企业从事的也是劳动密集型生产活动，如加工、制造和装配等。然而随着全球化进程的加快，要素可以自由流动，要素禀赋的优势就会弱化，而我国以要素和资源为主的产业结构却未能实现升级，导致产品缺乏竞争优势，资本积累也受阻，产业发展只能沿着低成本的路径行驶，被价值链治理者锁定在低端环节。此外，政府为追求经济的快速增长，片面出台了一些重增长速度轻发展质量的政策。这些政策虽然确实促进了我国经济的发展，但也加深了我国代工企业以初级要素参与全球价值链活动的这一路径依赖。这种低端锁定和路径依赖是十分危险的，虽然短期我们从中获得了贸易量的扩大和经济的增长，但是由于它对外部依赖很高，使我国经济缺少自主性，一旦外部环境发生变化就会很容易影响到我国经济发展。如果长此以往，不仅会影响我国产业结构的升级还有可能会陷入中等收入陷阱，这些都是非常不利的影响。

9.1.3.3 贸易摩擦不断，反倾销、反补贴、知识产权等问题频现

据商务部2016年贸易摩擦统计报告显示，我国已连续21年成为遭遇反倾销最多的国家，连续10年成为遭遇反补贴最多的国家。五金、化工和轻工产业是贸易摩擦多发领域。我国地方产业集群从低端嵌入全球价值链，劳动力成本比较低，产品价格低，很容易引起其他国家以倾销名义进行抵制。目前，国际上一些国家还给我国扣上“社会倾销”的帽子。他们指出我国的商品主要是依靠大量资源的投入，模仿甚至抄袭获得的，压榨人力资本，无视劳动者的权利和人类知识产权成果，这其实是一种对社会的倾销，因此必须要极力反对。从商品倾销到社会倾销，再到各种反补贴、知识产权纠纷等问题，导致我国的贸易摩擦日益频繁。频繁的贸易摩擦不仅会增加企业的成本，还会影响中国产品在国际市场上的形象，使中国商品被扣上山寨、抄袭、模仿的恶名。本来西方国家对我国就有偏见和歧视，如果我们再不居安思危和求变图强，长此以往，我国大国的国际形象就可能荡然无存。

9.1.3.4 劳动力成本上升，比较优势弱化

《2016年中国薪酬白皮书》的统计显示，2010～2015年我国人均工资增长率分别为8.5%、8.2%、10.8%、9.7%、8.2%和7.4%，说明工资缓慢增长。从2005～2015年，中国的劳动力成本上升了5倍。劳动力成本上升使产品价格也会上涨，我国生产的产品就会失去竞争优势。外来企业也会从我国集群中退出，转移到其他劳动力相对较低的国家。这样会带来两个问题，一是价格上涨，导致销售减少、库存增加，集群内企业出现经营困境。二是跨国公司作为集群发展的动力来源之一，其退出会使集群发展失去支撑。总之，我国劳动密集型产业集群是依靠低廉的劳动力而发展壮大起来的，其主要的优势就是劳动力价格的优势，一旦劳动力价格优势不再，而其新竞争优势又没有培育起来，那么对我国劳动密集型产业集群来说，发展就会难以持续。

总结以上虽然我国劳动密集型产业以及在此基础上形成的产业集群为我国的贸易、经济增长、就业以及参与国际分工和融入经济全球化都做出了很大贡献，但是我国的劳动密集型产业集群从中低端嵌入全球价值链，带来了很多问题，对我国长远发展来说是很不利的。所以必须要改变这种现状，培育更多的高级要素，不断向价值链两端升级。而技术创新是劳动密集型产业集群升级的关键措施之一。因此我国劳动密集型产业集群进行技术创新则具有强烈的紧迫性，也有很强的现实意义。

9.2 GVC下中国劳动密集型产业集群技术创新的SWOT分析

9.2.1 GVC下我国劳动密集型产业集群技术创新的优势

9.2.1.1 人口众多

《中国统计年鉴（2017）》显示，2016年中国总人口达到138271万人，其中城镇人口为79298万人，占总人口的比重为57.35%；乡村人口为58973

万人，占总人口的比重为42.65%。据世界银行统计，世界人口总数为744214万人，中国占世界人口的比重为18.58%，为世界上人口最多的国家。

人口众多具有两方面的含义：一是从供给方面来看，我国的劳动力供给丰富；二是从需求方面看，我国的消费市场潜力巨大。丰富的劳动力资源使我国的劳动力价格低，继而厂商的生产成本就会降低，从而使我国的劳动密集型产品在国际市场上具有价格优势，能够提高销量，增加利润，为集群进行技术创新积累资金。人口多也意味着消费市场潜力巨大，随着我国工业化、城镇化的推进，人民收入水平在不断提高，尤其是中等收入阶层的崛起，我国对世界市场的需求也会日益增强，最终这种需求又成为激励我国劳动密集型产业集群进行技术创新的动力之一。

9.2.1.2 较强的区域内资源整合能力

资源是稀缺的，经济学主要研究的就是资源的有效配置问题。将有限的资源更有效率地利用起来，则需要强的资源组织与转换能力。而产业集群就具有这种能力，因为产业集群不同于大企业或小企业，它不仅具有规模经济还具有范围经济。一方面，集群是一个拥有很多生产同一类产品的横向一体化的企业集合，落后企业能够享受先进企业的外部经济性，整个集群能够实现该种产品的行业规模经济；另一方面，集群内的企业是根据各自的优势专业化分工来组织产品生产的，具有纵向一体化的联合经济效应，能够实现范围经济。

我国的劳动密集型产业集群虽然缺少大企业或龙头企业的支撑，但同样具有产业集群的规模经济和范围经济，中小企业凝聚在一起其所表现出来的竞争力是十分巨大的，将超过单个企业加总的竞争力。

9.2.1.3 集群内企业间紧密的联系

我国有相当大的一部分产业集群是建立在血缘关系的基础上的，很多都是家族企业。这些家族企业间保持着紧密的联系，他们互相信任，频繁互动与交流。这种紧密的联系有利于缄默知识的传播和交流，有利于学习效应的获得和技术扩散。知识是创新的源泉，有的知识可以通过通讯工具传达和获得，而有的知识只能通过面对面的交流才能获得。产业集群中存在这样一种现象，在生产规模不变的情况下，单位生产成本随着产量的增加而降低，这种现象不是因为规模经济，而是来自厂商之间的学习和交流；绝大多数技术创新对产业集群的效能提升和竞争力提升都是通过技术扩散实现的，而集群内各相关企业之间的紧密关系能为技术扩散的实现提供较好的条件。因此我国劳动密集型产业集群内各企业的紧密联系使缄默知识和技术更容易得到交流和共享，有利于促进产业集群的技术创新。

9.2.2 GVC下我国劳动密集型产业集群技术创新的劣势

9.2.2.1 企业规模小和创新意识薄弱

作为我国产业集群的一大类，我国劳动密集型产业集群以中小企业为主，个体、家庭企业的小生产管理方式占有相当大的比重。而且从产业构成和生产形式来看，我国劳动密集型产业集群主要覆盖纺织、制衣、五金机械等传统产业，主要依靠低廉的劳动力和土地来获取竞争优势。在我国劳动密集型产业集群中，众多小企业嵌入的是全球价值链的生产、加工和制造的部分，依靠低价格和数量获胜，使利润被稀释。这样企业规模小及利润少就导致中小企业没有进行创新的意识，而只关注当下，获得微薄的加工收入。

9.2.2.2 融资难和关键技术人才不足

如前文所述，我国劳动密集型产业集群依靠的是低价格和数量多参与到全球价值链，获得的利润微薄，这样就很难积累足够的创新资金。加之我国的资本市场不够完善，不像西方发达国家那样能为中小企业提供创新支持，使在我国中小企业融资难的问题特别突出。

归根到底，创新是人才运用知识的结果，任何一种创新的诞生都离不开具有专业知识的人才。而且企业人员的互动交流有利于创新技术在集群内不同企业间扩散，从而有利于整个集群的创新发展。但是作为只是从事简单的加工制造活动的我国劳动密集型产业集群，其微薄的利润和低廉的工资无法吸引更谈不上留住技术人才，导致其普遍缺乏研发人才和各种高技术人才。

9.2.2.3 知识产权保护制度和执行机制不健全

在我国的产业集群中存在这样一个现象，即一家企业通过研发投入开发出一种新产品，在获得先发利润和前景较为明朗的情况下，其他企业就会蜂拥而上，想方设法模仿该企业的做法，然后以较低的价格出售，进行低成本的竞争。这种低成本竞争会在产业集群内形成恶性循环，会不断稀释企业的利润，打击一些企业的创新动力，最终导致整个集群的创新动力不足。而原因就是我国产业集群内缺乏知识产权保护制度。因为企业进行创新投入的动力是创新投入的收益大于投入，但由于我国劳动密集型产业集群内缺乏知识产权保护制度，使产业集群内新技术迅速外溢和被模仿，新技术很快就会被其他企业获得，其他企业就会分享这种创新收益，使创新企业的创新收益小于其投入。因此对创新企业来说，在其创新收益不可保证的情况下，就不会首先进行创新。

9.2.3 GVC下中国劳动密集型产业集群技术创新的机遇

9.2.3.1 国内需求的提高

目前来看，我国人民生活水平普遍提高，中等收入阶层兴起，国内本土市场出现了一定数量且具有中高端需求的消费者。波特在其《国家竞争优势》一书中曾提到内需市场是产业发展的动力，会刺激企业改进和创新，内行而又挑剔的客户更是激励企业进行创新的动力。我国本土市场需求的提高也可以弥补国际市场的萎缩，这样技术创新的收益就可以获得补偿空间。同时由于发展中国家市场需求规模的不断扩大，跨国公司也将更多的创新活动置于发展中国家，然后再将创新产品销往全球市场。国内需求的提高减少了产业集群技术创新对国外的依赖，进而降低了研发新技术和新产品的风险。

9.2.3.2 融入全球价值链获得的积累

我国积极融入全球价值链，取得了令人瞩目的成就，虽然还有很多问题，但也带来了一些好处。如伴随着对外开放，带来了产业迁移效应、外向配套效应和出口学习等效应。产业迁移效应是指在产业转移过程中，外资会带来一些先进要素，且会和当地的要素结合在一起来促进当地的发展，使当地获得了本来没有的要素，能够将生产提升到更高的层次。外向配套效应是指在全球价值链分工背景下，为了适应和配合外资企业的进驻，产业集群内会产生一些配套企业为其提供服务。出口中学习效应可以从两个方面来说，一是从国内走向国外，可以学到很多新鲜的东西；二是出口的商品需要按照购买商的要求生产，并且要随着要求的改变而不断变化，就使出口企业不断地学习，不断地推陈出新。

9.2.3.3 第三次产业革命的发展

未来世界的发展将受到第三次产业革命的影响，第三次产业革命正在推动世界产业结构发生变革。第三次产业革命强调市场、能源资源、技术、标准和规则。科技创新是推动世界经济发展的重要力量。第三次产业革命的发生和演进本质上是一种创新过程，是各种技术和系统相互融合、相互促进的过程。伴随着第三次产业革命，在我国未来调整产业结构时，产业发展的重点要从成本优势向以创新为重点的综合优势转化。

9.2.4 GVC下中国劳动密集型产业集群技术创新的威胁

9.2.4.1 国外需求下滑

劳动密集型产业的特点是市场需求弹性大，易受到外部市场环境的影响。我国的劳动密集型产业集群对发达国家订单依赖性强。一旦发达国家的经济出现剧烈变化，就会很容易波及到我国。2008年美国金融危机后，各国经济增长都呈现不同程度的下滑，外国的订单减少，导致我国东南沿海的一些产业集群失去了发展的国际市场支撑，有一些集群承受不了这种打击而走向衰落甚至消失。而那些勉强存活下去的产业集群也因资金不足而减少各种支出，其中研发支出不可避免地被降低甚至完全取消。

9.2.4.2 GVC下领导企业的俘获和压榨

根据全球价值链的理论，我国劳动密集型产业集群处于购买者驱动型价值链和领导型治理模式下，处于该种动力机制和治理模式下，一方面，我国劳动密集型产业集群不易获得技术外溢。因为GVC上的领导企业一般只将技术水平低的生产环节外包给我国，而将技术水平高的环节留给自己，来防止技术外溢和保护他们的知识产权。另一方面，我国产业集群的创新活动会受到领导企业的干扰。因为各种标准和规则大都是发达国家制定和主导的，一旦我国企业的任何创新活动触犯了他们的利益，他们必然用这些苛刻的标准和规则加以限制，阻碍和干扰我国企业的创新活动。

9.2.4.3　后进国家的竞争

从低端嵌入全球价值链，主要与我国在发展初期的资源禀赋条件及基于FDI的出口导向策略有关。由于劳动密集型产业的进入壁垒很低，我国的产业集群在国际上面临着激烈的竞争。近几年来，除了我国之外，还有很多国家也加入了代工的行列，如东欧、中南美洲与印度等，他们都具有劳动力成本的优势，也都在积极构建本国该产业的国际竞争优势。可见在将来的外包市场上，我国面对的国际竞争将会日益激烈，利润也会被进一步摊薄。

9.3　GVC下中国劳动密集型产业集群技术创新的影响因素

9.3.1　GVC动力机制的影响

大部分学者都把劳动密集型产业归为购买者驱动的全球价值链。如Henderson（1998），Gereffi（1999b），张辉（2006），罗勇和曹丽莉（2008）都认为劳动密集型产业，如鞋、服装、自行车和玩具等都属于购买者驱动型价值链。我国的大多数劳动密集型产业集群也应当属于购买者驱动型的全球价值链。因为我国的劳动密集型产业集群从事的是全球价值链的生产领域，为国际上一些著名的零售商或品牌商代工，参与的全球价值链是由这些“大商”主导的，我们对价值链的控制力很低，只能根据他们的要求行事，然后获得很低的加工费用，大部分价值都流向了我们为之代工的大品牌商和零售商。

不同驱动力的价值链，其竞争规则是不一样的。竞争规则不一样要求我们所关注的重点也就不一样。生产者驱动型价值链强调技术的研究，产品的更新和工艺的改进。而购买者驱动型价值链强调的是品牌和市场营销，将生产领域剔除出去。因此处于购买者驱动力的我国劳动密集型产业集群，其应重点关注品牌和营销网络的创新。

所谓品牌和营销的创新就是创建自己的品牌和营销网络。要想成功创建属于自己的品牌和营销渠道不仅需要企业自身的实力，而且还需要得到发达国家购买商的认可，但对于处在购买者驱动型全球价值链上的我国劳动密集型产业集群，其任何可能危害这些大购买商利益的创新活动都会受到他们的抵制。因此处在购买者驱动型全球价值链上的我国劳动密集型产业集群进行原始创新的方式是比较困难的，不仅会受到自己弱小实力的约束，还会受到大买家的抵制。唯一可能的创新方式是二次创新。因为一方面，二次创新的投资少、风险小，在我国劳动密集型产业集群的企业规模承受范围之内；另一方面，二次创新可以模仿发达国家的知名设计品牌和营销网络建设，而这些品牌和营销网络已经在国际社会上具有了一定的需求基础，更容易被接受，此时发达国家的购买商就不能以各种借口进行抵制了。

9.3.2 全球价值链治理模式的影响

市场型的治理模式下，产业集群具有进行原始创新的条件和能力。因为该种模式下，产品简单，交易不复杂，识别交易的能力高和供应商的供应能力高。进行过程创新、产品创新和功能创新相对比较简单，进行原始创新就不会很复杂，我国的劳动密集型产业集群完全有能力进行原始创新。而且市场型治理模式下，买卖双方的关系平等，供应商没有完全依附于采购商。这时我国的劳动密集型产业集群内的企业可以充分地发挥自己的聪明才智进行创造，不必受到发达国家采购商的限制。

对于属于关系型治理模式的我国劳动密集型产业集群来说，集成创新相比原始创新和二次创新是最好的选择。因为一方面，我国劳动密集型产业集群内的企业以家庭小作坊为主，单个企业的实力弱小，很难进行独立的自主研发；另一方面，该种治理模式下，我国劳动密集型产业集群内的企业相互联系紧密，经常进行合作与交流，彼此之间信任度很大。因此对于关系型治理模式下的产业集群来说，进行集成创新不仅能够摆脱小企业创新能力不足的限制，还能发挥好各企业间的社会资本。

处于领导型治理模式下的我国劳动密集型产业集群，进行原始创新受到的阻碍就会大得多，也会困难得多。因为领导企业为了保持自身的绝对优势来攫取高额利润的同时，往往会想尽办法限制供应企业进行一系列的创新活动。所以在无法摆脱国际大买家控制的前提下，优先考虑的是进行二次创新，通过二次创新来进行积累，当积累达到一定程度能够突破大买家的控制时再进行原始创新。

9.3.3 企业对中国劳动密集型产业集群技术创新的影响

产业集群内包含着企业、行业协会、政府、科研院所、高等院校等各种机构，全球价值链下产业集群技术创新是集群内多种参与创新活动的要素通过一定的合作机制组成的。而企业是参与创新活动的要素中最活跃的一个，因为纵观世界经济发展的历史，对世界发展产生重大影响的技术几乎全部来源于企业，尤其是发达国家，他们的大部分科研工作和发明专利都是在企业中完成的。因此企业的重要性不言而喻。企业主要是通过下面三个方面影响我国劳动密集型产业集群技术创新的。

9.3.3.1 企业创新意识

一个企业要想成功地实现创新，前提是必须要有创新的意识，也就是进行创新的主动性。众多企业的创新意识结合在一起就汇成了集群的创新动力。如果一个企业连创新意识都没有，就谈不上后续的一系列创新活动和创新产出了。

经济学的常识告诉我们企业进行生产的目的是追求利润的最大化。追求利润的目的推动着企业不断改造技术和更新产品，激发企业产生强烈的技术创新愿望和动机。但反观我国劳动密集型产业集群，集群内的企业普遍缺乏创新意识，只是满足于给国外企业代工，从中赚取加工费。这是因为我国劳动密集型产业集群内的企业大都是家庭作坊或者是个体私营企业。这类企业或是企业家眼界的限制或是自己实力的不足使他们只追求短期的安逸，忽视了长远的发展。所以我国劳动密集型产业集群内的企业其创新意识在实际中并没有转化成其技术创新的动力，从而影响整个集群的创新动力。

9.3.3.2 企业规模结构

从创新理论诞生以来，学术界就一直存在着是大企业还是小企业更有利于创新的讨论。有人认为大企业更有创新的能力，具有大量资金投入创新活动；也有人认为小企业更有创新的动力，这种动力将最终演变成创新的实力。而观察我国劳动密集型产业集群，发现那些具有核心大企业的集群在技术创新方面以及集群发展方面比那些缺少核心企业的集群做得好很多。

全球价值链上的企业进行创新不仅需要投入大量的人力、物力和财力，还面临着失败的风险和全球价值链上国际大买家的阻挠。大企业为了解决这些问题，他们会设立自己的研发机构，投入更多的研发资金，招聘专门的技术人员，最优化企业内部的资源，并且积极主动地应对全球价值链上高端企业设置的难题，而小企业可能就无法做到这些。如福建晋江鞋业产业集群里的安踏，它于2005年就建立了自己的运动科研实验室，并且构建了自己的设计团队，设计新产品，与国内外的高校和科研机构合作，不断提升技术创新的能力。所以才使福建晋江鞋业产业集群在全国乃至世界的影响力远远超过安徽宿州鞋业产业集群，原因就在于后者没有核心的大企业。因此规模大的企业才更有经济实力去创新，承担创新所带来的风险以及规避国际大买家的阻碍，而且核心企业的创新会在集群中产生带动和溢出效应，这些都有利于产业集群的技术创新。

9.3.3.3 企业创新能力

研究开发出新产品并不意味着实现了创新，还需要把开发研究出的新产品商品化、产业化，并最终投放到市场上，只有这样才算完成了创新的全部内容。如果说新产品可能是由高等院校和科研机构开发研究出的，那么将这些产品投放到市场上转化成商品和产业的任务则非企业莫属了。因此，要想完成创新的全部内容，必须要有企业的参与，而且必须是有创新能力的企业。

此处的创新能力不仅包括研究开发能力，还包括将新产品市场化的能力。创新能力强的企业不仅能实现自己的创新发展，还能带动所属集群的创新发展。因为企业是产业集群的一分子，集群内企业的创新能力也是产业集群创新能力的有效组成部分，集群内的各个企业的创新能力提升了，作为整体的产业集群，其技术创新能力必然上升，甚至还会产生1+1>2的效果。因此，提高我国劳动密集型产业集群的技术创新能力必须要培养劳动密集型企业的创新能力。

9.3.4 产业转移对中国劳动密集型产业集群技术创新的影响

GVC下我国劳动密集型产业集群有很多是通过承接转移形成的，尤其是在中西部地区。如安徽合肥家电产业集群和四川成都武侯区女鞋产业集群。

全球价值链下产业转移是如何影响我国劳动密集型产业集群技术创新的呢?可以从产业转出和产业转入两方面来说明，这里的产业转出和产业转移都是对一个产业集群来说的，这个产业集群不仅接受外来产业的转入，也适时地转出一部分产业。

9.3.4.1 产业转出

新经济地理学认为产业集聚到一定程度后会因为地租、环境和成本的上升等原因而出现产业扩散，一些产业会转移出本集群。小岛清认为产业转出是一种进步和升级，因为转出的产业大都是在本地已经丧失比较优势的产业。由于劳动密集型产业进入壁垒较低，使我国劳动密集型产业集群吸引了大批中小企业、乡镇企业的蜂拥而入。大量小企业的蜂拥而入会占用集群内的资源，同时为了竞争，采取降价的形式进行销售，使整个集群利润被摊薄。所以产业转出可以从两个方面影响集群创新，一方面转移出去的产业会释放出一部分资源，这样能为技术创新服务的资源就会增多；另一方面把无效率的产业转移出去，而集中发展潜力大的环节，该环节会给集群带来可观的利润，可以为技术创新积累资金。

9.3.4.2 产业转入

纵观产业转移的案例，发现产业转入大都会扩大当地的生产规模，改进生产工艺，促进产品的更新和改进营销方法。因为产业转入绝不仅仅是在空间位置上的复制，任何一个产业的转移都会带来竞争效应、配套效应和溢出效应。竞争效应是指当地企业受到外来企业的竞争而提高效率进而增加了整个行业的效率；配套效应是指当地为吸引企业进入，会加大基础设施及相关配套企业的建设，以使外来企业能迅速地适应当地环境；溢出效应是指转移进来的企业会带来很多新的技术、新的知识、新的理念和新的管理方法，可以供当地企业学习和模仿，形成溢出效应。

产业转入会为我国劳动密集型产业集群带来如下好处，这些好处是有利于集群创新的。一是可以获得资本、技术和其他无形的生产要素，这些要素对我国劳动密集型产业集群进行技术创新来说都是稀缺的；二是可以从技术溢出和学习模仿中获得新知识，为创新积累经验；三是可以得到政府的支持，获得更多的优惠政策以及享受到良好的外部创新环境。

9.3.5 政府和中介组织对劳动密集型产业集群技术创新的影响

9.3.5.1 政府

发达国家市场机制健全，已形成了市场驱动的创新动力，政府需要做的是协调好市场内部创新主体之间的关系，使他们能良性互动。而我国市场机制不完善，政府一直在经济生活中扮演着重要角色。政府尤其是地方政府对我国劳动密集型产业集群技术创新的影响体现在以下三个方面：

第一，政府的政策偏好是我国产业集群产生和发展的一个重要因素。我国一些地方的很多劳动密集型产业集群是由政府推动建立的，如果政府有意发展某个产业集群技术创新能力，将会给予该集群很多支持。例如，财政拨款给该产业集群，督促他们加大研发投入；引导创新型人才进入和加大产业集群内部的创新基础设施建设。我国劳动密集型产业集群由于其先天实力的薄弱，如果能够获得政府的支持，那么其发展前途将是十分明朗的。

第二，技术扩散和人力资本的积累有赖于政府的引导。技术扩散可以使集群内某个企业的创新成果迅速在集群内传播，从而为其他企业继而整个产业集群的创新提供突破口。然而技术扩散并不是自然而然就产生的，因为有些企业并不愿意分享自己的研究成果，即便其他企业获得了新技术，也不一定能吸收该技术为自己所用。此时就需要政府的作用了，如政府可以在集群内设立自己主导的创新中心，并规定该中心内的所有企业共享创新成果。同时政府作为招贤纳士的主体比单个企业或集群更有吸引力。

第三，在区域产业集群内部，地方政府是协调企业、行业协会、服务机构和金融机构等组织的中间人。一方面，行业协会、服务机构和金融机构等组织具有公共物品属性，他们的建立必须有地方政府的参与才能有效地完成；另一方面，为了发挥企业、服务机构和金融机构在产业集群技术创新上的协同作用，政府必须要扮演好协调者的角色。

9.3.5.2 中介组织

中介组织有很多，包括商会、行业协会、科研院所及服务机构等。商会和行业协会的重要作用已有很多文献对此进行了说明，本书以技术服务组织作为一个例子说明中介组织对产业集群技术创新的影响。

一方面，技术服务组织为我国劳动密集型产业集群技术创新提供了从模仿创新向自主创新转变的中间媒介。王珺、岳芳敏（2009）认为，在传统产业集群中，中小企业从模仿转向创新是不易于一步跨越的，这种跨越可以通过从模仿到购买、再到自制的两步骤完成，购买的是新产品。如果该新产品由一个商业机构供应，很难避免新产品定价会过高的现象，使产业集群内的中小企业买不起。如果是政府机构购买也容易缺乏效率。因此只有兼具公益性和激励性的技术服务组织作为新产品的供应者，有利于推动我国劳动密集型产业集群的技术创新①。

另一方面，技术服务组织的持续技术开发能力决定着中小企业的创新能否持续。随着创新的不断发展，企业的需求也具有多样化，这就要求技术服务组织也必须具有多样化，所以技术服务组织必须要不断地适应环境的变化而变化，不断丰富自己，以便发挥好其技术服务的功能。

9.4　GVC下中国劳动密集型产业集群技术创新案例分析

9.4.1　江苏常熟服装产业集群技术创新分析

9.4.1.1　常熟服装产业集群现状

常熟是江苏省苏州市的一个县级市，在20世纪50~70年代的中后期，国内的成衣制作起步，常熟依靠其特有的服装历史和服装文化，也加入了服装制作的行列。改革开放后又承接来料加工和贴牌生产，获得大量的外贸订单，现在已经发展成为我国著名的服装产业集群之一。2016年常熟纺织服装、服饰业产值409亿元。常熟服装产业集群的各环节分布情况见表9-5。

① 王珺，岳芳敏．技术服务组织与集群企业技术创新能力的形成——以南海西樵纺织产业集群为例［J］．管理世界，2009（6）：72-81.

表 9－5　常熟服装产业集群各环节分布情况

环节	特　点
地理分布	虞山镇、海虞镇、古里镇、梅李镇、碧溪镇、沙家浜
涉及业务	面料、家纺、西服、羽绒服、休闲服、编织
品牌	波司登、雪中飞、千仞岗、阿仕顿、红杉树、梦娜世家
企业	江苏梦兰集团、江苏金辰针织品印染有限公司、雄鹰针织品印染有限公司
行业协会	常熟服装协会、常熟羽绒商会、常熟市服装设计师专业委员会
专业市场	常熟服装城

资料来源：常熟服装协会。

9.4.1.2　常熟服装产业集群在全球价值链中的地位

服装的全球价值链涉及原材料处理、丝织品生产、成衣加工制造以及物流、营销、零售和售后服务等，范围很广。包含的价值链节由有设计、制造、营销和品牌四个环节构成。

常熟服装产业集群主要是以 OEM 的方式参与国际分工，嵌入的是全球价值链中的加工制造环节。加工制造环节的行业壁垒很低，因此常熟服装产业集群面临着国内外的竞争，这两种竞争压力都迫使常熟服装产业集群向价值链高端攀升，这种情况下就必须要提高技术创新的能力。

9.4.1.3　GVC 下常熟服装产业集群技术创新的影响因素

（1）GVC 下常熟服装产业集群动力机制对其技术创新的影响。服装价值链的核心能力是设计、营销和品牌。常熟服装产业集群是在商业资本的推动下形成的，主要通过承接国际外包的方式参与全球价值链，特征完全符合购买者驱动型价值链。在购买型驱动下，常熟服装产业集群要注重设计的研发，营销渠道的创新和创建自己的大品牌。而要做到这些，单凭自己的能力进行原始创新是达不到的。所以对于常熟服装产业集群来说，最理想的技术创新方式是二次创新。如集群内的“特别特”休闲服服饰公司，不仅为国内外著名服装企业进行贴牌生产，而且还有很强的产品开发能力，为这些大企业开发系列产品。

（2）GVC 下常熟服装产业集群的治理模式对其技术创新的影响。常熟服装产业集群属于领导型的治理模式。领导型的治理模式是一种俘获型的治理模式，处于此种模式下的常熟服装产业集群必然要受到国际大买家的压榨和控制，要想进行原始创新是很难的，因为若原始创新成功将会极大损害他们的利益。另外常熟服装产业集群内的一些企业在为国际品牌代工过程中，学到了很多生产经验和经营理念，虽然这些经验和理念不足以让他们进行原始创新，但足够使他们进行二次创新了。如波司登就从为耐克、哥伦比亚和 BOSS 等品牌的代工中学到了很多有用的东西，并且将他们运用在自己生产中，取得了很好的效果。这都说明在 GVC 下常熟服装产业集群选择技术创新中的二次创新是最佳的。

（3）企业对常熟服装产业集群技术创新的影响。波司登是全国有名的品牌企业，也是常熟的龙头企业。波司登的产品是多元化的，不仅只是羽绒服，还有休闲男装、女装、体育用品、内衣等。波司登取得的成就离不开其技术创新的战略，其始终把技术创新当作提升竞争力的法宝，才使企业不断向前发展。而且在波司登的带领下，常熟服装产业集群内不断涌现出更多的品牌，如千仞岗、雪韵飘、龙达飞、红杉树、百成汇、秋艳等。可见波司登这个核心企业的存在有力地带动着常熟服装产业集群的创新。

（4）产业转移对常熟服装产业集群技术创新的影响。我国服装产业集群的形成离不开全球纺织服装产业的第三次转移。第三次转移催生了很多我国地方服装产业集群，常熟服装集群便是其中之一。但最近几年来，由于劳动力成本上升、环境标准提升等一系列原因，一些国际服装企业开始撤离中国。当然那种低效率的外资撤离是有好处的。但也应看到我国服装产业集群能从承接产业转移中得到更多的好处，而不是坏处。所以对于第四次纺织服装产业转移，常熟应该积极采取措施吸引更多的优质企业进入。

（5）政府及中介组织对常熟服装产业集群技术创新的影响。

第一，政府对常熟服装产业集群技术创新的影响。常熟政府为了发展常熟的服装产业，做了很多工作。首先，根据国内外的经济形势适时制定各种蓝图和规划，有力地引导了产业发展方向，引导了企业的发展战略，使企业少走了弯路。如为应对 2008 年金融危机影响，2009 年常熟市政府提出了《常熟市服装产业调整和提升规划》《常熟市轻工、纺织产业调整和提升规划》。这两个规划为纺织服装产业营造了加大技术创新的氛围，保证了常熟市服装产业的平稳发展。其次，政府出资举办各种博览会或展销会，向国内外的企业和机构推介常熟服装产业的发展环境。最后，为了鼓励服装企业加大技术创新的力度，在每年的市创新发展基金中，明确规定对服装企业提高10%的奖励。可以说常熟市政府的这些活动有力地推动了其技术创新。

第二，中介组织对常熟服装产业集群技术创新的影响。常熟服装产业集群内的中介组织有力地推动了常熟服装产业集群的发展。如常熟服装协会、常熟服装设计师专业委员会和常熟羽绒商会等。2011 年成立的常熟服装设计师专业委员会由很多优秀的设计师组成，借助这个平台，设计师们加强交流，共同合作，开发出很多精品。2006 年成立的常熟市羽绒商会由众多企业组成，这些企业分布在全国各地，具有丰富的羽绒生产和销售的经验，能够为很多大企业，如波司登提供高档羽绒，有力地促进了羽绒制品的升级。可见常熟服装协会、常熟市服装设计师专业委员会、常熟市羽绒商会等中介组织都是促进常熟服装产业集群技术创新发展的重要力量。

9.4.2 浙江永康五金产业集群技术创新分析

9.4.2.1 永康五金产业集群的概况

永康是浙江省金华市的一个县级市，市内集聚了很多五金企业，拥有悠久的五金生产历史，现在已发展成为全国有名的五金产业集群。作为永康的特色产业，永康的五金产品范围很广，从一般的日常家用五金到机械五金、建筑五金以及小家电等。五金商品出口到国外 50 多个国家和地区，如俄罗斯、美国、加拿大、巴西、澳大利亚、日本等。表 9 – 6 显示了部分年份永康五金产业集群内全部国有及年销售收入 2000 万元及以上企业的指标。

表 9 – 6　　2011 ~ 2013 年永康五金产业部分经济指标

年份	企业单位数（个）	工业总产值（千元）	出口交货值（千元）	新产品产值（千元）	新产品产值率（%）	利润总额（千元）
2011	327	48075320	15867454	12082825	25. 13	4312549
2012	639	93059817	31688523	23965022	25. 75	8504183
2013	1245	178185481	63093810	46053509	25. 85	16217342

资料来源：由永康统计年鉴整理而得。

2011年永康五金产业集群内的2000万元及以上企业个数为327，到2013年增至1245，增加了3.8倍，工业总产值、出口交货值和利润也增加了近4倍。新产品产值也以每年2倍左右的速度增长，新产品产值率每年维持在25%左右。新产品产值可以作为创新的一个衡量指标，由永康五金产业集群的新产品产值情况来看，永康五金产业集群的创新水平也是不断提高的。

9.4.2.2 永康五金产业集群在全球价值链中的地位

五金产业的全球价值链主要由设计、制造、营销三个环节构成，其中设计和营销属于高附加值环节，由国际跨国公司占据着。而永康地方产业集群处于的是价值链上的低端环节，如生产、制造、加工和装配等。永康五金产业集群内的企业获取的仅是微薄的加工费，从其出口中仅能获取3%的价值，剩下的97%都被国外的企业获取。如欧美的五金企业获得的高额品牌利润，而日本、韩国、新加坡等国家五金企业获得的高额现代服务业利润。

9.4.2.3 永康五金产业集群技术创新存在的问题

（1）企业规模小，企业家素质不高。永康五金产业集是由农村乡镇发展而来的，企业规模呈现小型化。据不完全统计，永康五金产业集群中小型企业占了97.8%，造成其资金、技术方面的薄弱，在不能和国际知名品牌相抗衡的情况下，只能为国际知名五金品牌进行贴牌生产，从而融入全球价值链，进入跨国生产体系。这些从事贴牌的外贸企业一般规模较小（有些甚至还是家庭式作坊），仍停留在来样加工阶段，外国购买商牢牢占据设计、营销等高附加值环节。家庭作坊式的生产就暗示着永康五金产业集群的企业家缺乏系统的管理知识，缺乏长远发展的意识，缺乏创新的动力，而只注重数量的增加，忽视对产品质量和档次的提升。可以说企业家的素质限制了永康产业集群向更远的方向发展。

（2）利用外资少，承接国际产业转移不足。国际产业转移对世界各地的产业集群的影响是不言而喻的，承接产业转移带来的外资和技术都为承接地的发展提供支持。人类历史的几次大发展大变革都与产业的国际转移分不开，因此对于一个国家或者区域来说，要把承接产业转移和吸引外资作为促进本地发展的一项重要政策。然而在永康五金产业集群内存在这样一种现象，即产业集群主要是靠民间资本建立起来的，很少利用外资。目前，永康五金企业国际化方式主要是间接出口，直接出口很少。

（3）产业集群内各种机构欠缺合作。一个产业集群的发展离不开政府、企业、科研机构和中介组织的相互交流与合作。他们不仅需要尽力完成自己的角色任务，还需要加强对其他机构的了解，进行合作。而在永康五金产业集群内部，公共服务平台建设不够，金融担保体系不健全，企业短期行为严重，且集群企业之间尚没有形成相互协作与配套体系。

9.4.2.4 GVC 下永康五金产业集群技术创新的影响因素

（1）GVC 下永康五金产业集群动力机制对其技术创新的影响。对于五金产品来说，技术能力很重要，但对于永康五金产业集群来说，大部分企业进行的都是贴牌生产。王传宝（2010）通过实地调研发现在永康五金产业集群内只有 1% 的企业可归为生产者驱动型，80% 以上的企业都是购买者驱动型，这些企业大都为欧洲和日本的采购商进行贴牌生产。因此永康五金产业集群属于购买者驱动型全球价值链。购买者驱动型的全球价值链使永康五金产业集群要想实现技术创新，须重点关注研发、设计、营销和品牌的创新，可以采用二次创新的方式实现技术创新。

（2）GVC 下永康五金产业集群治理模式对其技术创新的影响。永康五金产业集群的治理模式是领导型，因为它缺少市场型的独立自由，也没有模块型的弹性，而且主要进行的是贴牌生产，受到欧美日国家跨国企业的管理和控制，听从他们的要求。领导型治理模式下的永康五金产业集群进行技术创新，既面临机会也面临威胁，集群内的企业需要做到的是放大机会，缩小威胁。首先积极从这种贴牌生产的代工中学习和积累技术、知识和经验，进行二次创新；等到知识和技术等能力积累到一定程度之后，模仿式的创新也更加熟练之后，要大胆进行原始创新，创造自己的核心技术和品牌。

（3）企业对永康五金产业集群技术创新的影响。永康五金产业集群内的企业创新意识不足，企业创新能力不强，缺乏核心大企业。永康五金产业集群是由农村乡镇企业发展而来的，企业规模呈现小型化，企业家素质不高。据不完全统计，永康五金产业集群中小型企业占了 97.8%，造成其资金、技术方面的薄弱，在不能和国际知名品牌相抗衡的情况下，只能为国际知名五金品牌进行贴牌的生产，而且只注重数量的增加，忽视对产品质量和档次的提升。

（4）产业转移对永康五金产业集群技术创新的影响。在永康五金产业集群内存在这样一种现象，即产业集群主要是靠民间资本建立起来，很少利用外资。而事实上，外资的作用不是民间资本所能替代的。可见永康产业集群未能利用好承接国际产业转移和外来资本的机会，阻碍了他们对永康产业集群技术创新积极作用的发挥。

（5）政府与中介组织对永康五金产业集群技术创新的影响。

第一，政府对永康五金产业集群技术创新的影响。政府对永康产业集群技术创新的影响是正向的，政府充分担任自己的服务角色，担负起自己的服务责任。如政府为了鼓励永康五金产业的发展，加大了政府对五金产品的采购，完善基础设施建设，维护集群市场的良好秩序，还为一些企业提供补贴和低价格的土地。为了促进集群在充满竞争的市场中健康发展，2006年浙江省发展与改革委员会将永康确定为“浙江五金产品核心区”，并邀请相关研究机构，制定了《永康市五金产业集群发展规划》。这些政策法规有力地引导了集群更新观念，为集群发展指明了方向，减少了小企业的迷茫，使他们少走了弯路。

第二，中介组织对永康五金产业集群技术创新的影响。在所有的中介组织中，浙江休闲运动车行业协会为永康技术创新做的贡献最为突出，充分发挥了中介组织的公共职能。因为它不仅成功为636种休闲运动车产品维权，还积极参与中美全地形车技术研讨交流、加快联盟标准化的实施。但总体上来看，永康产业集群内的中介组织，如专利和法律等服务组织，并没有充分发挥其功能，更严重的是有些协会还没有完全与政府部门脱离，具有很浓厚的政府色彩。这很不利于调动集群企业的创新积极性，因此必须将中介组织与政府部门完全分开，实现中介组织的职能化、专业化、服务化和社会化。

9.4.3 安徽合肥家电产业集群技术创新分析

9.4.3.1 合肥家电产业集群现状

合肥家电产业集群是在20世纪八九十年代以荣事达洗衣机和美菱电冰箱两个企业为基础发展起来的，加之政府的导向措施，经过这么多年的发展，合肥家电产业集群已跃升为我国三大家电产业基地之一。尤其是2005年“工业立市”以来，合肥家电产业发展迅速。2005年合肥四大家电（冰箱、洗衣机、空调、彩电）总产量为1300万台。2009年家电产业实现总产值554.2亿元，这一年合肥市成为“中国家电产业基地”。2011年家电产业总产值达到1138亿元，成为合肥市首个千亿产业。而到2014年，合肥家电产业产值1409.4亿元，四大件总产量为5375万台。其中，冰箱产量2427.8万台，占全国产量的26%；洗衣机产量1423.5万台，占全国产量的20%。合肥市已成为全球最大的冰箱生产基地和洗衣机生产基地。截至2014年底，合肥市拥有家电和配套企业500余家，全市规模以上家电企业超过260家，总产值超200亿元的企业有2家，超100亿元的企业有5家，超50亿元的企业10家。[①]合肥家电产业集群目前已吸引很多国内外著名家电企业的入驻，如海尔、美的、格力、长虹、荣事达、美菱、华凌、三洋、欧力等。狭义上讲，合肥家电产业集群分布在合肥市周边；广义来说，合肥家电产业集群包含芜湖、滁州与合肥共同形成的“金三角”区域，以及皖江城市带和合芜蚌实验区。表9-7详细介绍了合肥市周边的合肥家电产业集群分布情况。

表9-7　　合肥市五大家电产业园区分布情况

产业园区	分布区域	主导产品	代表企业
北部家电园区	长丰县经济开发区 庐阳工业园区	小家电及零配件	荣事达
西部家电园区	合肥高新技术产业开发区 蜀山经济开发区 合肥科技创新示范区	洗衣机及及其核心配件	三洋、格力、荣事达
西南家电园区	包河工业园区 合肥经济技术开发区	冰箱、空调和彩电整机及有关配件	长虹、美菱、合肥海尔、美的、华凌
东部家电园区	肥东经济开发区	小家电及冰箱配套件	美菱
东北家电园区	瑶海经济开发区为主	小冰箱、冰柜	尊贵和欧力

资料来源：潘林．合肥市家电产业竞争力研究［D］．安徽大学，2011.

9.4.3.2　合肥家电产业集群在全球价值链中的地位

在全球家电行业里，有韩系家电、日系家电、美系家电和欧系家电等著

① 王倩．合肥成功卫冕“中国家电产业基地”［N］．合肥日报，2015-04-05.

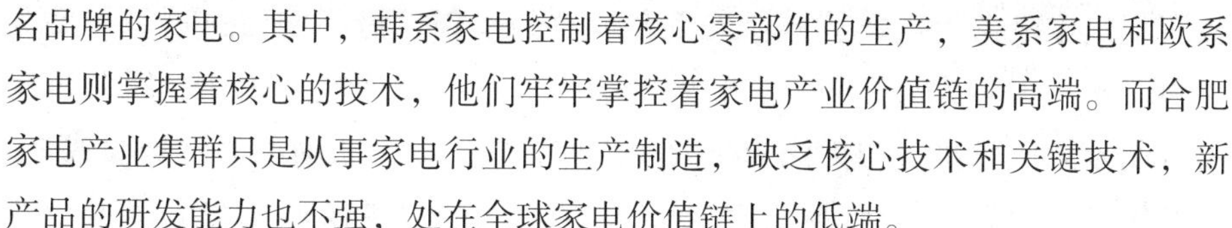

名品牌的家电。其中，韩系家电控制着核心零部件的生产，美系家电和欧系家电则掌握着核心的技术，他们牢牢掌控着家电产业价值链的高端。而合肥家电产业集群只是从事家电行业的生产制造，缺乏核心技术和关键技术，新产品的研发能力也不强，处在全球家电价值链上的低端。

9.4.3.3　合肥家电产业集群技术创新存在的问题

（1）集群内家电企业竞争加剧，缺乏创新合作。合肥家电产业集群内既有竞争又有合作，但总体竞争较多，合作较少，尤其是创新合作。因为合肥市家电产业集群内的企业数量很多，而且大部分都是中小型企业，缺乏龙头企业，创新合作的意识就不够强。邓丽君、刘志迎和丰志培（2015）通过对合肥家电产业集群的调查发现，60% 的调查企业会与集群内的其他企业合作，但创新方面的深度合作很少。

（2）融资环境和关键技术人员欠缺。整个中国的资本市场是不完善的，尤其是中小企业的融资更是艰难，虽然现在鼓励中小企业创业，政策、资金等各方面也在跟进，但总体来说，目前的融资环境还是无法和发达国家相比的。合肥家电产业集群作为我国产业集群的一个部分，其面临的融资环境也是一样的，各类风险投资基金和天使基金都尚处于起步阶段，还有待发展。同时合肥家电企业与合肥市科研机构、高等院校的合作并不深入，高端的技术、管理和营销人才留在合肥的并不多，企业的研发投入和研发人才占比仅为 4% 和 20% 。

（3）利润率低。合肥市家电产业集群的利润主要来源于生产环节，产品的产量很大，但产品的定价很低，因为产品主要面向中低消费市场，导致其盈利能力不强。与美、欧、日等国家的家电产品价格相比，价格更低，获得的利润自然无法和他们相比，那么创新资金的积累也就很难，从而用于创新的投入不够。

9.4.3.4　GVC 下合肥家电产业集群技术创新的影响因素

（1）GVC 下合肥家电产业集群动力机制对其技术创新的影响。家电行业是一个既注重技术开发、研究设计，又注重品牌、营销的行业。合肥家电产业集群是以低廉的劳动力和较低的土地价格嵌入全球价值链，在技术研发、生产设计和营销运营方面的能力普遍较弱。一方面既承接外商直接投资，资本流向生产环节，促进生产环节的改善。另一方面通过承接服务外包，使用国际大买家的品牌和营销渠道进行贴牌或代工生产。因此可以将合肥家电产业集群归为混合驱动型治理模式。混合驱动型的治理模式下，合肥家电产业集群如何进行技术创新，应根据自己的实际情况和家电行业的市场竞争规则进行判断。合肥家电产业集群不像青岛和佛山产业集群那样拥有核心大企业，如海尔和美的。因此合肥家电产业集群应注重培育自己的大企业，如壮大美菱和荣事达，鼓励他们进行技术研究和原始创新。伴随着家电行业的发展，家电行业的知识和技术会不断扩散开来，导致价值链上关键技术的竞争优势会削弱，而营销和品牌的重要性上升。因此合肥家电产业集群要审时度势，不仅要注重技术的研发，还要加强品牌的创建和营销渠道的创新。

（2）GVC 下合肥家电产业集群治理模式对其技术创新的影响。合肥家电产业集群内的产品大都同质，缺少差异性，只是根据购买商的订单和要求进行生产。虽说内部有个别企业的技术研发能力还可以，但毕竟是个别，集群内大部分企业还是中小型，内部缺少亿万级龙头企业。其参与全球价值链的比较优势是低成本，所以被分工于价值链上的加工、生产和制造环节，对国际采购商的依赖很大，转换采购商的成本也比较高，因此合肥家电产业集群属于领导型的治理模式。处于领导型治理模式下，合肥家电产业集群要想在设计、技术研发、品牌运营和营销渠道等方面有所突破，不仅会受到领导型企业的阻挠，而且还需要进行大量的投入，承担极高的失败风险。这对于属于劳动密集型的家电产业集群来说，有着极大的挑战。因此进行二次创新和集成创新是合肥家电产业集群进行技术创新的明智选择。

（3）企业对合肥家电产业集群技术创新的影响。山东青岛的家电产业集群因为海尔和海信两大核心企业的存在，使其在创新方面的建树处于我国家电行业的首位。截至 2014 年海尔已累计申请专利 19293 项，其中发明专利 8480 项，海外专利 3299 项，拥有 8 个综合研究中心，8 个全球设计中心，16 个全球信息中心和 1 个国家级工业设计中心。海信累计专利申请达 11874 项，其中发明专利申请 3852 项。广州佛山也因美的和志高两大领导企业，获得了多项国家创新设计奖和专利技术，奠定了佛山家电产业集群在全国乃至世界家电集群中的一席之地。

合肥家电产业集群内虽然没有青岛和佛山产业集群里那样有名的大企业。但作为合肥产业集群内的本土企业美菱和荣事达，也分别拥有了三四百项专利，获得了相关创新设计大奖。两家企业具有深厚的家电产业基础，若再能在资源和政策方面有所倾斜，推动他们往大企业、大集团方向发展将指日可待。

（4）产业转移对合肥家电产业集群技术创新的影响。合肥家电产业集群更多的是通过承接产业转移形成的，在合肥家电产业集群内部，只有美菱和荣事达两家本土企业，而像格力、美的、海尔、长虹、华凌等更多的企业则是通过产业转移的形式在合肥投资设厂。众多企业选择落户合肥，看中的是合肥的位置优势、基础优势、人才优势和环境优势。不可否认，合肥通过承接产业转移，壮大了合肥家电产业，使其发展成为在全国占有重要地位的家电产业集群。

（5）政府和中介组织对合肥家电产业集群技术创新的影响。一个产业集群的崛起不仅需要企业自身的作用，还需要政府和相关中介机构的共同扶持，以及企业、政府和中介组织之间的协同。

第一，政府对合肥家电产业集群技术创新的影响。政府不辞辛苦地在扶持合肥家电产业的发展，具体表现在以下几个方面：首先，将合肥家电产业集群的发展规划、政策倾向和服务平台明确列入了“十一五”规划中，引导家电产业稳定发展。其次，积极引导知名家电企业到合肥进行重组，来壮大合肥家电产业集群的品牌知名度。如2005年向四川长虹让渡20%的美菱股份，使长虹成为了美菱的第一大股东，之后又采取同样的做法引进了美的，重组了荣事达，从而实现了合肥家电产业集群的崛起。同时也不断扩展合肥家电产业集群的配套产业，如2008年10月，合肥与滁州两地政府签署协议，合力打造中国家电产业基地，希望利用滁州在彩电、冰箱的配套及模具研发生产能力方面的优势弥补合肥的不足，实现两地的资源共享和优势互补。

第二，中介组织对合肥家电产业集群技术创新的影响。合肥家电产业集群内聚集了200个科研机构，30多所高等院校，如中国科学院物理研究所、中国电子科技集团38所、合肥通用机械所、中国科学技术大学、合肥工业大学等。此外，合肥家电产业集群内还有很多中介服务机构和组织，如技术服务组织、信息服务机构、融资机构、高新技术企业孵化器、资产评估机构和知识产权机构等。合肥家电产业集群内有如此众多的科教机构和中介组织，在一定程度上促进了技术创新潜力的发挥。

9.4.4 常熟、永康和合肥产业集群技术创新的比较

服装、五金和家电作为我国劳动密集型产业的代表，在我国劳动密集型产业占据着重要的位置。本书选取江苏常熟服装、浙江永康五金和安徽合肥家电产业集群作为案例来研究我国劳动密集型产业集群的技术创新，一方面考虑到服装，五金和家电是劳动密集型产业里的代表行业，占据着我国劳动密集型行业的半壁江山；另一方面江苏和浙江是产业集群现象最为突出的省份，具有研究的典型性。而安徽则作为产业集群的后起之秀，其产业集聚正在不断发展，具备新兴产业集群的一些特点，对新兴产业集群区域具有很强的现实指导意义。

为了更好把握我国劳动密集型产业集群的技术创新，本节将对上述三个案例进行比较分析，比较分析的结果见表9－8。

表9－8　　三地产业集群技术创新的影响因素比较分析

地　区	动力机制	治理模式	大企业的作用	产业转移的作用	政府的作用	中介组织的作用
常熟服装产业集群	购买者驱动型	领导型	强	强	强	强
永康五金产业集群	购买者驱动型	领导型	缺乏大企业	弱	强	强
合肥家电产业集群	混合驱动型	领导型	弱	强	强	强

9.4.4.1 相同点

（1）技术创新动力相同。常熟服装产业集群、永康五金产业集群和合肥家电产业集群都属于我国劳动密集型产业集群，都是从低端环节嵌入全球价值链，都迫切需要产业集群的转型升级，向价值链两端发展。

（2）价值链治理模式相同。全球价值链下三地产业集群的治理模式都为

领导型。这是因为三地都是劳动密集型产业集群。劳动密集型产业集群在全球价值链上都处于被俘获的位置，而且他们也没有表现出模块型治理模式的弹性和市场型模式的灵活自由。这也就决定了三种产业集群技术创新的方式是二次创新或集成创新，而不是原始创新。因为原始创新的要求很高，风险太大，处于领导型治理模式下的我国劳动密集型产业集群是很难做到的。

（3）政府和中介组织的作用相同。在促进三地产业集群技术创新方面，政府和中介组织都给予了很大的支持，并且确实产生了很好的作用。这说明政府和中介组织对我国劳动密集型产业集群技术创新具有很强的引导和促进的正向作用。因此在发展我国劳动密集型产业集群技术创新时，一定要发挥好政府和中介组织的作用。

9.4.4.2　不同点

（1）动力机制不同。三地产业集群的全球价值链动力机制不尽相同。在不同的驱动力下，他们进行技术创新的方式也不同，他们进行创新的重点环节也不同。如常熟服装产业集群和永康五金产业集群属于购买者驱动型产业集群，其技术创新的方式应为二次创新，创新的重点应该是创建独立的品牌和营销渠道的突破，而合肥家电产业集群属于混合驱动型产业集群，创新的重点为技术研发和品牌营销。

（2）企业发挥的作用不同。常熟服装产业集群由于波司登等注重创新品牌企业的存在，使其整个产业集群的创新水平明显比永康五金和合肥家电产业集群高很多。永康五金产业集群缺乏核心大企业，而合肥家电产业集群内有属于本土的核心企业，但这些企业相对于其他地区的企业来说其技术创新能力是较低的，因此对整个产业集群技术创新能力的作用不大。

（3）产业转移对三地产业集群技术创新的影响也不尽相同。产业转移对常熟服装和合肥家电产业集群技术创新的作用比较大，而对永康五金产业集群的作用则明显弱很多。这是因为常熟服装和合肥家电产业集群都能够积极主动地采取各种措施吸收来自国内外的知名企业进入，充分利用承接产业转移带来的资本和技术等优势，为本集群的创新服务。而永康五金产业集群在过去的很长一段时间内并没有意识到承接产业转移带来的好处，忽视了外来投资的作用，而仅凭自己的力量又不足以实现产业集群的技术创新。

9.5 GVC下劳动密集型产业集群技术创新的价值判断和对策

9.5.1 GVC下劳动密集型产业集群技术创新的价值判断

运用全球价值链理论得出以下基本判断：

第一，技术创新是改变我国劳动密集型产业在全球价值链上位置的出路。从低端嵌入全球价值链的方式存在很多问题，伴随着我国劳动力比较优势的逐渐减弱，这种方式不可持续。如若再不改变这种低位置的状态，不仅将会被永远锁定在此，还有可能会被排除在全球价值链之外。

第二，在不同的全球价值链动力机制下，我国劳动密集型集群技术创新的重点领域和方式也不同。处于购买者驱动型价值链上，就决定了中国劳动密集型产业集群在创新的时候应偏重流通领域，关注品牌和营销方式的创新。而要实现这些创新，处于购买者驱动型的全球价值链下的我国劳动密集型产业集群最好采取二次创新的方式进行。

第三，不同的价值链治理模式决定了我国劳动密集型产业集群技术创新的难度。我国劳动密集型产业集群存在市场型、关系型、领导型三种治理模式。市场型下产业集群进行创新受到的阻碍就少，市场是实现资源配置的最有效方式。在市场型模式下，集群内的信息、资金、要素等能够实现充分自由的流动。集群内的企业可以灵活地选用技术创新的方式，当然市场型治理模式下最有力的技术创新方式当为原始创新。领导型治理模式下我国劳动密集型产业集群采取技术创新的最好方式为二次创新，关系型治理模式下最佳的技术创新方式为集成创新。

第四，全球产业转移也会影响我国劳动密集型产业集群技术创新。当地产业的转出可以淘汰落后低效率的环节，集中资源发展本地优势环节；产业的转入又给当地带来了新鲜的资本和技术，供当地学习和模仿。这些都有利于本地产业集群的技术创新。

第五，大企业有利于我国劳动密集型产业集群技术创新。我国劳动密集型产业集群大多是由中小企业构成的，可以说其技术创新能力低下，有很大一部分是因为缺乏有能力大企业的缘故。因为大企业具有更大的技术创新动力和能力，所以提高我国劳动劳动密集型产业集群技术创新能力必须要培育一批有实力的大企业。

第六，政府和中介组织同样对我国劳动密集型产业集群技术创新产生了很大影响。政府和中介组织的积极作用都会有力促进产业集群的技术创新。

9.5.2　GVC下劳动密集型产业集群技术创新的对策建议

9.5.2.1　把技术创新作为产业集群升级的推手

从全球价值链的低端向高端升级，离不开技术创新，因为技术创新是产业转型升级的核心。尤其是在当前要素成本的优势逐渐削弱的情况下，必须要改变过去要素驱动经济增长的路径，转向创新驱动经济发展的路径，只有这样才能在全球价值链的市场竞争中取得有利地位。因此需要把技术创新作为战略环节，提高研发投入。

研发投入不仅包括传统意义上的研发资金，而且包括相关的技术人才。纵观我国的劳动密集型产业集群，更多的是中小企业的集聚，受到较小的生产规模和企业家才能的限制，创新意识薄弱，对创新的研发资金投入少，同时也缺少大量的高技术人才。资金和人才是创新的两大必不可少的要素，因此，我国劳动密集型产业集群必须重视研发资金和人才的投入。具体的措施如从利润中拿出更多的部分作为研发资金，通过提高工资、福利待遇和良好的工作生活环境等吸引高科技人才的加入。

9.5.2.2　扶持技术创新能力强的领导型大企业

大企业具有更大的动力和能力进行创新，应重点培育领导型大企业。培育起大企业之后，还需要引导大企业的发展方向，应引导大企业首先构建国内价值链，然后在国内价值链的基础上构建自己主导的全球价值链。在全球价值链中，发达国家的跨国公司是主导者和支配者，控制着价值链上的战略环节，因此我国企业要想向两端附加值高的环节转移必然会受到他们的阻挠，难以成功，但如果先在国内培育好高级生产要素，不断提升国内市场上的研发、设计和品牌能力，在具有一定能力的基础上再向外扩张，可能更容易实现全球价值链上的技术创新，继而向全球价值链高端攀升。

9.5.2.3 营造良好的区域劳动密集型产业集群创新环境

（1）完善资本市场，扩展中小企业的融资渠道。我国劳动密集型产业集群从事的是低端的加工活动，该活动的附加值低，能够获得的利润也少，中小企业各种活动的开展就很容易受到资金的约束。欧美等发达国家，其资本市场完善，存在着大量的风险基金和天使基金能够为中小企业提供丰富的融资渠道。借鉴欧美国家的经验，我们要加大资本市场的改革力度，不断完善资本市场的运行机制，为中小企业的融资活动提供服务，帮助中小企业解决融资难的问题。

（2）加强知识产权保护，防止集群内的低价恶性竞争。知识产权的保护是全世界共同的话题，知识产权制度和执行机制的缺失给我国的劳动密集型产业集群内部带来了严重的问题。由于我国劳动密集型产业集群大都是以低成本获得竞争优势，在缺乏知识产权保护机制的情况下，一项新产品或新技术的出现，会诱发其他企业的跟风模仿，然后模仿企业再以较低的价格出售，这样就会对创新企业产生挤出效应，使其创新收益下降甚至出现创新收益低于创新投入的现象，这就削弱了企业进行技术创新的动力。

9.5.2.4 充分发挥政府和中介组织的积极作用

由于我国市场机制的不完善，和劳动密集型产业集群内中小企业的力量薄弱，在产业集群技术创新方面有很多内容是个人或个体无法做到的，如基础设施、教育和法律法规的制定等方面。所以需要政府和各种中介组织来沟通协助。

（1）政府方面。地方政府作为产业集群发展的长期规划者，为了促进我国劳动密集型产业集群技术创新的发展可以给予以下支持：一要加大科研经费的投入，尤其是加大对中小企业的扶持，鼓励中小企业创业。二要给予优惠政策。如在税收、土地使用、融资渠道、产品研发和科技成果转化等方面给予方便，用优惠的政策来支持技术创新。三要合理规划各种产业园和工业园，营造良好的创新环境。有些地方产业集群内的企业存在散、乱、杂的现象，这时政府就应该把他们统一规划到一起，使集群能够优化协调发展。而且在一些地区，特色工业园区的建设可能会掀起产业集群二次创业的高潮，提升了区域的竞争力。所以要规划好产业园和工业园的建设。四要不断进行管理体制改革和制度创新，以提高其工作效率和调控经济水平。发挥好“有形的手”的作用，为经济和社会发展创造更好的外部环境。

（2）中介组织方面。中介组织包括商会、行业协会和技术服务组织等。中介组织的性质介于企业和政府之间。既有公益性又有激励性，既能避免企业的过度商业性，又能避免政府的无效率。因此它对我国劳动密集型产业集群技术创新的影响是企业和政府无法替代的，必须要发挥好它的作用。比如技术服务组织要发挥自己的技术服务功能，一方面进行技术研发，不断开发出新产品，从而为产业集群技术创新所用；另一方面为集群内的企业提供技术指导，解决他们在创新上遇到的技术难题。

第 10 章

结论与对策建议

劳动密集型产业集群升级是指劳动密集型产业由低技术、低附加值状态向高技术、高附加值状态动态演进的过程，也就是产业迈向中高端。发展中国家往往依靠土地、劳动力等低级要素丰裕形成的比较优势，以贴牌加工、来料加工、进料加工等方式嵌入全球价值链的制造环节，而发达国家往往凭借研究与开发、知识产权、品牌、营销渠道等高级要素丰裕的比较优势，主导并控制着全球价值链的研究与开发、终端市场营销等高附加值环节。发展中国家与发达国家在全球价值链中的分工不同和附加值层级不同，导致贸易利益分配明显偏向发达国家。发展中国家劳动力丰富，劳动密集型产业集群多为主导产业。为了获取更大的国际贸易利益，我国依靠全球价值链驱动型劳动密集型产业集群升级刻不容缓。

10.1 结论与启示

10.1.1 GVC 下劳动密集型产业集群升级的四元动力驱动

全球价值链下劳动密集型产业集群升级的四元动力是区域创新网络驱动力、全球价值链驱动力、市场与政府驱动力和国际产业分工驱动力，以及四元动力的互动力，见图 10 - 1。区域创新网络驱动力是劳动密集型产业集群升级的基本动力，全球价值链驱动力是劳动密集型产业嵌入全球链后融入全球市场的作用力，而市场与政府驱动力、国际产业分工驱动力则是劳动密集型产业集群升级的国内外环境作用力。

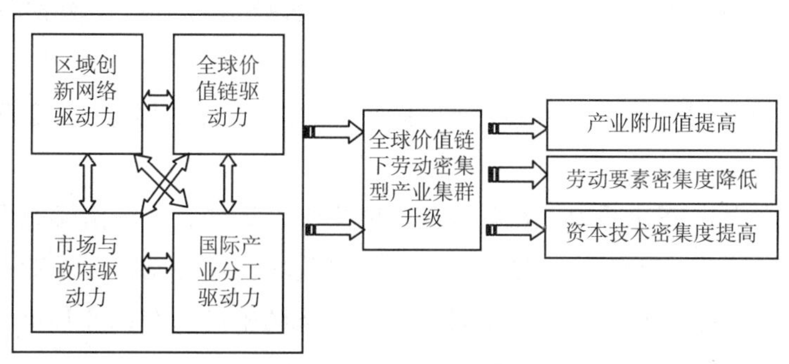

图10-1 全球价值链下劳动密集型产业集群升级的四元动力驱动

10.1.1.1 区域创新网络驱动力

集群创新网络是在某一地理范围内，参与创新的企业之间、中介组织之间及企业、中介组织和地方政府之间，形成的交互作用和贸易联系的复杂的多元化链接模式。创新网络中存在各种正式和非正式联系。正式创新网络的影响因素有创新组织间合作关系的有效性、互惠与信任、制度等，非正式创新网络的影响因素有个人间的信任、非正式交流、文化等。[①] 集群创新网络形成和出现是为了响应组织对显性和隐性知识、市场环境、技术变化的需求。区域创新网络驱动力主要有创新文化影响力、产业集群地理吸聚力、外部经济作用力、技术外溢力等。

（1）创新文化影响力。地理范围与创新文化是有联系的。一个地域内，企业间的非市场关系，如信任、习俗、文化结构、非编码化知识传播等，影响产业集群创新绩效。优秀的地域创新文化具有培育企业家精神和降低市场交易成本的作用。温州独特的区域创新创业文化，即“白手起家、艰苦奋斗的创业精神，不等不靠、依靠自己的自主精神，闯荡天下、四海为家的开拓精神，敢于创新、善于创新的创造精神”，对于温州劳动密集型产业集群升级具有重要的积极作用。

（2）产业集群地理吸聚力。生产要素通过地理空间的接近，获得了空间非自由流动资源的使用权和控制权，这种生产经营环境为企业带来了地理租金。地理租金能够降低企业的生产成本和交易成本，但成本的下降是

① 李文秀．产业集群升级研究——基于链网耦合的视角［M］．经济管理出版社，2012：196.

有极限的。[①] 产业集群对集群外企业有一定的吸引力，有些像物理学的万有引力，质量越大，万有引力就越大。产业群集规模与产业集群地理吸聚力有一定的正相关关系。但是这种地理吸聚力往往会因为产业集群生命周期的变化而变化。

（3）外部经济作用力。在区域创新网络中，集群式创新由于企业之间的技术关联、工艺关联、市场关联、人力资源关联，往往比单个企业的分散创新更有效率和更加经济。主要原因是外部经济的推动。在产业集群中，技术外溢的普遍性研发成果具有公共物品的特性，有些中小企业自主创新动力不足，采取搭便车（free-ride）策略，通过模仿领先企业获取利益。领先企业的率先创新积极性会受到一定的影响。张小蒂等（2012）的研究表明，在产业集群内生产要素的共享面越宽，共享程度越高，其外部经济正向作用力就越大。建立在企业、研究机构、政府之间激励相容，以及企业家才能基础上的产业集群外部经济是正向的和可持续的。

（4）技术外溢力。在产业集群中，同行业的生产企业、供应商、销售商及相关支持产业的企业交织和网络在一起。企业之间、员工之间因地理贴近而密切接触和频繁交流，提高了产业研发设计、生产工艺、市场营销、物流配送的"透明度"，产业的生产诀窍和技术秘密不再神秘，集群的空气中充满着特定产业的气味和氛围。产业集群中领先企业在研究开发、技术创新、生产、人才战略、营销渠道等方面的技术外溢，容易被后进企业模仿和吸收。而领先企业为了保持技术先进优势又不得不加大技术革新力度。这种你追我赶的竞争，在一定程度上能够促进产业集群升级。

10.1.1.2 全球价值链驱动力

根据全球价值链中主导企业能力的不同，全球价值链驱动力有三种类型，消费者驱动、生产者驱动和混合驱动。生产者驱动价值链往往以大型制造业跨国公司的研究与开发、知识产权、技术标准等技术能力为中心，来协调全球价值链各个环节的经济活动。这种价值链通常指向资本、技术或知识密集型产业。具有"技术能力"的领先跨国公司，在价值链中占技术支配地位，制定和实施国际贸易规则和技术标准，获取了国际贸易利益的绝大部分。购

① 臧旭恒，何青松．试论产业集群租金与产业集群演进［J］．中国工业经济，2007（3）：5－13.

买者驱动型价值链往往是以大型跨国贸易商的市场营销、专利、品牌等市场能力为中心，来协调价值链各个环节的经济活动。这种价值链通常指向劳动力密集型产业。掌握“市场能力”的领先跨国公司，在价值链中占市场营销支配能力，掌握了对价值链的市场营销治理权，获取了国际贸易利益的绝大部分。绝对的生产者驱动价值链和绝对的消费者驱动价值链是很少的。大多全球价值链的主导企业兼有生产者驱动力和消费者驱动力。全球价值链驱动力通过生产者供应、生产者采购零部件、购买者采购等形式把劳动密集型产业集群纳入全球生产体系或全球销售体系中。

10.1.1.3 市场与政府驱动力

（1）市场驱动力。包括市场需求拉力和市场竞争压力。

市场需求是拉动劳动密集型产业集群升级的重要力量。随着市场需求量的增长，扩大产品再生产的工艺创新会加快，或者提高全要素生产率、节约劳动的工艺创新会加速。当市场对产品品种有更多种的需求或对产品品质有更高的需求时，增加产品品种的产品创新或提高产品品质的工艺创新会加速。随着科技革命的深入，市场新需求、新技术、新商业模式不断涌现，必然带动产品创新、工艺创新、营销创新和管理创新。

市场竞争是推动集群升级的重要力量。随着经济全球化的深入、国际分工的加速，世界市场的贸易自由化和贸易便利化已成为不可逆转的趋势。我国国内市场与国际市场日益接轨，市场竞争环境更加公平，市场竞争程度更加剧烈。在我国经济新常态下，面对全球经济竞争态势，避免被市场所淘汰，集群企业必须进行研发、工艺和营销创新，以保持生存与发展的核心能力和比较优势。市场竞争压力迫使集群企业你追我赶地创新。企业通过创新所获得的经济租金，称为熊彼特租金（schumpeterian rents）或企业家租金（entrepreneurs rent）。他归于创新者赚得，通常发生在一项创新的引入和成功扩散之间。技术创新的溢出效应使创新成果很快会被模仿。集群企业在地理上的贴近与集中放大了竞争压力，而放大的竞争压力促进了集群创新，促进了集群升级。竞争压力与企业之间持续的攀比，像无形的推手和有力的鞭子，迫使集群企业在研发、产品、工艺、品牌、营销、管理等创新方面，诚惶诚恐，不敢懈怠。

（2）政府驱动力。主要表现在：为劳动密集型产业集群的产生与成长供给科学论证、发展规划、招商引资、对外开放等初始动力，培育区域创新创业环境，营造区域创新创业文化，协调企业间网络联系，支持行业协会健康发展，促进科技创新、成果转化和创新扩散，以及推进区域国际品牌的试点和建设。为了促进劳动密集型产业集群迈向中高端，为产业集群升级提供引导性优惠政策是发达国家或地区的经验。地方政府的集群升级引导政策对企业要有吸引力，否则徒劳无功。

10.1.1.4 国际产业分工驱动力

金融危机后主要发达国家高度重视实体经济发展，实施了“再工业化”及类似战略，着力提升制造业国际竞争力。美国“再工业化”的实质是发展先进制造业和战略性新兴产业。2010 年奥巴马政府发布《制造业促进法案》，提出通过全面改革将美国打造为企业总部基地、创新基地和制造企业的首选之地。英国、法国、西班牙、日本和瑞典等国家均实施了支持高技术的工业战略，目的就是控制全球价值链的高附加值环节。2012 年欧盟委员会发布的《强大的欧盟工业有利于增长和经济复苏》报告提出，实现“再工业化”目标的主要手段是推动一场由绿色能源和数字制造等先进技术引领的“新工业革命”。国际产业转移、信息技术革命和全球价值链的深化成为经济全球化的重要推动力量，世界各国相互依赖、相互依存和利益共享的格局正在形成。任何理性的国家都不可能关起门来自高自大、闭门造车、自搞一套。各国之间会有经济竞争，但更需要加强合作。欧美“再工业化”战略正倒逼我国加快劳动密集型产业升级进程。跨国公司的全球运营，正快速推进中国地方产业集群融入全球经济。我国劳动密集型产业集群必须顺应国际产业分工和本地专业化生产趋势，以开放的姿态融入全球价值链。

10.1.2 GVC 下劳动密集型产业集群升级的三元主体协同

企业主体：企业是产业集群技术能力、市场能力、国际化能力升级的主体。集群中的主导企业是全球价值链下集群升级的主要发起者、推动者、执行者和受益者，具有羊群中领头羊的作用。在劳动密集型产业集群升级中，主导企业的升级行动具有示范性、引导性、带动性，主导着产业集群升级的路径与方向。主导企业对于改善产业集群市场结构具有重要作用，可以抑制完全竞争市场诱发的低价竞争格局和柠檬市场的困惑。要支持和鼓励劳动密集型产业集群中主导企业在全球范围内开展跨国投资、整合全球价值链、培育全球研发中心和参与全球科创中心建设，全面提升跨国经营能力和核心竞争力。通过以大带小合作出海，鼓励大企业带动中小配套企业走出去，构建全产业链战略联盟，形成综合竞争优势。

行业协会主体：行业协会作为产业集群的一种中间性的治理机构，不仅可以通过为企业提供技术学习与交流网络平台建构、质量整治、技术培训、标准认证和技术检测基础服务，助推产业集群创新，而且可以通过制定发展规划与行业标准、维护知识产权、培育区域国际品牌、培养高层次人才等手段，助推产业集群升级。①

地方政府主体：地方政府是产业集群的重要参与者，可以引导、诱导和促进产业集群升级。主要作用是，促进区域创新网络的形成与发育，催化静态比较优势向动态比较优势转换，建立健全产业集群中科技、信息、检验、培训等公共服务平台，建立健全有效促进劳动密集型产业集群升级的激励机制，以消除区域创新系统的失效。政府参与产业集群升级的目的是消除区域创新系统的不完整性和不协调性，确保市场机制在产业集群升级中发挥基础性作用。一项研究揭示了政府作用的四个方面，即为市场机制的发挥创造有利的体制条件、与R&D投资相联系的外部性的发挥和更多的知识创造、部分经济活动的重要参与者，以及在区域创新系统中的作用。

全球价值链下劳动密集型产业集群升级的三元主体协同如图10-2所示。

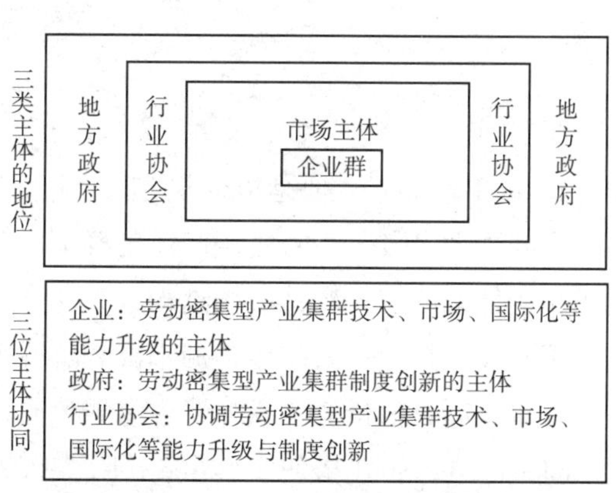

图10-2　全球价值链下劳动密集型产业集群升级的三元主体协同

① 郭金喜．行业协会的产业集群创新治理功能分析［J］．发展研究，2010（1）：26-29.

10.1.3 GVC 下劳动密集型产业集群升级的两个层面

产业层面：一般的升级轨迹是从工艺升级到产品升级，再到功能升级，最后到链条升级。处在全球价值链低端的附加值低的生产制造环节向附加值高的全球价值链两端攀升，即向研究与开发、营销与品牌环节攀升，直至跃升到另一链条。工艺升级、产品升级主要在生产制造环节，而功能升级主要在研究与开发环节，或营销与品牌环节，最后的链条升级则是跃升到高一级链条。工艺升级和产品升级针对价值链原有环节生产效率、产品质量的提升，没有从根本上实现整体升级，而功能升级和链条转换对区域经济发展具有决定性的意义。功能升级指的是在同一条全球价值链内，通过改变在价值链中的位置，从价值链低端向价值链的“战略性环节”升级，如从生产制造环节转向研究与开发、营销和品牌。链条转换则是剥离原有的产业活动而进入一个新的产业链条。链条升级的本质是跳出原有的价值链，向具有更高技术能力、更高营销能力、更优治理结构的价值链转移。

企业层面：升级路径从 OEA 开始，再到 OEM，然后到 ODM，最后到 OBM。这一升级过程中，可以缺省一个或两个环节。

10.1.4 GVC 下劳动密集型产业集群升级的三个难题

全球价值链下我国劳动密集型产业集群升级的三个问题是突破逐底竞争、低端锁定和高端封锁。

10.1.4.1 逐底竞争

逐底竞争（race to the bottom）主要是指企业之间的低价竞争，甚至是低于成本价的恶性竞争。在我国大多数劳动密集型产业集群中，企业产品附加值不高，在全球价值链上位于低端链节。产品市场结构近乎完全竞争市场。产业规模经济性弱，技术水平不高，行业进入门槛普遍不高。集群企业大多生产同质性产品，且产品技术含量不高，低价竞争激烈，容易导致假冒伪劣产品横行的柠檬市场（market for lemons）、企业搭便车（free rider）行为，以及企业机会主义（opportunism）行为。这种逐底竞争态势加大了国际购买商或生产商控制价值链链节的可能性。在地方产业集群中，如果集群企业缺乏差异化竞争优势，主导企业领导能力太弱、技术创新能力低下，地方政府与行业协会引导偏差，逐底竞争难以避免。逐底竞争的结果，必然是集群租金缺乏，行业近乎零利润，集群企业研发与创新不足，集群进入衰退期或向外迁移难以避免。①

10.1.4.2 低端锁定

在经济全球化趋势下，跨国公司全球布局加速，大多数国家不得不纳入国际垂直专业化分工体系。2013年世界投资报告指出，全球价值链及各个链节通常由各个国家或地区跨国公司所控制。各个国家或地区跨国公司在全球价值链中的地位与主导权，决定了全球价值链利益分配。发达国家跨国公司主要依靠研究与开发、营销与品牌等垄断优势，同时利用发展中国家供应商之间的贸易竞争，压低采购价，不断剥夺加工贸易企业的贸易剩余。发展中国家主要依靠劳动力、自然资源等生产要素丰裕的比较成本优势，以来料加工、来件装配、进料加工等加工贸易模式嵌入全球价值链。加工贸易企业技术水平低，投资专业化水平高，可替代性强，对发达国家采购商依赖性强。随着科技进步和消费者需求层次的提高，发达国家或地区的产品标准、技术标准，以及环境保护、劳动保护的要求逐渐提高，发展中国家或地区的供应商为了满足国际市场需求不得不购买跨国公司的工艺设备，进行工艺升级。跨国公司在促进世界经济增长的同时，直接影响国际贸易与国际投资的利益分配。我国加工贸易企业主要承接劳动密集型的低附加值环节，在全球价值链中处于低端地位。低端锁定是全球价值链下我国劳动密集型产业集群升级的主要“瓶颈”。

10.1.4.3 高端封锁

尽管发展中国家参与全球价值链的能力和水平有了提升，但是，发达国家或地区的跨国公司仍然控制着全球价值链的高附加值链节，控制着全球价值链的大多数核心资源、战略资产、关键技术、营销渠道和品牌推广。发达国家通过种种手段封锁发展中国家劳动密集型产业集群升级。一是高新技术出口管制。美国、欧洲都制定了出口技术管制清单，对军民两用品的高新技术出口加以限制。二是以专利为基础的技术标准体系。② 技术标准化已经成

---

① 陆辉，陆雪纯．全球价值链治理与外生型产业集群升级［J］．南通纺织职业技术学院学报（综合版），2014（3）：26－29.

② 吴林海，崔超，罗佳．我国未来技术标准发展战略研究——基于跨国公司标准与专利的融合［J］．中国人民大学学报，2005（4）：105－110.

为专利技术的高级表现形式。一项技术标准往往是多项专利技术的集合，他以原创性专利为主，由一个专利群体来支撑。通过对技术标准的控制，促使该行业的相关企业使用他的专利技术。发达国家跨国公司通过把专利转变为国家标准，再上升为国际标准，同时设置严格的技术性贸易壁垒，从而达到垄断国际市场的目的。三是品牌战略体系。在全球价值链中，发达国家凭借品牌影响力处于全球价值链的高附加值环节。欧美发达国家的超级品牌占据主体地位。从中国产品总量上看，中国的钢、煤、水泥、化学纤维、电视机、洗衣机、冰箱、空调、微波炉、摩托车、水泥、服装、纺织、医药、肉类等100多种产品产量已居世界第一，但还没有一个世界著名的中国品牌。

10.1.5 GVC下劳动密集型产业集群升级的三大战略

全球价值链下劳动密集型产业集群升级的三大战略是技术创新战略、品牌战略和国际化战略。

10.1.5.1 技术创新战略

技术创新战略是全球价值链下劳动密集型产业集群技术能力升级的主要抓手。以技术创新促进集群向全球价值链高端攀升，是一项复杂系统工程。技术引进与自主创新同等重要，通过技术引进，获取技术比较利益，做大主导产业和支柱产业；通过自主创新，培育高新技术产业或战略性新兴产业。我国全球价值链下劳动密集型产业集群升级的技术创新，要以自主创新为主，同时加强模仿创新，重视合作创新。一要以自主创新为主。自主创新是我国攀登世界科技与产业高峰的必由之路，也是我国劳动密集型产业迈向中高端的必由之路。劳动密集型产业集群升级客观上要求产业在研发、工艺、产品、营销等方面具有自主创新能力。二是加强模仿创新。模仿创新与自主创新密不可分，是实现自主创新的手段之一。我国是发展中大国，地区经济发展不平衡，仍需要承接国际产业转移，加大技术引进力度，加强消化引进技术再创新，必须经过加工贸易阶段。[①] 三是重视合作创新。合作创新也与自主创新密不可分，也是实现自主创新的手段之一。充分利用世界科技资源，加强

① 冯德连．研发国际化趋势下我国技术创新模式的选择［J］．财贸经济，2007（4）：41－46.

旨在提高自主创新能力的国际科技合作。同时加强产业集群的产学研合作和协同创新，发挥产业技术创新战略联盟的作用，支持公共技术创新平台建设。

10.1.5.2 品牌战略

产业集群区域品牌可以树立区域产业、企业和产品差异化形象，提升集群整体竞争优势。同时，集群品牌的经济外部性（economic externality）和范围经济性（economies of scope）使集群内企业的低成本优势更加明显。品牌战略是全球价值链下劳动密集型产业集群市场能力升级的重要抓手。在21世纪，拥有品牌影响力的产业集群就拥有市场营销优势，在全球价值链的利益分配中占据了有利地位。缺乏自主国际品牌的加工贸易是导致中国成为世界加工厂而非真正世界工厂的重要原因。

10.1.5.3 国际化战略

国际化战略是全球价值链下劳动密集型产业集群国际化能力升级的主要抓手。突破发达国家跨国公司主导的全球价值链分工低端锁定和高端封锁的重要策略是发展本国跨国公司，构建平行发展的全球价值链（GVC）和国内价值链（NVC）分工网络。鼓励具有实力的企业在全球范围内开展跨国投资，整合价值链，培育全球研发中心和国际营销网络，全面提升跨国研发能力和营销品牌能力。鼓励以大带小合作出海，鼓励大企业带动中小配套企业走出去，构建全产业链战略联盟，形成综合竞争优势。要顺应国际产业转移规律，引导劳动密集型产业集群优先向我国中西部地区转移、向产业链高端延伸和向劳动力成本更低的发展中国家转移。

10.2 对策建议

10.2.1 主动嵌入全球价值链，对接国际贸易规则

国际贸易规则的本质是主导国通过输出规则实现自身的政治经济利益。美国和欧洲主导确立的国际贸易新规则符合发达国家利益，有利于增强发达国家跨国公司和产业的国际竞争优势。在全球价值链中产业集群之间的价值

分配主要由居于支配地位的产业集群所控制，发达国家的主导产业集群控制着利益分配。发展中国家劳动密集型产业集群通常是被动嵌入，其被动嵌入的程度与利益分配的权力之间成反比关系，即被动嵌入度越高，价值分配权力越低。反之，产业集群如果自主构建全球价值链网络，往往可以获得更高的价值分配权力，主动嵌入的程度与价值分配权力之间往往成正比关系。我们需要根据条件成熟度和利益相关程度渐进对接新规则，主动嵌入全球价值链。

第一，积极参与国际贸易规则谈判。继续支持与推进世界贸易组织（WTO）多哈回合谈判。渐进对接高标准国际规则，接纳基于全球价值链和可持续发展制定现代高标准与高质量的贸易与投资政策体系的先进理念，建设具有现代国际水准的贸易与投资规则的综合试验区。加快自由贸易区建设，形成面向全球的高标准自由贸易区网络，争取在区域经济合作的过程中占据主导地位。

第二，向发达国家主导的全球价值链上游攀升，通过自主创新、品牌等战略深度嵌入附加值更高的价值链，尽可能获取跨国公司的技术溢出。

第三，发挥大国需求效应，促进国内价值链与国际价值链互动。大国国内市场效应可以用边界效应和规模经济效应解释。主要体现在边界效应[①]的下降和规模经济效应的上升。边界效应是后发发展中大国产业发展战略选择的前提，而规模效应则是后发发展中大国产业发展战略选择的基点（白旻，2009）。大国庞大的国内贸易可以使企业实现内部规模经济，并催生外部规模经济和地区集中化经济。规模经济效应的上升可以降低产品研发成本、生产成本和营销成本，催生分工与专业化经济，提高劳动生产率，提升产品的低成本优势；还可以为技术进步和技术创新提供试验的土壤，孕育产品的差异化优势（周怀峰，2007）。

我国国内市场需求总量的规模优势可以形成重要的国内市场虹吸效应。

---

① Evans（2003）认为，边界效应指的是国家边界对国际贸易量的负面影响。即在其他条件，如收入、距离、可替代的贸易机会等都相同的情况下，两个不同国家之间的贸易量远远低于一国之内两地区之间的贸易量。McCallum（1995），他对美国各州和加拿大各省之间的贸易进行影响因素考察，并估计了两国之间贸易的边界效应。得出结论：加拿大各省之间的贸易平均是各省与（相同规模和距离）美国各州贸易量的 22 倍，发现边界效应相当显著。Nitsch（2000）估计了欧盟国家的边界效应，其结论是欧洲一体化进程中边界效应仍然非常显著。

依靠国内市场需求成长起来的本土跨国公司，在全球价值链中往往具有独特的自主研发、营销诀窍、贴近国内市场需求等优势，表现出较强的功能升级与链条升级的能力。

国内价值链与全球价值链相互联系、相互促进。国内价值链是基于巨大的国内市场需求发育而成，由本土大企业主导，在本土市场上获得自主研发能力、知识产权、品牌、销售渠道。构建国内价值链是参与全球价值链分工的基础，而参与和融入全球价值链是国内价值链优化的重要动力。培育内生拉动和外向推动有效结合的产业集群升级动力机制，是摆脱发达国家主导的全球价值链分工网络“高端封锁”的最优发展战略。①

第四，构建自己主导的全球价值链。在“一带一路”倡议实施中，与沿线国家相比，我国具有劳动力、自然资源等要素富裕的边际产业优势，我国优势产业集群的主导企业可以有计划依次向周边及沿线国家拓展价值链节，延长自己的价值链，获取更大的国际分工收益。利用自身大国优势拓展以我国跨国公司为主导的全球价值链。推动部分劳动密集型产业集群向更低收入的发展中国家或地区转移，主导搭建以我国为主的全球价值链。以我国大型跨国公司为主搭建全球或区域（如“一带一路”等）研发中心、采购网络或经贸平台。

10.2.2 健全集群创新网络，释放产业集群创新创业的活力

集群创新网络是以产业集群的主导企业为核心的知识的生产、扩散和应用所形成的企业创新网络，是根植于区域社会文化环境的产业集群中各类市场主体之间的各种正式或非正式关系的总和，包括创新中心网络（主导企业、中小企业、供应商、客户等）和创新支持网络（地方政府、中介组织、科研机构、高等院校、金融机构等）。集群创新网络中各类市场主体紧密围绕主导企业，从主导企业得到相关技术、知识、信息、订单等创新资源，从而实现集群协同创新。② 从地方政府的视角看，需要采取以下措施。一是培

---

① 崔焕金，张强．全球价值链驱动模式的产业升级效应——对中国工业部门的实证研究［J］．首都对外经济贸易大学学报，2012（1）：32－39.

② 欧坚强，牟绍波．核心企业主导下战略性新兴产业集群创新网络研究［J］．商业时代，2013（25）：123－124.

育区域创新创业文化。营造“三创”（创新、创业、创造）的良好氛围，鼓励争先、领先、率先的创新创业行为，培育企业家阶层，弘扬企业家精神。二是培育工匠精神。在品种、品质、品牌上精工制造，精益求精。三是落实“双创”和“互联网+”行动计划。鼓励大众创业、万众创新，打造“四众”（众创、众包、众扶、众筹），促进工业化和信息化融合，推进劳动密集型产业的“互联网+”战略，完善政产学研协同的创新创业机制。四是强化产业集群公共技术服务平台建设。提供产品设计、研究开发、工艺设计、检验检测、技术培训、管理咨询、战略规划等共性技术服务。

10.2.3 加强集群国际化，促进产业承接与产业转移互动

一是推进劳动密集型产业集群出口向中高端迈进。加快实施科技兴贸战略，健全ISO9000、ISO14000认证体系，积极采用ISO、IEC等国际标准，提升出口商品品质、档次和附加值，促进出口商品结构高级化。二是推进加工贸易转型升级。促进加工贸易从OEM向ODM、OBM升级，向高附加值的研发设计、品牌推广链节延伸。三是推进集群跨境电子商务平台和市场采购贸易模式发展。积极培育有影响力的跨境电子商务平台，壮大一批跨境电子商务企业，鼓励市场采购贸易发展，支持国内企业借助电子商务建立国际营销网络。四是推进对外投资合作，鼓励企业抱团出海和有序向境外延伸价值链。随着中国企业对外直接投资的发展，我国劳动密集型产业集群出现了GVC低端向高端的动态演进趋势。[①] 实践证明，境外经贸合作区是劳动密集型产业集群国际化的重要平台。截至2014年，我国企业建立了75个境外经贸合作区，发挥了集群化出口、集群化投资的示范带动效应。[②] 要完善境外经贸合作区的发展规划、国别或地区分布、产业分布和合作共建模式，加大对境外经贸合作区承接国内劳动密集型优势产能的支持力度。

10.2.4 加强集群国际品牌培育，促进产业集群市场能力升级

产业集群区域品牌具有地域性、品牌资产性、准公共物品性的特征，是

---

① 孙黎，李俊江．全球价值链视角下中国企业对外直接投资的驱动力研究［J］．社会科学战线2015（12）：57－62.

② 中华人民共和国商务部．中国对外投资合作发展报告2015［R］．http：//fec.mofcom.gov.cn.

区域产业迈向中高端的重要抓手。

10.2.4.1 完善集群中政府、行业协会、龙头企业的联动机制

产业集群区域品牌需要地方政府、行业协会和龙头企业合力培育。由于产业集群区域品牌的准公共品性质，需要发挥政府、行业协会的主导作用和龙头企业的主体作用。通过试点先行、示范引领，完善地方政府、行业协会、龙头企业的联动机制，组织协调相关支持政策、形成三方合力，加快培育一批国际竞争力强和附加值高的区域国际品牌，发挥示范带动效应。

10.2.4.2 健全集群中知名企业、知名品牌、知名企业家的互动机制

知名企业是产业集群的主导企业，知名品牌是产业集群中产品质量、服务质量的标志和形象，知名企业家是企业家群体的杰出代表和灵魂人物。例如，合肥智能语音集群中“科大讯飞公司 + 科大讯飞品牌 + 刘庆峰”、宁国机械零部件集群中“中鼎集团 + 中鼎品牌 + 夏鼎湖”、芜湖汽车集群中“奇瑞汽车公司 + 奇瑞品牌 + 尹同跃”等。在产业集群区域品牌培育中，要发挥知名企业、知名品牌、知名企业家的相互促进作用。切实实施名企战略、名品战略和名企业家战略，促进劳动密集型产业集群走向中高端。

10.2.4.3 加快支柱产业、价值链、主导企业、区域品牌的联动提升

地方政府要明确产业集群区域品牌定位与规划，以集群品牌建设引导支柱产业结构调整，确立清晰的区域产业形象定位。围绕重点价值链打造支柱产业、依托主导企业打造产业集群的区域品牌，实现区域国际品牌、支柱产业、价值链和主导企业的良性互动。鼓励产业集群的主导企业依托企业品牌优势，采取收购、兼并、控股、参股、合作经营、虚拟经营等方式，扩大品牌经营范围和规模，提升主导产品的附加值和市场占有率。加大产业集群区域品牌的知识产权保护和海外推介力度。

10.2.4.4 加强集群品牌的注册、使用与管理

集体商标的商标所有权归集体成员所有，加入集体的成员均可使用，集体外其他人不可使用。要注重集体商标、证明商标和地理标志的注册与使用，使品牌合法化。鼓励“工商业团体、协会或者其他集体组织”注册与使用集

体商标，平衡集群内企业的竞合行为，避免“公地悲剧”。遇到侵权案件时，企业不再单打独斗，而是抱团维护区域品牌。

10.2.4.5 加强政府营销

地方政府应整体策划区域品牌政府营销活动。整合区域内政府资源，加强开展整合营销传播。利用不同层次的媒体、形式多样的传播渠道宣传区域品牌的认证标识、形象标识。发挥地方党委和政府主流媒体作用，以公益广告的形式，在电视黄金时段安排一定时长，或报纸重要版面安排一定篇幅，对产业集群区域品牌进行重点宣传和营销推广。培育一批重点行业专业性境外品牌展。大力宣传产业集群的品质和特色，扩大区域品牌影响力。加大外贸品牌培育力度，引导集群中跨国公司收购国际知名品牌，提高知名品牌商品出口的比重。

10.2.5 加强集群技术创新，促进产业集群技术能力升级

10.2.5.1 突出集群内不同市场主体之间的创新分工和协同创新

在产业集群的各类创新主体中，企业创新的重点是技术创新，政府创新的重点是制度创新，中介组织创新的功能是技术创新与制度创新的协调，而教育与研究机构则提供知识与劳动力。产业集群创新的客体系统主要有产品、工艺、组织、市场、管理、制度等创新子系统。[①] 集群内主导企业侧重开展产业集群关键技术的原始创新、集成创新或引进消化吸收再创新，而中小企业（辅助企业）侧重发展专精特新，依托集群共性技术开展技术创新（陆根尧，2013）。健全地方政府、主导企业、高等院校、科研机构等创新主体的协同创新机制，促进政产学研之间的良性互动。通过地方政府的制度创新有效发挥政府的引导者、推动者的职能，实现技术链、产业链、资金链的有效衔接。

10.2.5.2 加大集群内企业自主创新的投资支持

制定优惠的财政与税收政策，加强对集群企业产品、工艺、研发、品牌

① 冯德连等. 经济全球化下中小企业集群的创新机制研究［M］. 经济科学出版社，2006：130－131.

等自主创新的公共财政投入和税收减免服务。健全产业集群自主创新的金融服务机制，完善金融担保、风险投资、创业投资，加大金融支持科技创新项目的力度。完善技术创新成果的产业化促进机制，鼓励研发人员创新劳动同其利益收入对接，创新成果同产业对接，以及创新项目同现实生产力对接。

10.2.5.3 加强产业集群内知识产权运用和保护

建立健全知识产权管理体系，推动建立严格有效的知识产权运用和保护机制。鼓励劳动密集型产业集群创建知识产权试点示范园区。完善海外知识产权维权援助机制，加强海外维权信息平台建设。积极创建专利导航产业发展实验区，根据产业集群升级和市场竞争需要，鼓励主导企业、行业协会积极参与和主导国家、行业技术标准制修订工作，推动专利纳入技术标准，建立标准制定和专利池构建的良性互动机制。推动产业集群的主导企业或相关行业协会，面向产业关键技术领域，组建产业知识产权联盟。坚决查处和打击各种知识产权侵权行为，提高集群企业运用及保护知识产权能力。

10.2.6 加快培育行业协会，发挥行业协会的集群治理作用

引导和推动劳动密集型产业集群依法组建行业协会或行业商会。充分发挥行业协会在行业自律、教育培训、信息共享、营销品牌、集体维权、企业仲裁等方面的作用，开展集体商标申请、行业标准制定、营销渠道共享、集群化出口、商业模式推介等活动。支持行业协会开展集约化采购、“两反一保”[①]、区域品牌等合作共享模式，打造产业集群利益共同体。

10.2.7 加快培育跨国公司，发挥集群中主导企业的作用

跨国公司日益成为全球价值链的主导者和治理者。目前，跨国公司控制了世界生产的40%，国际货物贸易的50%～60%，国际技术贸易的60%～70%，国际研发的80%以上。加快培育本土跨国公司具有重要的战略价值。[②]随着全球价值链可拆分性的加强和外包程度的提高，掌控全球价值链日益成

① 两反一保：反倾销、反补贴、保障措施的简称，是临时性的WTO贸易救济措施。

② 王子先．世界经济进入全球价值链时代中国对外开放面临新选择［J］．全球化，2014（5）：61－71.

为跨国公司提高国际竞争力的重要战略。本土跨国公司是具有本土特色的价值链系统集成者和整合者，是产业集群在国内价值链的基础上攀升全球价值链高端的核心力量。[①] 发挥产业集群中主导企业的示范带动效应，构建由本土跨国公司主导和治理的国内价值链，与全球价值链有效对接。推进大型国有企业整合全球价值链，通过购并重组、产业整合和国际市场整合，培育整合全球价值链的世界级跨国公司。

① 易顺，韩江波．国内价值链构建的空间逻辑及其实现机制——基于双重“中心—外围”格局视角的探讨［J］．学习与实践，2013（12）：38－46.

参考文献

［1］白旻．边界效应、规模效应与后发大国的产业发展战略［J］．世界经济研究，2009（8）：3－8.

［2］曾咏梅．产业集群嵌入全球价值链模式及其权变选择［M］．湖南人民出版社，2012：69－80.

［3］陈平．我国产业集群国际化的若干思考［J］．科技进步与对策，2006（1）：53－55.

［4］陈莎莉，张纯．全球价值链、两难困境与低成本集群发展路径转换研究［J］．科技管理研究，2013（2）：154－157.

［5］陈晓涛．产业集群的衰退机理及升级趋势研究［J］．科技进步与对策，2007（2）：72－74.

［6］崔焕金，张强．全球价值链驱动模式的产业升级效应——对中国工业部门的实证研究［J］．首都对外经济贸易大学学报，2012（1）：32－39.

［7］代文彬，慕静，易训华．产业集群跨越式升级：基于集群龙头企业双链协同的研究［J］．经济经纬，2012（6）：57－61.

［8］段文娟，聂鸣，张雄．价值链治理对发展中国家地方产业集群升级的影响研究——以巴西西诺斯谷鞋业集群为例［J］．软科学，2006（1）：31－35.

［9］冯德连．研发国际化趋势下我国技术创新模式的选择［J］．财贸经济，2007（4）：41－46.

［10］冯德连．全球价值链下中国劳动密集型产业集群升级机制与策略［J］．江淮论坛，2017（2）：57－63.

［11］冯德连．全球价值链下劳动密集型产业集群升级的研究综述与趋势［J］．铜陵学院学报，2013（6）：9－13.

［12］冯德连．全球价值链与安徽劳动密集型工业集群发展研究［J］．

铜陵学院学报，2015（6）：9－12.

[13] 冯德连等．经济全球化下中小企业集群的创新机制研究［M］．经济科学出版社，2006：10－11，130－131.

[14] 侯茂章，汪斌．基于全球价值链视角的地方产业集群国际化发展研究［J］．财贸经济，2009（5）：68－73.

[15] 胡大立，谌飞龙，吴群．企业品牌与区域品牌的互动［J］．经济管理，2006（3）：44－48.

[16] 黄丽婉．全球价值链下中国劳动密集型产业集群国际化研究［D］．安徽财经大学，2013.

[17] 黄永春，郑江淮，杨以文，谭洪波．全球价值链下长三角出口导向型产业集群的升级路径研究［J］．科技进步与对策，2012（17）：45－50.

[18] 贾根良，张峰．传统产业的竞争力与地方化生产体系［J］．中国工业经济，2001（9）：46－52.

[19] 雷亮．地方政府行为影响区域品牌发展的实证研究［J］．兰州大学学报（社会科学版），2015（1）：112－119.

[20] 李大垒．产业集群品牌创建的影响因素［J］．经济管理，2009（3）：18－22.

[21] 李文秀．产业集群升级研究——基于链网耦合的视角［M］．经济管理出版社，2012：196.

[22] 梁文玲，李鹏．基于全球价值链治理的中国纺织企业升级战略思考［J］．经济问题探索，2008（7）：67－71.

[23] 刘江雪．GVC 下劳动密集型产业集群自主创新战略研究现状与趋势［J］．铜陵学院学报，2014（6）：21－25.

[24] 刘林青，谭力文，施冠群．租金、力量和绩效——全球价值链背景下对竞争优势的思考［J］．中国工业经济，2008（1）：51－58.

[25] 刘闲月，孙锐，林峰．知识系统创新对产业集群升级的影响研究［J］．宏观经济研究，2012（1）：54－61.

[26] 刘志彪，张杰．全球代工体系下发展中国家俘获型网络的形成、突破与对策——基于 GVC 与 NVC 的比较视角［J］．中国工业经济，2007（5）：39－47.

[27] 卢巧玲．产业集群升级中的地方政府行为研究［J］．学术交流，

2009 (2): 44 - 48.

[28] 罗忠明. 集群——国外家具产业发展的经验与启示 [J]. 中国林业经济, 2006 (11): 53 - 56.

[29] 迈克尔·波特. 国家竞争优势 [M]. 华夏出版社, 2002: 34 - 36.

[30] 梅丽霞, 柏遵华, 聂鸣. 试论地方产业集群的升级 [J]. 科研管理, 2005 (5): 147 - 151.

[31] 梅丽霞. 全球化、集群转型与创新型企业——以自行车产业为例 [M]. 科学出版社, 2010: 212 - 213.

[32] 梅述恩, 聂鸣. 嵌入全球价值链的企业集群升级路径研究——以晋江鞋企业集群为例 [J]. 科研管理, 2007 (4): 30 - 35.

[33] 蒙丹. 全球价值链驱动机制演变趋势及启示 [J]. 发展研究, 2011 (2): 9 - 12.

[34] 聂影. 中国林产品: 流通、市场与贸易 [M]. 中国林业出版社, 2007: 59 - 62.

[35] 潘利. 链网互动理论: 产业集群升级的新视角 [J]. 华东经济管理, 2007 (7): 55 - 61.

[36] 彭迪云, 刘彩梅. 基于产业集群与全球价值链耦合视角的集群企业升级研究 [J]. 南昌大学学报 (人文社会科学版), 2011 (1): 52 - 58.

[37] 秦政强, 赵顺龙. 全球价值链下东莞家具产业集群治理结构演变 [J]. 现代管理科学, 2010 (2): 76 - 79.

[38] 任春红, 丛玉飞. 集群产业优势对区域品牌形成的作用机理研究——以温州典型产业集群为例 [J]. 地域研究与开发, 2012 (1): 14 - 19.

[39] 阮建青, 张晓波, 卫龙宝. 危机与制造业产业集群的质量升级——基于浙江产业集群的研究 [J]. 管理世界, 2010 (2): 69 - 79.

[40] 孙黎, 李俊江. 全球价值链视角下中国企业对外直接投资的驱动力研究 [J]. 社会科学战线, 2015 (12): 57 - 62.

[41] 孙丽辉. 区域品牌行程中的地方政府作用研究——基于温州鞋业集群品牌的个例研究 [J]. 当代经济研究, 2009 (1): 44 - 49.

[42] 孙婷婷. 全球价值链下劳动密集型产品集群品牌战略研究现状与趋势 [J]. 铜陵学院学报, 2014 (5): 19 - 22.

[43] 孙婷婷. 基于全球价值链视角的安徽省产业集群品牌战略研究

[J]. 洛阳理工学院学报（社会科学版），2015（4）：64－68.

[44] 谭力文，马海燕，刘林青. 服装产业国际竞争力——基于全球价值链的深层透视［J］. 中国工业经济，2008（10）：64－74.

[45] 陶梦龙. 全球价值链动力机制对我国劳动密集型产业集群升级的影响［J］. 铜陵学院学报，2013（1）：8－11.

[46] 汪斌，侯茂章. 地方产业集群国际化发展与区域创新体系的关联研究——基于生命周期和全球价值链的视角［J］. 财贸经济，2007（3）：11－17.

[47] 王超，冯德连. 全球价值链下的安徽纺织产业集群升级障碍与对策［J］. 西华大学学报（社科版），2013（4）：87－91.

[48] 王超. 全球价值链下的安徽纺织产业集群升级研究［J］. 阜阳师范学院学报（社会科学版），2013（4）：85－88.

[49] 王传宝. 全球价值链下地方产业集群升级机理研究［M］. 浙江大学出版社，2010：33－34.

[50] 王发明，周颖，殷鸣. 基于全球价值链分工的我国地方产业集群风险研究——以浙江绍兴纺织产业集群为例［J］. 北京交通大学学报（社会科学版），2009（4）：62－67.

[51] 王凤荣，王慧. 价值链理论视角的我国企业集群隐性升级［J］. 山东大学学报（哲学社会科学版），2007（6）：81－89.

[52] 王国顺，曾维昌. 链网互动与区域产业网络的优化［J］. 财经理论与实践，2009（5）：102－105.

[53] 王缉慈. 超越集群——中国产业集群的理论探索［M］. 科学出版社，2010：56－59.

[54] 王缉慈，张哗. 沿海地区外向型产业集群的形成、困境摆脱与升级前景［J］. 改革，2008（5）：53－59.

[55] 王静华. 全球价值链视角下产业集群升级的路径探析［J］. 科技管理研究，2012（1）：156－158.

[56] 王雷. 全球价值链框架下跨国公司的“纵向控制”策略及突破路径研究——以晋江鞋业集群为例［J］. 经济体制改革，2010（5）：62－65.

[57] 王晓霞等. 产业集群升级研究——地方政府视角［M］. 中国社会科学出版社，2012：116－119.

[58] 王兆君，张占贞．芬兰、意大利林业产业集群演进对山东省林业产业集群成长的启示 [J]．经济问题探索，2013 (3)：97－100.

[59] 王子先．世界经济进入全球价值链时代中国对外开放面临新选择 [J]．全球化，2014 (5)：61－71.

[60] 魏后凯．要防范产业集群出现衰退 [J]．资源再生，2009 (1)：28－29.

[61] 吴波，李生校．全球价值链嵌入是否阻碍了发展中国家集群企业的功能升级？——基于绍兴纺织产业集群的实证研究 [J]．科学学与科学技术管理，2010 (8)：60－65.

[62] 吴传清，李群峰，朱兰春．区域产业集群品牌的权属和效应探讨 [J]．学习与实践，2008 (5)：23－27.

[63] 吴解生．论中国企业的全球价值链"低环嵌入"与"链节提升" [J]．国际贸易问题，2007 (5)：108－112.

[64] 吴林海，崔超，罗佳．我国未来技术标准发展战略研究——基于跨国公司标准与专利的融合 [J]．中国人民大学学报，2005 (4)：105－110.

[65] 吴义爽，蔡宁．我国集群跨越式升级的"跳板"战略研究 [J]．中国工业经济，2010 (10)：55－64.

[66] 夏曾玉，谢健．区域品牌建设探讨——温州案例研究 [J]．中国工业经济，2003 (10)：43－48.

[67] 徐军，冯德连．全球价值链下皖江城市带专业镇产业集群升级研究 [J]．湖南商学院学报，2014 (5)：16－22.

[68] 严北战．基于"三链"高级化的集群式产业链升级机理 [J]．科研管理，2011 (10)：64－70.

[69] 杨锐，胡宇杰，王缉慈．"地方—全球"力量下地方产业集群升级——地方企业商业模式创新与地方能力 [J]．科学发展，2008 (创刊号)：97－105.

[70] 易顺，韩江波．国内价值链构建的空间逻辑及其实现机制——基于双重"中心—外围"格局视角的探讨 [J]．学习与实践，2013 (12)：38－46.

[71] 臧旭恒，何青松．试论产业集群租金与产业集群演进 [J]．中国工业经济，2007 (3)：5－13.

[72] 张辉．全球价值链动力机制与产业发展策略 [J]．中国工业经济，

2006（1）：40－48.

［73］张杰，刘东．我国地方产业集群的升级路径：基于组织分工架构的一个初步分析［J］．中国工业经济，2006（5）：48－55.

［74］张杰，张少军，刘志彪．多维技术溢出效应、本土企业创新动力与产业升级的路径选择——基于中国地方产业集群形态的研究［J］．南开经济研究，2007（3）：47－67.

［75］张向阳，朱有为．基于全球价值链视角的产业升级研究［J］．外国经济与管理，2005（5）：21－27.

［76］张小蒂，曾可昕．基于产业链治理的集群外部经济增进研究——以浙江绍兴纺织集群为例［J］．中国工业经济，2012（10）：148－160.

［77］张小蒂，朱勤．论全球价值链中我国企业创新与市场势力构建的良性互动［J］．中国工业经济，2007（5）：30－38.

［78］赵红岩．全球价值链下长三角嵌链式升级模式［M］．科学出版社，2009：178－179.

［79］赵君丽，吴建环．全球生产网络下知识扩散与本地产业集群升级［J］．科技进步与对策，2009（11）：36－40.

［80］赵珂珂．全球价值链下安徽宿州鞋业集群升级研究［J］．铜陵学院学报，2013（6）：14－17.

［81］郑海涛，周海涛．走向高端——广东产业集群升级战略研究［M］．经济科学出版社，2006：125.

［82］周怀峰．大国国内贸易需求提升产品国际竞争力的机理分析［J］．财贸研究，2007（4）：34－38.

［83］周维芸．全球价值链下安徽产业集群专业镇研究现状与趋势［J］．铜陵学院学报，2016（1）：21－26.

［84］朱晨，冯德连．全球价值链治理模式对劳动密集型产业集群升级的影响［J］．铜陵学院学报，2012（6）：15－18.

［85］朱建安，周虹．发展中国家产业集群升级研究综述：一个全球价值链的视角［J］．科研管理，2008（1）：115－121.

［86］朱媛．全球价值链下玉环县家具产业集群升级研究［J］．铜陵学院学报，2004（1）：17－20.

［87］Ahokangas，P. Small Technology-based Firms in Fast-growing Regional

Cluster [J]. New England Journal of Entrepreneurship, 1999 (2): 19 -26.

[88] Arndt, S. and Kierzkowski, H. Fragmentation: New Production Patterns in the World Economy [M]. Oxford University Press, 2001: 178 -179.

[89] Basan, L. and Navas-Alemán. The Underground Revolution in the Sinos Valley: a Comparison of Upgrading in Global and National Value Chains [A]. In: Hubert Schmitz. Local Enterprises in the Global Economy: Issues of Governance and Upgrading [C]. Edward Elgar, 2004.

[90] Caloghirouy, Kastellil, Tsakanikasa. International Capabilities and External Knowledge Sources: Complements or Substitutes for Innovative Performance [J]. Technovation, 2004, 24 (1): 541 -570.

[91] Gefeffi, G. A Commodity Chains Framework for Analyzing Global Industries [R]. Working Paper for IDS, 1999.

[92] Gereffi, G. and Korzeniewicz, M. Commodity Chains and Global Capitalism [M]. London: Praeger, 1994.

[93] Gereffi, G. and Kaplinsky, R. The Value of Value Chains [R]. Special Issue of IDS Bulletin, Vol. 32, No. 3. 2001.

[94] Gereffi, G., Humphrey, J. and Sturgeon, T. The Governance of Global Value Chains [J]. Review of International Political Economy, 2005, 12 (1): 78 -104.

[95] Gereffi, G. International Trade and Industrial Upgrading in the Apparel Commodity Chain [J]. Journal of International Economics, 1999, 48 (1): 37 -70.

[96] Humphery, J. and Schmitz, H. Developing Country Firm in World Economy: Governance and Upgrading in Global Value Chains [R]. INEF Report, 2002.

[97] Humphrey, J. and Schmitz, H. How Does Insertion in Global Value Chains Affect Upgrading in Industrial Clusters [J]. Regional Studies, 2002, 36 (9): 1017 -1027.

[98] Humphrey, J. and Schmitz, H. Governance and Upgrading: Linking Industrial Cluster and Global Value Chain Research [A]. IDS Working Paper. Institute of Development Studies, University of Sussex, Brighton, 2000

(120).

[99] Kaplinsky, R. and Readman, J. Integrating SMEs in Global Value Chains: Towards Partnership for Development [R]. UNIDO, January 23, 2001.

[100] Kaplinsky, R. and Morris, M. A Handbook for Value Chain Research [M]. Prepared for the IDRC, 2001.

[101] Knorringa P. Agra: An Old Cluster Facing the New Competition [J]. World Development, 2000, 27 (9): 1587 -1604.

[102] Kolinsky, R. and Reedman, J. Memedovic, Olg. Upgrading Strategies in Global Furniture Value Chains [R]. United Nations Industrial Development Organization (UNIDO). Research and Statistics Branch Working Paper, 09/2008.

[103] Luiza Bazanl and Lizbeth Navas-Alemán. Upgrading in Global and National Value Chains: Recent Challenges and Opportunities for the Sinos Valley Footwear Cluster, Brazil [A]. To be Presented at the EADI's Workshop "Clusters and Global Value Chains in the North and the Third World", Novara, 2003.

[104] Pietrobelli, C. and Rabellotti, R. Upgrading in Clusters and Value Chains in Latin America: The Role of Policies [R]. Inter-American Development Bank in its Series IDB Publications, 2004.

[105] Roberta, R. Anna Carabelli. And Giovama, H. Italian Industrial Districts on the Move: Where are They Going [R]. Working Paper of University of Eastern Piedmont, NO. 64 (2007).

[106] Schmitz, H. and Knorringa, P. Learning from Global Buyers [J]. Journal of Development Studies, 2000, 37 (2).

[107] Scott, A. The Collective Order of Flexible Production Agglomerations Lessons for Local Economic Development Policy and Strategic Choice [J]. Economic in Geography, 1992, 68 (12): 219 -233.

[108] Sturgeon, Timothy J. Modular Production Networks: A New American Model of Industrial Organization [J]. Industrial and Corporate Change, 2002, 11 (3): 451 -495.

[109] Sturgeon, Timothy J. How Do We Define Value Chains and Production Networks? [R]. Published in IDS Bulletin, Vol. 32, No. 3: 9 -18, 2001.

[110] Sturgeon, Timothy J. and Ji-Ren Lee. Industry Co-Evolution and the

Rise of a Shared Supply-base for Electronics Manufacturing [R]. Paper Presented at the Nelson and Winter Conference. June 12 – 15, 2001, Aalborg, Denmark.

[111] Tewari, M. Successful Adjustment in Indian Industry: The Case of Ludhiana's Woolen Knitwear Cluster [J]. World Development, 1999, 27 (9): 1651 – 1672.

[112] UNIDO. Industrial Development Report 2002/2003: Competing through Innovation and Learning [M]. UNIDO Publication Identification Number 414, 2002: 105 – 116.

[113] Williamson, O. E. Transaction-Cost Economics: The Governance of Contractual Relations [J]. Journal of Law and Economics, 1979, Vol. 22, No. 2: 233 – 261.